方便与真实

夢參 壬辰年九八歲

妙法蓮華經講述

【真實篇】

《下冊》

夢參老和尚 主講
丁亥年五臺山普壽寺
方廣編輯部 整理

目錄《下冊》

【真實篇】

肆、示佛知見分

見寶塔品 第十一 ……… 7

伍、悟佛知見分

提婆達多品 第十二 ……… 43

勸持品 第十三 ……… 68

安樂行品 第十四 ……… 85

從地涌出品 第十五 ……… 150

如來壽量品 第十六 ……… 186

分別功德品 第十七 ……… 234

隨喜功德品 第十八 ……… 270

法師功德品 第十九 ……… 288

陸、入佛知見分

常不輕菩薩品 第二十 ……………… 317

如來神力品 第二十一 …………… 343

囑累品 第二十二 ………………… 360

藥王菩薩本事品 第二十三 ……… 373

妙音菩薩品 第二十四 …………… 408

觀世音菩薩普門品 第二十五 …… 437

陀羅尼品 第二十六 ……………… 481

妙莊嚴王本事品 第二十七 ……… 500

普賢菩薩勸發品 第二十八 ……… 524

妙法蓮華經講述（真實篇）

夢參老和尚講述
方廣編輯部整理

肆、示佛知見分

見寶塔品第十一

〈法師品〉講完了，以下是〈見寶塔品〉第十一。

每逢一說《法華經》，多寶如來的寶塔就現了，這是多寶如來的願力。現在說說〈見寶塔品〉的大意。每逢一演《法華經》，地下就出現寶塔，多寶如來為聽《法華經》、護《法華經》，在印度話叫「塔婆」，就是寶塔的意思。這又含著什麼意思？「靈廟」，塔就是廟，塔就是寺院，靈感的廟。在《華

嚴》又翻「支提」,「支提」是專指塔寺說的。「支提」是什麼涵義?說這個身體沒得骨頭,我們人身得有骨頭,沒骨頭這人身成就不了,它不是人骨頭成的,而是法身,以法為身。這座塔就代表了身處得道,轉法輪,入滅。多寶如來一座塔,就代表了他發菩提心、行菩薩道,得成佛,轉法輪,乃至入涅槃。一般是塔裡頭有舍利,寶塔。你擱一部《法華經》,比什麼寶都靈。佛說,不要在塔裡頭擱舍利,擱一部《法華經》就好了,多寶如來隱現的意思說哪裡有講《法華經》,多寶如來就到那裡去聽《法華經》。有現、有不現,不現就是隱了,現就是顯現證明。佛在說《法華經》的時候,在佛前現了個七寶塔,塔有好高呢?五百由旬。

爾時佛前有七寶塔高五百由旬。縱廣二百五十由旬從地涌出住在空中。種種寶物而莊校之五千欄楯龕室千萬無數幢幡以為嚴飾。垂寶瓔珞寶鈴萬億而懸其上四面皆出多摩羅跋栴檀之香充

徧世界其諸幡蓋以金銀琉璃硨磲碼碯眞珠玫瑰七寶合成高至四天王宮。

「七寶為塔者，明法身之地。」塔上有種種的寶，「五千欄楯，龕室千萬」。那些護塔周圍的欄柵，每座塔裡頭有個小龕，龕室有千萬，「無數幢幡以為嚴飾」，塔外掛的幢幡，「垂寶瓔珞寶鈴萬億而懸其上」。

一座寶塔有一萬個鈴鐺，鈴鐺就是小鐘。「四面皆出多摩羅跋栴檀之香」，這是妙香，香是表德的，表示道風。時而四諦，時而因緣，上頭掛的那個鈴，響聲等於代表說法。還有「以金、銀、琉璃、硨磲、碼碯、眞珠、玫瑰，七寶合成，高至四天王宮」。這座塔，高到四王天宮之上。

三十三天雨天曼陀羅華供養寶塔。餘諸天龍夜叉乾闥婆阿修羅迦樓羅緊那羅摩睺羅伽人非人等千萬億眾以一切華香瓔珞幡

蓋技樂供養寶塔恭敬尊重讚歎爾時寶塔中出大音聲歎言善哉善哉。

寶塔出現的時候,「三十三天」,是指帝釋天王說的。帝釋天王的周圍四方有四天,每一天都有八部鬼神,四八三十二,帝釋天的玉皇大帝,帝釋天王是三十三,欲界的帝釋天,在三十三天像下雨一樣的,不是雨,下的是華。華是供養寶塔的,其餘的天龍八部,還有人非人等,千萬億,就是在這個世界佛說《法華經》,多寶如來寶塔出現,是三十三天的供養。供養的是瓔珞寶蓋,香。這個時候寶塔出大音聲,塔裡出音聲,沒見到身,沒現身,只聽到塔裡出的音聲,讚歎釋迦牟尼佛,「善哉!善哉!」「善哉」就是好的意思,太好了太好了。什麼好呢?

釋迦牟尼世尊能以平等大慧教菩薩法佛所護念妙法華經為大

眾說如是如是釋迦牟尼世尊如所說者皆是真實。

演說《妙法華經》，一切佛護念，護念釋迦牟尼佛以平等的大智慧，教授菩薩的法，教授菩薩法就成佛法。《妙法蓮華經》，這一段沒有拿蓮華作比喻。

「妙法華經，為大眾說，如是如是」，這些話是多寶如來說的，從塔裡頭說的。

釋迦牟尼佛所說的都是真實的，皆是真實法。多寶如來的證明，這是他發的願，凡是諸佛演《法華經》的時候，他都要出現。意思是形容法身平等，一切眾生都能成佛，一切眾生本來也是佛，只是迷了，這是法身平等的意思。

佛佛道同，佛與佛之間沒有差異。同時多寶如來證明釋迦牟尼佛所說的法，《法華經》是真實的，沒有虛妄的，佛佛都如是。

讚歎，太好了！太好了！釋迦牟尼以平等的大慈大悲大慧來演說《法華經》，專門叫大菩薩宣揚讚歎《妙法蓮華經》；一切十方諸佛護念的，都在護念《妙法蓮華經》。釋迦牟尼佛如是說，十方諸佛都如是說；如是如是之法，

如是《法華經》之法。「釋迦牟尼世尊，如所說者，皆是真實」。

爾時四眾見大寶塔住在空中又聞塔中所出音聲皆得法喜怪未曾有從座而起恭敬合掌卻住一面爾時有菩薩摩訶薩名大樂說知一切世間天人阿修羅等心之所疑而白佛言世尊以何因緣有此寶塔從地涌出又於其中發是音聲。

在演《法華經》的這個時間，突然間從地上出現一座大寶塔，生在空中，從塔裡頭發出聲音，鄭重讚歎說《法華經》。與會大眾感覺這件事情很驚異，沒有發生過這類事情。有菩薩摩訶薩名大樂說，「知一切世間天、人、阿修羅等，心之所疑」，什麼原因？怎麼說《法華經》，就現出一座大寶塔？菩薩就問佛。「世尊，以何因緣，有此寶塔，從地涌出。又於其中發是音聲」，寶塔內中發出聲音，大家請問，佛就告訴他們。

爾時佛告大樂說菩薩此寶塔中。有如來全身乃往過去東方無量千萬億阿僧祇世界國名寶淨彼中有佛。

寶塔裡有如來的全身，如來全身就不是舍利，一般的寶塔是舍利，這是如來全身舍利。「乃往過去，東方無量千萬億阿僧祇世界，國名寶淨。」說這座塔的來處，從此往東方過無量千萬億，過這麼多世界，那有一個世界，國名叫寶淨，那個世界的名，同時，「彼中有佛」，寶塔裡有佛的全身。

號曰多寶其佛行菩薩道時作大誓願若我成佛滅度之後於十方國土有說法華經處我之塔廟為聽是經故涌現其前為作證明讚言善哉彼佛成道已臨滅度時於天人大眾中告諸比丘我滅度後欲供養我全身者應起一大塔其佛以神通願力

佛號名曰多寶。多寶佛行菩薩道的時候，他發過願。什麼願呢？我若成佛，在我般涅槃的時候，我這個色身、化身永遠不壞。只要十方國土，哪個地方有說《法華經》，我就現前。在我般涅槃之後，修一座塔廟，住在塔廟當中，哪個地方講《法華經》，我就涌現其前，證明讚歎。

我成佛道以來、滅度之後，在人天大眾之中，告諸比丘，跟他這些弟子說：「我滅度之後，不要火化，就把我的全身肉身修座大塔，住在塔裡面。」多寶如來以過去發願的願力，再加上成佛之後有神通力，想住就住，同時也證明佛佛都如是。

十方世界在在處處若有說法華經者彼之寶塔皆涌出其前。全身在於塔中讚言善哉善哉。大樂說今多寶如來塔聞說法華經故從地涌出讚言善哉善哉。

不論任何處、任何時間，凡是有演說《法華經》的，我就從地而涌出。我

的全身在於塔中,「讚言:善哉!善哉!大樂說。」佛又說因緣,為什麼出現大寶塔,這是多寶如來的願力,一講《法華經》的時候,他就現了。

「今多寶如來塔,聞說法華經故,從地涌出。」現在現這座大寶塔是多寶如來塔,從地涌出是要聽《法華經》。「讚言:善哉!善哉!」釋迦牟尼佛讚說,這件事情極吉祥,極美好。

是時大樂說菩薩以如來神力故白佛言世尊我等願欲見此佛身。佛告大樂說菩薩摩訶薩是多寶佛有深重願若我寶塔為聽法華經故出於諸佛前時其有欲以我身示四眾者

因為佛神力加持他,加持大樂說菩薩。他就向佛說,我們想見此佛身。「我等願欲見此佛身」,我們想見多寶佛,億萬萬劫前的古佛。佛告大樂說菩薩,因為過去多寶佛有深重的願力,發過這樣的願,所以有這座寶塔。

在此地講《法華經》，後來聽《法華經》，「若我寶塔，為聽法華經故，出於諸佛前時」，這是佛跟大樂說菩薩說的，想見可以！因為多寶佛有個願力，可以見到他的法身、見到他的化身，會示現給大眾。

彼佛分身諸佛在於十方世界說法盡還集一處。然後我身乃出現耳。大樂說我分身諸佛在於十方世界說法者今應當集大樂說佛言世尊我等亦願欲見世尊分身諸佛禮拜供養爾時佛放白毫一光即見東方五百萬億那由它恆河沙等國土諸佛。

當時說法的佛，在無量世界所有的化身，都集中在一處，然後我身乃出現。這是多寶如來的願力，所以大樂說菩薩向釋迦牟尼佛說，我想見多寶如來。佛就跟大樂說菩薩說，我得把在十方世界說法的所有分身諸佛，回歸一身。在《法華經》，佛這樣提，其他的經書沒有這樣說。佛這麼提的，佛說要

見多寶佛塔，我得把我所有的化身，在無量世界說法的化身，都集中到一起，這個時候你才能見多寶佛塔，才能見多寶佛。

大樂說菩薩就請佛把所有的化身都集中一起。除此《法華經》之外，其他的經沒有這樣說。我們所見的釋迦牟尼佛，只在娑婆世界印度這個國家，其實在這個同時，釋迦牟尼佛在無量無邊的世界當中，無量的化身現在為了滿足多寶佛的願，為了滿足大樂說想見多寶佛的願，佛就收攝所有的化身，即見我們現在這個世界的東方，有「五百萬億那由它恆河沙等國土諸佛」。五百萬億那由他恆河沙，每一沙一尊佛的化身說法，無量數佛都是釋迦牟尼佛的化身。

彼諸國土皆以玻璃為地寶樹寶衣以為莊嚴無數千萬億菩薩充滿其中。徧張寶幔寶網羅上彼國諸佛以大妙音而說諸法。及見無量千萬億菩薩徧滿諸國為眾說法。南西北方四維上下白毫相光

所照之處亦復如是。

所有國土都以「玻璃為地」，寶樹寶衣為莊嚴，有千萬億菩薩圍繞，充滿其中。「徧張寶幔，寶網羅上，彼國諸佛，以大妙音而說諸法」，同時無量億千萬菩薩，徧佈國土為眾說法，僅此一方。東方如是，南方、西方、北方、東南、西南、東北、西北，加上上方下方，十方諸佛。「白毫相光所照之處，亦復如是。」全如是，這個白毫相光是釋迦牟尼佛放的白毫相光。十方那些諸佛，都是釋迦牟尼佛的化身。

爾時十方諸佛各告眾菩薩言善男子我今應往娑婆世界釋迦牟尼佛所。并供養多寶如來寶塔時娑婆世界即變清淨琉璃為地寶樹莊嚴黃金為繩以界八道無諸聚落村營城邑大海江河山川林藪。燒大寶香曼陀羅華徧布其地以寶網幔羅覆其上懸諸寶鈴惟

留此會眾。

每一方諸佛都跟在會的大菩薩說，「善男子，我今應往娑婆世界，釋迦牟尼佛所，并供養多寶如來塔」，供養多寶如來塔，為什麼要去娑婆世界呢？因為釋迦牟尼佛用光來召他們。這個時候，娑婆世界就變了，不是現在我們的五濁惡世。變什麼呢？清淨！「琉璃為地」，跟淨佛國土莊嚴是一樣。

「寶樹莊嚴，黃金為繩，以界八道，無諸聚落、村營、城邑，大海、江河、山川、林藪，燒大寶香。」這國土全變了，全是淨佛國土，沒有村營聚落，什麼都沒有，大海山川都沒有了。就等於香世界，燒大寶香。「曼陀羅華，徧布其地，以寶網幔，羅覆其上，懸諸寶鈴。」這娑婆世界就變了，這是神變。「惟留此會眾」，說《法華經》。

移諸天人置於它土。是時諸佛各將一大菩薩以為侍者至娑婆世

界各到寶樹下。一一寶樹高五百由旬。

枝葉華果次第莊嚴諸寶樹下皆有師子之座高五由旬亦以大寶而校飾之。

爾時諸佛各於此座結跏趺坐如是展轉徧滿三千大千世界。而於釋迦牟尼佛一方所分之身猶故未盡。

召集所有的釋迦牟尼佛化佛，每一位化佛都帶一位菩薩作侍者，來到娑婆世界，各各都住於寶樹之下，這個寶樹高五百由旬。

非常高，高有五由旬，不是人間肉眼所能看到的，也是以大寶而莊嚴之。

十方來的釋迦牟尼佛，都結法座，坐在三千大千世界。「而於釋迦牟尼

佛,一方所分之身,猶故未盡。」釋迦牟尼佛的分身,不可知數。這僅是舉一方,其他的十方都如是。

時釋迦牟尼佛欲容受所分身諸佛故八方各更變二百萬億那由它國皆令清淨無有地獄餓鬼畜生及阿修羅又移諸天人置於它土所化之國亦以琉璃為地

他自己的分身回來到這個世界,容不下了。佛以神通力,「八方各更變二百萬億那由它國」,將東南西北,四維上下,每一方都變二百萬億那由他國。「皆令清淨,無有地獄、餓鬼、畜生,及阿修羅。」所化的土地、所化的國,以琉璃為地。

寶樹莊嚴樹高五百由旬。枝葉華果次第嚴飾。樹下皆有寶師子座。

高五由旬種種諸寶以爲莊校。亦無大海江河及目眞鄰陀山。

沒有大海、江河、目眞鄰陀山,「目眞鄰陀」是龍王的名字。

摩訶目眞鄰陀山鐵圍山大鐵圍山須彌山等諸山王通爲一佛國土寶地平正。

釋迦牟尼佛的娑婆世界變了,這些地不是土地,而是平正的寶地。

寶交露幔徧覆其上懸諸幡蓋燒大寶香諸天寶華徧布其地釋迦牟尼佛爲諸佛當來坐故復於八方各更變二百萬億那由它國皆令清淨無有地獄餓鬼畜生及阿修羅又移諸天人置於它土所化之國亦以琉璃爲地。

這個國土所示現的天人都移轉到別的國土去，所有化的國土，以琉璃為地。

寶樹莊嚴。樹高五百由旬枝葉華果次第莊嚴樹下皆有寶師子座。高五由旬亦以大寶而校飾之亦無大海江河及目真鄰陀山摩訶目真鄰陀山鐵圍山大鐵圍山須彌山等諸山王通為一佛國土寶地平正寶交露幔。

這個世界整個變了，變成寶地，原來有的把他們遷到別的地方。

徧覆其上懸諸幡蓋燒大寶香諸天寶華徧布其地。爾時東方釋迦牟尼佛所分之身百千萬億那由它恆河沙等國土中諸佛各各說法來集於此。如是次第十方諸佛皆悉來集坐於八方。

爾時一一方四百萬億那由它國土諸佛如來徧滿其中是時諸佛各在寶樹下坐師子座皆遣侍者問訊釋迦牟尼佛。

在這個時候，諸佛皆在寶樹下坐師子座，「皆遣侍者問訊釋迦牟尼佛」，每一尊佛都帶一位大菩薩，大菩薩就是侍者，讓大菩薩來問訊世尊，向釋迦牟尼佛娑婆世界的本佛問訊。

各齎寶華滿掬而告之言善男子汝往詣耆闍崛山釋迦牟尼佛所。如我辭曰少病少惱氣力安樂及菩薩聲聞眾悉安隱否以此寶華

散佛供養而作是言彼某甲佛與欲開此寶塔諸佛遣使亦復如是。

照著我說的去說。諸佛派侍者問訊釋迦牟尼佛,「少病、少惱,氣力安樂,及菩薩、聲聞眾,悉安隱否?」「以此寶華,散佛供養,而作是言:彼某甲佛。」各有各的佛名號。「與欲開此寶塔,諸佛遣使,亦復如是」,都來集會想開這寶塔,見見多寶如來。

爾時釋迦牟尼佛見所分身佛悉已來集各各坐於師子之座皆聞諸佛與欲同開寶塔即從座起住虛空中一切四眾起立合掌一心觀佛。

沒有不來的,都來了,「悉已來集」,就是釋迦牟尼佛無量世界所有的化佛,都集於此娑婆世界。「各各坐於師子之座,皆聞諸佛與欲同開寶塔」,所

有來的佛,意願跟本佛一樣,大家都願意為開寶塔而來。

我們此土的釋迦牟尼佛,從他的法座起來,住於空中,「住虛空中」。「觀佛」是觀釋迦牟尼佛,從座上起來,到空中作什麼呢?開大寶塔。

一起來了,所有與會的大眾四眾弟子都起來合掌,「一心觀佛」。佛經故而來至此。

入禪定又聞其言善哉善哉釋迦牟尼佛快說是法華經我為聽是

門即時一切眾會皆見多寶如來於寶塔中坐師子座全身不散如

於是釋迦牟尼佛以右指開七寶塔戶出大音聲如卻關鑰開大城

七寶塔的門給打開了,「出大音聲」,放大音聲。這個音聲像開寶塔的那個鑰匙,把寶塔打開,像開城門一樣的。「開大城門」,寶塔一開,寶塔像城一樣。在這個時候,所有與會的大眾,「即時一切眾會,皆見多寶如來。於寶

塔中坐師子座,全身不散,如入禪定」,這個億萬億劫的年代了,沒法計算年代,不但見其身,而且多寶如來說話了。

「又聞其言:善哉!善哉!」多寶如來讚歎釋迦牟尼佛,很好很好,釋迦牟尼,「快說是《法華經》」,我是來聽《法華經》的,你快說《法華經》吧!我是為了聽《法華經》來到此,這些大眾都聽見了。就是過去無量無量劫已經坐化的佛,同時證明佛佛道同,佛佛都沒有涅槃。遇緣就應,無緣就隱,講《法華經》,不是我們講,而是佛講《法華經》的法會。

爾時四眾等見過去無量千萬億劫滅度佛說如是言歎未曾有以天寶華聚散多寶佛及釋迦牟尼佛上爾時多寶佛於寶塔中分半座與釋迦牟尼佛而作是言釋迦牟尼佛可就此座即時釋迦牟尼佛入其塔中坐其半座結跏趺坐爾時大眾見二如來在七寶塔中師子座上結跏趺坐各作是念佛坐高遠惟願如來以神通力令我

等輩俱處虛空。

釋迦牟尼佛打開塔，多寶如來請釋迦牟尼佛入座。同坐一座，而釋迦牟尼佛入於塔中，「坐其半座，結跏趺坐」，那座很大，每個佛座都很大。這個時候法會當中，「爾時」就是這個時候。釋迦牟尼佛開了寶塔，多寶如來請他坐，分半座給釋迦牟尼佛。

「見二如來在七寶塔中師子座上，結跏趺坐，各作是念。」與會大眾都有這個想法，「佛坐高遠」，佛坐離他們太遠了，佛是生起空中開寶塔的，這樣子離會就很遠了，生到高空去了。大眾都坐著祈禱，「念」就是祈禱，希望佛別坐得太遠了。「惟願如來以神通力，令我等輩，俱處虛空。」我們現在在地上，兩位如來距離我們太遠，見不到了。祈求佛，都把我們大家都升到虛空中。

即時釋迦牟尼佛以神通力接諸大眾皆在虛空以大音聲普告四

誰能於此娑婆國土廣說妙法華經。今正是時如來不久當入涅槃。佛欲以此妙法華經付囑有在。

就在寶塔四圍,「以大音聲,普告四眾,誰能於此娑婆國土,廣說妙法華經。」蓮華是形容的,但是經裡面沒有蓮華,「廣說妙法華經」。「今正是時」,釋迦牟尼佛演《法華經》,廣說。現在時候成熟了,因緣成熟了。「如來不久當入涅槃」,這是釋迦牟尼佛說的,告訴大眾,說完《法華經》我就要圓寂入涅槃,「不久當入涅槃」。「佛欲以此妙法華經,付囑有在」,就是《妙法蓮華經》,現在有人承受了,演說《妙法蓮華經》。

爾時世尊欲重宣此義而說偈言。

聖主世尊　雖久滅度　在寶塔中　尚為法來
諸人云何　不勤為法　此佛滅度　無央數劫

處處聽法　以難遇故。
在在所往　常為聽法。彼佛本願　我滅度後

用偈頌體裁再說一遍。「聖主世尊，雖久滅度」，是指多寶如來說的。「在寶塔中，尚為法來」，滅後這麼久了，住在寶塔裡頭，為了演《法華經》，他又來聽《法華經》。「諸人云何，不勤為法」，與會的菩薩，應當勤為《法華經》。

「此佛滅度，無央數劫」，多寶如來滅後，這個時間沒法計算，時間太長了，「無央數劫」。「處處聽法，以難遇故」，但是只演《法華經》，這種殊勝因緣難遇。「彼佛本願」，說多寶佛的本願，「我滅度後，在在所往，常為聽法」，佛雖滅度，經沒滅度，哪地方有說《法華經》的，就到哪兒去聽法。

又我分身　無量諸佛　如恆沙等　來欲聽法。

及見滅度　多寶如來　各捨妙土　及弟子眾
天人龍神　諸供養事　令法久住　故來至此。

釋迦牟尼佛說自己分身的諸佛無量無量，從十方召集來的，如恆河沙十方來的諸佛，釋迦牟尼的化身佛。來這裡做什麼呢？要見多寶如來，也是來聽《法華經》。同時也為了來見滅度已久的多寶如來，他們都離開他們的妙土，每尊佛的國土莊嚴都是妙土。還有離開他們的弟子，離開天人龍神，離開諸供養事。為什麼？「令法久住」，一切諸佛都加持《法華經》常住世間。「故來至此」，所以才來到現在的法華會道場。

為坐諸佛　以神通力　移無量眾　令國清淨。
諸佛各各　詣寶樹下　如清淨池　蓮華莊嚴。
其寶樹下　諸師子座　佛坐其上　光明嚴飾

如夜闇中　然大炬火　身出妙香　徧十方國

眾生蒙薰　喜不自勝

釋迦牟尼佛說，請諸佛來坐，地點容納不下，佛以神通力，移無量眾到別的地方去。這些與法華無緣，「移無量眾，令國清淨」，移無量眾到其他的國土。

「諸佛各各，詣寶樹下」，所有來的諸佛、化佛，都在寶樹之下坐法座而坐。

「如清淨池，蓮華莊嚴。其寶樹下，諸師子座，佛坐其上，光明嚴飾」，釋迦牟尼佛所有的化身。「如夜闇中，然大炬火」，佛身都是光明，就好像黑闇中燃起了大光明火炬一樣的，每燃一尊佛，每尊佛身上都出妙香。「徧十方國」，這十方國就徧滿世界，「眾生蒙薰，喜不自勝」，一切眾生蒙諸佛的薰習故，消業障了，歡喜不自勝。

譬如大風　吹小樹枝。　以是方便　令法久住。

告諸大眾　我滅度後　誰能護持　讀說斯經
今於佛前　自說誓言。

諸佛加持，使是法常住世間。「告諸大眾，我滅度後」，釋迦牟尼佛就跟與會所有人說，「誰能護持，讀說斯經」？現在你們發願，「今於佛前，自說誓言」，都發誓願，護持《法華經》。

其多寶佛　雖久滅度　以大誓願　而師子吼
多寶如來　及與我身　所集化佛　當知此意。

請多寶佛作證明，多寶佛在過去無量劫前，雖然久已滅度尚且以大誓願「而師子吼」，多寶佛表示，我是來聽《法華經》，因而做師子吼。「多寶如來，及與我身」，再加上所集化佛，「當知此意」，都明白了，都懂得這種道理。

諸佛子等　誰能護法　當發大願　令得久住

其有能護　此經法者　則爲供養　我及多寶

此多寶佛　處於寶塔　常游十方　爲是經故

亦復供養　諸來化佛

與會法會當中，法華會上一切弟子，「誰能護法，當發大願，令得久住」，令《法華經》常久住世間。這是佛勸與會菩薩都要發大願心，來護持《法華經》。「其有能護，此經法者，則爲供養，我及多寶」，要是有人發願護持這部經，就是以願力供養我及多寶佛。

多寶佛本來住於多寶塔裡面，因爲他要護持《法華經》。「常游十方」，哪一方有說《法華經》的，他就到哪一方；同時也供養一切的化身諸佛。

莊嚴光飾　諸世界者　若說此經　則為見我
多寶如來　及諸化佛。

哪個地方演《法華經》，哪個地方就可以見我釋迦牟尼佛，乃至多寶佛塔，乃至於所有的化身佛，這是釋迦牟尼佛說的。

諸善男子　各諦思惟　此為難事　宜發大願。
諸餘經典　數如恆沙　雖說此等　未足為難。

與會的這些菩薩眾，好好想一想，如理思惟。這個「如理」我們可以把它解釋為《華嚴經》的一真法界。這種很希有的、很難得的，「此為難事」，難遭難遇，「宜發大願」。佛勸與會的大眾，要永遠流通此法，不讓它斷。你們都要發大願來護持此法。除了《法華經》外，其他的經典多得很，「數如恆

沙」。「雖說此等，未足爲難」，想要演其他的法沒有什麼困難，唯有說《法華經》就困難了。

若接須彌　擲置他方　無數佛土　亦未爲難。

若以足指　動大千界　遠擲他國　亦未爲難。

說你的神力能把娑婆世界擲到他方國土，這個不算困難。「若以足指，動大千界，遠擲他國，亦未爲難」，用足指點大地，讓大地轉，這也不算難。

若立有頂　爲眾演說　無量餘經　亦未爲難。

若佛滅後　於惡世中　能說此經　是則爲難。

這些都不算難，但是說《法華經》就困難了，涵義是顯法華。「若佛滅後，

於惡世中，能說此經，是則爲難」，這是佛說這部經的意義所在與目的。佛滅度後，在五濁惡世當中，還能說此《法華經》，非常難，就是一切因緣不能成熟。

假使有人　手把虛空　而以游行　亦未爲難。
於我滅後　若自書持　若使人書　是則爲難。

手轉虛空，「而以游行」，虛空怎麼做的？形容詞，不可能的事。能了，發現了，這也不算難。但是我滅度之後，若有書寫、持誦《法華經》的，那就難了。「若使人書」，請人家寫，「是則爲難」。

若以大地　置足甲上　升於梵天　亦未爲難。
佛滅度後　於惡世中　暫讀此經　是則爲難。

若把整個大地，擱在你的腳足上，升到梵天上去，「亦未爲難」，這個時

候很容易。但是若佛滅度後,在惡世中,「暫讀此經」,不是常時誦演,只是暫時讀《法華經》,「是則為難」,很難辦得到的。

我滅度後　若持此經　為一人說　是則為難

假使劫燒　擔負乾草　入中不燒　亦未為難

假使遇到三劫火災燒燃的時候,「擔負乾草,入中不燒」,一旦乾草入到火災裡頭沒燒,「亦未為難。我滅度後,若持此經」,這個時候也不算難;但是我滅度後,若持此《法華經》,「為一人說,是則為難」,一再的推崇《法華經》是難遭難遇,就是這個涵義。

若持八萬　四千法藏　十二部經　為人演說
令諸聽者　得六神通　雖能如是　亦未為難

於我滅後　聽受此經　問其義趣　是則為難。
若人說法　令千萬億　無量無數　恆沙眾生
得阿羅漢　具六神通　雖有是益　亦未為難。

若能夠說法，把無量無數恆河沙眾生都度了，讓他得阿羅漢果，證得六種神通，這個利益很大，但是容易做到，「亦未為難」。

於我滅後　若能奉持　如斯經典　是則為難。
我為佛道　於無量土　從始至今　廣說諸經
而於其中　此經第一　若有能持　則持佛身。

這都是推崇《法華經》甚深的意思，有很多為難、絕對做不到的事，拿這比喻遇到《法華經》、說《法華經》，非常難。

「我為佛道,於無量土,從始至今,廣說諸經」,在無量的國土之中,雖說這麼多經,但是以《法華經》為第一。「若有能持,則持佛身」,持《法華經》等於持佛身一樣的功德。

諸善男子　於我滅後　誰能受持　讀誦此經
今於佛前　自說誓言　此經難持　若暫持者
我則歡喜　諸佛亦然　如是之人　諸佛所歎。

教導所有與會大眾發願,當著我、當著多寶佛前發願。發願什麼呢?受持《法華經》。「此經難持」,《法華經》難得受持,難得遇到,若有人暫持者,以很少的時間去受持。「我則歡喜,諸佛亦然」,我與十方諸佛都歡喜讚歎。

是則勇猛　是則精進　是名持戒　行頭陀者

則為疾得　無上佛道。
是眞佛子　住淳善地。
是諸天人　世間之眼。
一切天人　皆應供養。
能於來世　讀持此經
能解其義
佛滅度後　能解其義
於恐畏世　能須臾說

「淳善地」，純而無雜是眞正的善地，也就是佛地了。「佛滅度後，能解其義」，能解《法華經》義理的，「是諸天人，世間之眼。於恐畏世，能須臾說」，在非常困難的末法時間，五濁惡世，眾生的邪見非常嚴重，還能夠說《法華經》的，「一切天人，皆應供養」。

伍、悟佛知見分

提婆達多品第十二

〈多寶佛塔品〉講完了，以下是第十二品〈提婆達多品〉。這一品說，如來在往昔求法、學法的時候，提婆達多與佛作爲善友。因此，這一品是佛給提婆達多授記。佛在世時，所有佛弟子都知道，提婆達多是害佛的，出佛身血，身陷地獄。現在佛給他授記，得未曾有。

提婆達多是什麼人呢？過去無量劫都與佛在一起。佛出世在印度的時候，提婆達多是佛的堂弟，阿難的親哥哥。釋迦牟尼佛的父王叫淨飯王，提婆達多的父親叫斛飯王，等於是堂弟兄，同在一家。但是他盡跟佛唱反調，不信釋迦牟尼佛。他也行道，也領好多弟子，阿闍世王護他的法。提婆達多經常的害佛，最後因爲出佛身血，他在高山上，佛剛走過，他把大石頭推下山，沒有砸

到佛身上,只砸到佛的腳,腳上出血。出佛身血,立下地獄。地獄已經現了,下地獄去了。不過在《法華經》又是另一回事,佛給他授記。

爾時佛告諸菩薩及天人四眾吾於過去無量劫中求法華經無有懈倦。於多劫中常作國王發願求於無上菩提心不退轉為欲滿足六波羅蜜勤行布施心無吝惜象馬七珍國城妻子奴婢僕從頭目髓腦身肉手足不惜軀命時世人民壽命無量為於法故捐捨國位委政太子擊鼓宣令四方求法誰能為我說大乘者吾當終身供給走使。

沒有懈怠,沒有疲倦。在很多劫、很長的時間,我都是作國王。為了「發願求於無上菩提,心不退轉」,並沒有戀著王位,從來是以求《法華經》為主

專指《法華經》說的，也修諸行，說「心不退轉」就是以成佛之道上，從來不退心，發菩提心、行菩薩道不退心。都作些什麼事呢？「為欲滿足六波羅蜜，勤行布施，心無吝惜，象、馬、七珍、國、城、妻、子、奴婢、僕從」，勤行布施。心都沒有吝嗇，都能捨得。

「捨得」，「捨」是捨一切，「得」是什麼呢？得成佛。我們經常告訴人，你捨得捨不得？要想得，得捨，捨了才能得，不捨什麼也得不到。「心無吝惜」乃至世間象馬，這屬於車乘，象馬七珍、國家、城、妻子、奴婢、僕從，這叫外施。

「頭、目、髓、腦，身、肉、手、足」，全身都能捨，為什麼？求妙法。「為於法故，捐捨國位」，不做國王，把國王讓給人家，當然不會戰爭。或者把政治事物委託自己的兒子，委託太子。「擊鼓宣令，四方求法」，為什麼辭其王位？求法。「誰能為我說大乘者」，誰能夠給我說大乘法，我願意給他當奴隸，終身供其走使，給他當奴。

時有仙人來白王言。我有大乘名妙法蓮華經。若不違我。當為宣說王聞仙言歡喜踊躍即隨仙人供給所需采果汲水拾薪設食乃至以身而為牀座身心無倦於時奉事經於千歲為於法故精勤給侍令無所乏。

仙人說，你能給我當佣人嗎？你肯給我當奴才，我就給你宣說《妙法蓮華經》。這位國王聽仙人這樣說，他歡喜踴躍，就隨著仙人給他當奴才去了。

「供給所需」，給他洗衣服作飯、汲水、撿柴火，「乃至以身而為牀座，身心無倦。」身又疲乏了，仙人拿他當床座，這樣的身心都沒疲倦，「於時奉事」，這樣的照顧仙人，給仙人當奴才。

這樣過了一千歲，「千歲」是指一千年的意思。「為於法故，精勤給侍」，為什麼這樣做呢？因為求法，「令無所乏」，令這位仙人要什麼就供給他什麼，無所乏少。

爾時世尊欲重宣此義而說偈言。

我念過去劫　為求大法故　雖作世國王　不貪五欲樂。

椎鐘告四方　誰有大法者　若為我解說　身當為奴僕。

關於這一段的意思，我再重說一遍。「我念過去劫」，在往昔的時候，「為求大法故」，為求《妙法蓮華經》，雖然我作世間的國王，對於財色名食睡世間五欲的境界，我不貪樂。我就向四方，像貼廣告似告訴人家，你們哪位有法，要跟我說法，我願意給當奴僕。這時有位仙人叫阿私仙。

時有阿私仙　來白於大王　我有微妙法　世間所希有

若能修行者　吾當為汝說。

「阿私仙」就是過去的提婆達多。「我有微妙法，世間所希有」，世間沒有

的。「若能修行者，吾當為汝說」，你若肯修行，我給你說《妙法蓮華經》。

時王聞仙言　心生大喜悅　即便隨仙人　供給於所需
采薪及果蓏　隨時恭敬予　情存妙法故　身心無懈倦

給仙人當奴才。「采薪及果蓏」，供養瓜果蔬菜的意思。「隨時恭敬予，情存妙法故」，為什麼？因為我的思想就是想得到妙法，因此身心不懈怠也不疲倦。

普為諸眾生　勤求於大法　亦不為己身　及以五欲樂
故為大國王　勤求獲此法　遂致得成佛　今故為汝說

勤求大法的目的，是為了化度眾生。「亦不為己身」，不是為我自己，也不為求五欲樂。「故為大國王，勤求獲此法，遂致得成佛　今故為汝說」，我成佛不是輕易而得到的。過去這樣做，捨得王位，給人當奴才，為了求法。

佛告諸比丘爾時王者則我身是。時仙人者今提婆達多是。由提婆達多善知識故令我具足六波羅蜜慈悲喜捨。三十二相八十種好紫磨金色十力四無所畏四攝法十八不共神通道力成等正覺廣度眾生皆因提婆達多善知識故。

我怕眾生起懷疑，提婆達多對佛雖是五逆，其實他是大權示現。那時候他就具足《法華經》的法來給佛說，佛那時候沒有這個法。

「由提婆達多善知識故，令我具足六波羅蜜」，「慈悲喜捨、三十二相、八十種好、紫磨金色。」因為提婆達多是我的善知識，我現在具足六波羅蜜，「十力、四無所畏、四攝法、十八不共，神通道力」，成了佛了，「成等正覺，廣度眾生」。

我能成佛，「皆因提婆達多善知識故」，不然，佛突然給他授記，大眾的懷疑就大了。得說說因緣，說提婆達多不是惡人，是我的善知識，因為提婆達

告諸四眾提婆達多卻後過無量劫當得成佛號曰天王如來。

多,我得成佛。

告諸大眾,提婆達多卻後過無量劫,當得成佛,成佛的佛號,號曰天王如來,十號具足。

應供。正徧知。明行足善逝世間解無上士調御丈夫天人師佛世尊。

世界名天道。

這就是十號。這個時候的世界,叫天道世界。

時天王佛住世二十中劫。廣爲眾生說於妙法。恆河沙眾生得阿羅漢果。無量眾生發緣覺心。恆河沙眾生發無上道心。得無生忍至不

50

退轉。

提婆達多將來成佛,佛號叫天王,天王佛成了佛了,在世間住二十個中劫,廣為眾生說妙法,都說《法華經》。釋迦牟尼就跟著提婆達多作善知識,跟他學《妙法蓮華經》。

「恆河沙眾生得阿羅漢果,無量眾生發緣覺心」,就說提婆達多成就天王佛的時候,有那麼多眾生證阿羅漢果了,有那麼多眾生發了緣覺心,這屬於二乘。還有「恆河沙眾生發無上道心」,發菩提心成菩提果,得了無生忍,至不退墮。

時天王佛般涅槃後正法住世二十中劫。全身舍利起七寶塔。高六十由旬縱廣四十由旬。諸天人民悉以雜華末香燒香塗香衣服。瓔珞幢幡寶蓋技樂歌頌禮拜供養七寶妙塔。無量眾生得阿羅漢

果。無量眾生悟辟支佛。不可思議眾生發菩提心至不退轉。

「七寶塔」是提婆達多圓寂之後修的塔。正法住世，像法住世，涅槃後修的，法還在。「不可思議眾生，發菩提心，至不退轉」，提婆達多成佛、住世、涅槃之後的事，佛不但給他授記，還授記他圓寂之後的事。

佛告諸比丘。未來世中若有善男子善女人。聞妙法華經提婆達多品淨心信敬不生疑惑者不墮地獄餓鬼畜生生十方佛前所生之處常聞此經。

為什麼佛特別著重提婆達多授記？因為與會大眾都知道，他是行五逆的，當生下地獄。佛授記的時候，提婆達多在地獄，現在提婆達多還是在地獄。但是他在地獄可不是像眾生，一般眾生在地獄受苦難，他是大權示現。

說善男子善女人，若有人聽到《妙法蓮華經》〈提婆達多品〉，「淨心信敬」，一般都說提婆達多是五逆，行五逆，出佛身血，身陷地獄。出佛身血立即下地獄，就墮地獄去了。怎麼會佛給他授記？

所以佛注重的是，你要信仰，不要謗誹，就永遠不會墮地獄餓鬼畜生，能夠生十方佛前，「所生之處，常聞此經」。從這一段經文知道，佛的前生是跟提婆達多學《妙法蓮華經》，常聞此經。

若生人天中受勝妙樂若在佛前蓮華化生於時下方多寶世尊所從菩薩名曰智積白多寶佛當還本土。

受持《法華經》，求生極樂世界，蓮華化生。「於時下方多寶世尊，所從菩薩，名曰智積。」跟多寶佛來的下方世界，有一位菩薩德號叫智積，「白多寶佛，當還本土。」佛說完了，給提婆達多都授記了，好像任務完成，我們回

去吧,跟多寶佛,還回原地方。

釋迦牟尼佛告智積曰善男子且待須臾此有菩薩名文殊師利可與相見論說妙法可還本土。

說你不要著急,等一會兒還有事。「此有菩薩,名文殊師利」,我這裡有位大菩薩,叫文殊師利。「可與相見,論說妙法,可還本土」,可與相見,專說《妙法蓮華經》的。說他馬上就回來了,他到別處講《妙法蓮華經》去了,「可還本土」。文殊師利以後就回來了,你跟他見一見。

爾時文殊師利坐千葉蓮華大如車輪俱來菩薩亦坐寶蓮華從於大海娑竭羅龍宮自然涌出住虛空中詣靈鷲山從蓮華下至於佛所頭面敬禮二世尊足修敬已畢往智積所共相慰問卻坐一面。

伍、悟佛知見分 提婆達多品第十二

所來的菩薩是自然涌出的菩薩,誰呢?文殊師利,住在虛空中,從大海中涌出,住在虛空中,從虛空中來到靈鷲山。「從蓮華下」,從那寶蓮華下,來到佛所。「頭面敬禮二世尊足」,釋迦牟尼跟多寶佛兩世尊,同在一個寶座上。文殊師利是乘著蓮華來的,沒有騎獅子。來到佛所,頂禮了兩位世尊,「修敬已畢,往智積所」,特別到智積菩薩慰問一下,互相慰問,慰問完了,「卻坐一面」。

智積菩薩問文殊師利。文殊師利仁往龍宮所化眾生其數幾何文殊師利言。其數無量不可稱計非口所宣非心所測且待須臾自當證知。

度好多眾生?一定利益很大,度了很多。「文殊師利言:其數無量不可稱計」,當然是海裡頭出龍王,龍王住處還有魚、鱉、蝦、蟹。海裡世界,不是我用口能夠宣布出來的,用心裡測度也測度不出來。數字太多了,非語言、

非思量，所能得到的、所能表達的。「且待須臾！」說你略等一下，「自當證知」，用事實證明，你就會知道。

所言未竟無數菩薩坐寶蓮華從海涌出詣靈鷲山住虛空中此諸菩薩皆是文殊師利之所化度具菩薩行皆共論說六波羅蜜本聲聞人在虛空中說聲聞行今皆修行大乘空義文殊師利謂智積曰於海教化其事如是。

這都是文殊菩薩所度的。來到靈鷲山，「詣」就是到，到了靈鷲山，「住虛空中」，「此諸菩薩，皆是文殊師利之所化度」，大家看到了，涌出無量無數的菩薩，都是文殊菩薩到海裡度的。

「具菩薩行，皆共論說六波羅蜜，本聲聞人」，原本是聲聞，在《法華經》，文殊菩薩專化聲聞，在《華嚴經》，文殊菩薩專化發菩提心的。

文殊師利在福城東度了六千比丘,全是聲聞。說在虛空中說聲聞行,行是聲聞行,修行是大乘空義。本發的菩提心,在蓮華中演說大乘的事。這時候文殊師利跟智積菩薩說,「於海教化,其事如是」,你問我,大海教化眾生的如何?就是這樣子,你看見了嗎?

爾時智積菩薩以偈讚曰。

大智德勇健　化度無量眾　今此諸大會　及我皆已見。
演暢實相義　開闡一乘法　廣導諸眾生　令速成菩提。

智積菩薩非常讚歎,「大智德勇健」,文殊菩薩是大智慧的,大智、大德、大力,勇健是大力的,才能「化度無量眾,今此諸大會,及我皆已見」。不只我見,與會的大眾都見到多寶如來、釋迦牟尼如來,乃至一切大菩薩,都見到你度的這些人。這是「演暢實相義,開闡一乘法,廣導諸眾生,令速成菩

提」，這個功德不可思議，成菩薩道非常快了。

文殊師利言。我於海中。惟常宣說妙法華經。智積問文殊師利言。此經甚深微妙。諸經中寶世所希有。頗有眾生勤加精進修行此經速得佛否文殊師利言有娑竭羅龍王女年始八歲智慧利根善知眾生諸根行業得陀羅尼諸佛所說甚深祕藏悉能受持深入禪定了達諸法於剎那頃發菩提心得不退轉辯才無礙慈念眾生猶如赤子功德具足心念口演微妙廣大慈悲仁讓志意和雅能至菩提

沒有說別的法，只說《妙法蓮華經》。「智積問文殊師利言：此經甚深微妙」，《法華經》的經義甚深微妙，宜作經中的寶，經中之寶。「世所希有」，世間上簡直很少，希少的意思。

「頗有眾生,勤加精進,修行此經,速得佛否?」有沒有眾生勇猛精進的勤修,很快就成佛?文殊師利菩薩說,有龍王女,「年始八歲,智慧利根,善知眾生諸根行業,得陀羅尼。」這女孩子還是畜生,龍女,龍是畜生。但是她的智慧很大,是利根的,能知道一切眾生的根行業跟她的過去生是陀羅尼的涵義。

「行」是現在所行的,「業」是過去積業。現在所造的業,修菩薩道力,她得了陀羅尼根本的總持。「陀羅尼」翻「總持」,總一切法,持無量義,這就有智慧,智慧無量。「深入禪定」,定力也無量,定力甚深。「了達諸法,於剎那頃,發菩提心,得不退轉」,「剎那」是一念之間,聞了《法華經》,發了菩提心,頓成佛果。

「諸佛所說甚深祕藏,悉能受持」,所有諸佛所含祕藏,她全能受持,那就有智慧,智慧無量。「深入禪定」,定力也無量,定力甚深。「了達諸法,於剎那頃,發菩提心,得不退轉」,「剎那」是一念之間,聞了《法華經》,發了菩提心,頓成佛果。

「辯才無礙,慈念眾生,猶如赤子」,把眾生看成了赤子。「功德具足,心念口演」,心念也好,口裡演說法華。「微妙廣大,慈悲仁讓,志意和雅,

能至菩提」，成佛果了。文殊師利讚歎龍女，智積菩薩相信文殊菩薩，但是他有意見。

智積菩薩言我見釋迦如來於無量劫難行苦行積功累德求菩提道未曾止息。

這是指這個世界，現在我們對釋迦佛，「於無量劫，難行苦行」，經過無量無量劫那麼長的時間，積功累德，求菩提道，未曾止息過。

觀三千大千世界乃至無有如芥子許非是菩薩捨身命處為眾生故。然後乃得成菩提道不信此女於須臾頃便成正覺。

這個三千大千世界，極小像芥子那麼大的地方，都是釋迦牟尼佛捨身命

處。為什麼？為利益眾生、發菩提心、行菩薩道,然後才能成就菩提果。智積菩薩不相信這位女子在須臾頃就成正覺,未有這等事。

言論未訖。時龍王女忽現於前頭面禮敬卻住一面以偈讚曰。

語言還沒有說完,就在智積菩薩、文殊師利菩薩說話的時候,「時龍王女,忽現於前」,說龍王女,龍王女就到了,突然就現前了,「頭面禮敬,卻住一面,以偈讚曰」,當然是禮多寶佛、禮佛。

深達罪福相　徧照於十方　微妙淨法身　具相三十二
以八十種好　用莊嚴法身　天人所戴仰　龍神咸恭敬
一切眾生類　無不宗奉者　又聞成菩提　唯佛當證知
我闡大乘教　度脫苦眾生。

功德圓滿，德行圓滿了，「微妙淨法身，具相三十二，以八十種好，用莊嚴法身。天人所戴仰，龍神咸恭敬，一切眾生類，無不宗奉者」，眾生把她當作佛侍服。「又聞成菩提，唯佛當證知」，她已經證得菩提果了，唯佛與佛能證知，「我闡大乘教，度脫苦眾生」。

大家聽聽這段經文，是給女眾授記，龍女成佛不可思議，連阿羅漢都不信，連大菩薩都不信。但只有《法華經》如是說。為什麼？經常聽道友說，女人就是業障重。誰規定的？《法華經》可不是這樣講的。舍利弗大阿羅漢，佛的上首弟子，非常輕視女眾。看到對龍女這段談話，大家都知道了，清楚了。為什麼？我們這裡都是女眾道友，佛制戒比男眾多了一百多條，戒律上女眾有三百四十八條，男眾只有二百五十條，這是事實。龍女說她很快就成佛，舍利弗質疑說，妳這說的什麼話，不可能。

時舍利弗語龍女言汝謂不久得無上道。是事難信。所以者何。女身

垢穢,非是法器。

為什麼難以相信呢?「所以者何?女身垢穢」,說女身垢穢,業障重不是法器,還不說成佛,連法器都不是法器。

云何能得無上菩提佛道懸曠經無量劫勤苦積行具修諸度然後乃成。又女人身猶有五障一者不得作梵天王二者帝釋三者魔王四者轉輪聖王五者佛身云何女身速得成佛。

「佛道懸曠」,「懸」是懸遠,曠劫難遇。成佛是經無量劫,不是那麼容易。勤修精進,還得修六度,「然後乃成」。所以舍利弗說,妳成不了佛,對龍女說,妳連作梵天王都不可能,因為女身有五障,不得作梵天王,不得作帝釋,忉利天宮玉皇大帝,連作魔王都不可以,連轉輪聖王人間的國王不可以,也不能

成佛身。這是女身五不能，女身五不能就是五障。說妳很快就成佛，不可信。

爾時龍女有一寶珠價直三千大千世界持以上佛佛即受之龍女謂智積菩薩尊者舍利弗言我獻寶珠世尊納受是事疾否。

舍利弗駁斥龍女之後，龍女就拿了一個寶珠，這個寶珠不是一般的，價值好大呢？價值三千大千世界。就在舍利弗說龍女不可能成佛，龍女就拿一個寶珠獻給佛，供養佛，佛就很快接受她的供養。

龍女沒有答覆舍利弗，「謂智積菩薩、尊者舍利弗言」，龍女跟智積菩薩、舍利弗二人說，因為他們瞧不起女人，認為她成不到佛。龍女就跟他們說，你們看見沒有？我供養佛寶珠，佛接受了，快不快？這個時間很短、很快。「是事疾否」，就是這個意思。

答言甚疾女言以汝神力觀我成佛復速於此。

說不錯,妳供養佛寶珠,佛接受,這個中間沒耽誤什麼時間,是很快的。

「女言」,龍女說了,以你們的神力觀察我成佛,「復速於此」,比我供佛寶珠還快,馬上就成了。

當時眾會皆見龍女。忽然之間。變成男子具菩薩行。即往南方無垢世界坐寶蓮華成等正覺三十二相八十種好普為十方一切眾生演說妙法。

龍女對智積菩薩跟舍利弗說完之後,馬上就成佛了。但是得有個過程,先轉男身,具足菩薩道,行菩薩行。從娑婆世界往南方,沒有說距離好遠?當然很遠。無量無垢世界,不是娑婆世界,同時坐的是寶蓮華座,成佛成等正覺。跟釋迦牟尼佛一樣,三十二相,八十種好,「普為十方一切眾生,演說妙法」。在《入胎經》裡面說,魔、梵天、侍女都不捨身、不受身,現身得成佛。

《入胎經》說，就是魔女梵女侍女，一切女人身，就是以女人身成佛，現身成佛。我們講《華嚴經》的時候，法性沒有男女，法性是平等的，法性是非，法性也沒有凡夫聖人。法性是一個，沒男女相，沒有賢聖相，沒有梵王、龍王、天王，一切相都沒有，就是在你一心。這在《華嚴經》講了很多，不再講了。龍女成佛之後，就在這個娑婆世界。

爾時娑婆世界菩薩聲聞天龍八部人與非人皆遙見彼龍女成佛。普爲時會人天說法心大歡喜悉遙敬禮無量眾生聞法解悟得不退轉。

現在龍女成佛，共同在這法會當中，有菩薩、有聲聞，也有天龍八部，也有人非人。在釋迦牟尼佛娑婆世界法會當中，都看見龍女成佛。這個世界距離龍女，無垢世界很遠了，假佛的神力，大家都見到了。見到龍女在無垢世界給

一切眾生說法。「心大歡喜，悉遙敬禮」，這是講佛的神力。看見龍女在無垢世界成佛，向無垢世界敬禮龍女。

「無量眾生，聞法解悟」，看見這種情景，娑婆世界很多眾生開悟了，這就是示佛知見之後，悟佛知見，成佛知見。龍女就是示佛知見，此土眾生開佛知見、悟佛知見了，「得不退轉」，不退轉就是位不退，成了菩薩道。

無量眾生得受道記無垢世界六反震動娑婆世界三千眾生住不退地三千眾生發菩提心而得受記智積菩薩及舍利弗一切眾會默然信受。

這些眾生，佛都給他們授記將來成佛。前面講龍女成佛，在佛性上我們平等平等，但是人人有差別，有男女相，佛性沒得男女相。梵王，帝釋天王，人間人王，這是差別分別相。業盡還源，法性唯一體故，因此就勸一切眾生要受

持《法華經》。《法華經》講，人人都可以成佛，人人都得授記，用龍女即生成佛作證。華嚴講的跟法華講的，四教、五教互相諍論，你說你的經最圓滿，我說我的經最圓滿，人有知見，經是沒有的。

善財童子五十三參，經過那麼長的時間，五十三位善知識，還沒說他到哪個世界成佛。龍女才八歲，比善財童子小多了，馬上就到無垢世界成佛了。因此諍論哪個最圓滿、哪個最殊勝？法無定法，這個顯示法性平等，因此勸你受持《法華經》。

勸持品第十三

爾時藥王菩薩摩訶薩及大樂說菩薩摩訶薩與二萬菩薩眷屬俱皆於佛前作是誓言惟願世尊不以爲慮我等於佛滅後當奉持讀誦說此經典後惡世眾生善根轉少多增上慢貪利供養增不善根遠離解

身命。雖難可教化我等當起大忍力讀誦此經持說書寫種種供養不惜

說此《法華經》的功德，開示悟入佛之知見，功德無量，能夠即生成佛，以龍女來作證，那就應該受持《法華經》。我們前面講過，佛說法四十餘年，爾後才說《法華經》。為什麼經久不說呢？難信故。說你一念《法華經》，就開佛知見了，佛示給你佛知見，佛都給你授記了，凡是受持此《法華經》的，讀誦《法華經》的，都能成佛。這是佛總的授記。那得見到《法華經》、讀到《法華經》。

這些大菩薩就發願了，發願護持《法華經》，讓後世的眾生都能聞到《法華經》，都能讀誦《法華經》。那得有人宣傳，沒人宣傳，沒人知道《法華經》。所以藥王菩薩跟大樂說菩薩，還有他們的二萬眷屬，在佛前發誓。發什麼誓呢？弘揚《法華經》，說佛，您不要擔憂，不要有顧慮，我們在佛滅之後，

伍、悟佛知見分 勸持品第十三

69

自己奉持、自己讀誦，奉持《法華經》、讀誦《法華經》，讓後來惡世眾生都能增長善根。本來後世的眾生善根少，增上慢、貪利養，遠離解脫道，這樣的眾生是難可教化的。但是我們接受佛的教導，生起大忍力，忍受這些困苦，弘揚《法華經》是不容易的，我們堅持要弘揚、讀誦、持說、書寫，乃至於不惜自己的身命要護持《法華經》。

爾時眾中五百阿羅漢得受記者白佛言世尊我等亦自誓願。於異國土廣說此經。

在一切眾中的五百位阿羅漢，佛給他們授記成佛，轉小向大了，得授記者。他們得到利益了，得到法益，他們也向佛表白。「世尊，我等亦自誓願」，我們也發大願了，發大誓。「於異國土，廣說此經」，那不是此國土，而是到其他國土去宣揚此《法華經》。

> 復有學無學八千人得受記者從座而起合掌向佛作是誓言世尊。

這又是一批了。「有學」，他沒有證得阿羅漢果，這是有學地位，初果、二果、三果。「無學」，證得阿羅漢果了。有學無學合起來一共八千人，他們得佛的授記。得到授記了，他們也從座起，向佛發誓表白，弘揚《法華經》。

> 我等亦當於他國土廣說此經所以者何是娑婆國中人多敝惡懷增上慢功德淺薄瞋濁諂曲心不實故。

為什麼不在娑婆世界，而要到別的國去？什麼原因呢？說明娑婆世界，「人多敝惡」，娑婆世界的人，毛病太多了。又有增上慢的心，「增上慢」的意思是說娑婆世界不能信受《法華經》。功德淺，瞋恨心又重，諂曲，心不質直，心是彎曲的，心不質直。所以不在這個世界說，而是到他世界宣說。

爾時佛姨母摩訶波闍波提比丘尼與學無學比丘尼六千人俱從座而起。一心合掌瞻仰尊顏目不暫捨。於時世尊告憍曇彌何故憂色而視如來汝心將無謂我不說汝名。授阿耨多羅三藐三菩提記耶。

摩訶波闍波提是佛的姨母，依印度古來的風俗，一個國王可以娶很多女人，不限一個。這位姨母是摩耶夫人的妹妹，在佛時就成為姨母。生母是摩耶夫人。那時候，有位善覺釋種大財長者，他生了八個女兒。這八個女兒就嫁給淨飯王他們兄弟四個人，二個嫁一個。淨飯王娶了摩訶波闍波提跟摩耶夫人。摩耶夫人死了，生了佛，七天就命終了。釋迦牟尼佛是他姨母波闍波提把他養大的，這樣成為姨母。後來也隨佛出家，出家之後成了阿羅漢，證得聖果。

摩訶波闍波提帶著她的眷屬六千人。她看著佛都給這二人授記，她們也羨

慕，從座上起來，合掌向佛，佛怎麼不給我們授記？沒有明說，佛就知道她的意思。佛就告訴她，憍曇彌，為什麼妳不高興？「憂色而視如來」，心裡懷著憂來看佛。妳的心裡想，我沒有給妳授記，沒有提妳的名字，「將無謂我不說汝名」，妳認為我沒有說到妳的名字，授阿耨多羅三藐三菩提記耶？妳問我，為什麼沒有給妳授記？

憍曇彌我先總說一切聲聞皆已授記。今汝欲知記者將來之世當於六萬八千億諸佛法中為大法師及六千學無學比丘尼俱為法師。汝如是漸漸具菩薩道當得作佛號一切眾生喜見如來。

前面是總說的，沒有分別說，妳現在也想授記，那我就給妳說，「將來之世，當於六萬八千億諸佛法中」，這個數字很大，所以也給她授記。在六萬八千億佛法當中，妳是大法師，憍曇彌，在這六萬八千億佛八千億佛。

伍、悟佛知見分 勸持品第十三

法當中,宣揚佛法。還有這些有學的弟子、六千學無學比丘,跟妳一樣,也經過這麼長的時間,「為大法師」。這樣就漸漸具足菩薩道,菩薩道圓滿了,「當得作佛」,佛號呢?一切眾生喜見如來。

菩提。

雲彌是一切眾生喜見佛及六千菩薩轉次授記得阿耨多羅三藐三

應供。正遍知。明行足善逝世間解無上士調御丈夫天人師佛世尊憍

憍曇彌,妳成佛是一切眾生歡喜的,喜見的。還有妳的弟子六千菩薩,一切眾生喜見佛及六千菩薩,她們都得到授記了。「轉次授記」,一位一位的都成佛。六千菩薩也是妳這個名號,一切眾生喜見佛,「轉次授記」,都能成佛,「得阿耨多羅三藐三菩提」。給他姨媽暨所有的眷屬,有學無學的比丘尼都得到授記。

爾時羅睺羅母耶輸陀羅比丘尼作是念世尊於授記中獨不說我名。

耶輸陀羅是釋迦牟尼的夫人，得這樣稱呼。「作是念」，她心裡在想，「世尊於授記中，獨不說我名？」給姨媽都授記了，那些六千比丘尼都授記了，怎麼沒有說到我？她並沒有說話，而是心裡這樣想，佛就知道了。意思是說，妳別著急，再來就輪到妳了。佛就告訴耶輸陀羅。

佛告耶輸陀羅。汝於來世百千萬億諸佛法中修菩薩行為大法師。漸具佛道於善國中當得作佛號具足千萬光相如來。

在這個善國中當得作佛，叫具足千萬光相如來，也是具足十號。

應供正徧知明行足善逝世間解無上士調御丈夫天人師佛世尊。

佛壽無量阿僧祇劫。

羅睺羅的媽媽,耶輸陀羅就高興了。

爾時摩訶波闍波提比丘尼及耶輸陀羅比丘尼并其眷屬皆大歡喜得未曾有即於佛前而說偈言。

佛的姨媽、夫人,乃至她們的眷屬都大歡喜,「得未曾有」,而於佛前說偈讚言。

世尊導師　安隱天人　我等聞記　心安具足。

我們無所求,都得了授記成佛,「心安具足」。

諸比丘尼說是偈已白佛言世尊我等亦能於他方國土廣宣此經。

到無量世界宣說《妙法蓮華經》。這些比丘尼都授記了，旁邊還有很多大菩薩，佛沒有一一授記。

爾時世尊視八十萬億那由它諸菩薩摩訶薩。是諸菩薩皆是阿惟越致轉不退法輪得諸陀羅尼即從座起至於佛前一心合掌而作是念。

八十萬億那由他菩薩摩訶薩，這些菩薩都是一生成佛的。「是諸菩薩，皆是阿惟越致，轉不退法輪」，這些菩薩都是轉不退法輪的，得總持法，得了陀羅尼，「即從座起」，從他們的座位起，向佛一心合掌而作是念，「念」是沒說話，只在心裡想。

若世尊告敕我等持說此經者當如佛教廣宣斯法復作是念佛今

默然不見告敕我當云何。

世尊沒有囑託我們，沒有教導我們弘揚《法華經》，「當如佛教」，就像佛教導一樣宣說斯法。八十萬億那由他菩薩摩訶薩，也是在會中發願，弘揚《法華經》。

「復作是念」，心裡又想，「佛今默然，不見告敕。」佛沒有告訴我們，也沒有敕令我們，「我當云何？」我們這些大菩薩應當如何？那些阿羅漢都發心弘揚《法華經》，我們也應當弘揚。

時諸菩薩敬順佛意并欲自滿本願便於佛前作師子吼而發誓言。世尊我等於如來滅後周旋往返十方世界。

佛沒有囑託，他們是自己發願作師子吼。吼什麼？發願弘揚《法華經》。

「而發誓言，世尊，我等於如來滅後」，世尊，你滅度之後，我們就往返十方世界，「周旋」就是不止一次，而是往返旋回。

能令眾生書寫此經受持讀誦解說其義如法修行正憶念皆是佛之威力惟願世尊在於他方遙見守護。

能令眾生受持此經，能令眾生讀誦此經，還懂得此經的道理。皆說《法華經》的義，教他們如法修行，正確的憶念《法華經》，想到佛的威力，希望佛守護我們，「遙見守護」。

即時諸菩薩俱同發聲而說偈言。

惟願不為慮　於佛滅度後　恐怖惡世中　我等當廣說。
有諸無智人　惡口罵詈等　及加刀杖者　我等皆當忍。

說世尊,你不要以未來的眾生為憂慮。佛滅度後,在惡世恐怖當中,我們當廣說《法華經》。「有諸無智人,惡口罵詈等」,說沒有智慧,你跟他弘揚《法華經》,他却罵你、毀辱你,或者刀杖加諸你,我們都能忍受。遇到反對弘揚《法華經》的,我們也能忍受,照樣的弘揚《法華經》。

惡世中比丘　邪智心諂曲　未得謂為得　我慢心充滿
或有阿練若　衲衣在空閒　自謂行真道　輕賤人間者

末法後世的出家人比丘,「邪智心諂曲」,沒有正知正見,心不質直。「未得謂為得」,沒有成道說成道了,沒有了生死說了生死,「我慢心充滿」,我慢心充滿,或有阿練若,衲衣在空閒」,「阿練若」就是寂靜處,又翻「無事」,不惹世事,又叫「頭陀」也叫「抖擻」,行頭陀行的人,抖擻精神行道。在空閒的地點,「自謂行真道,輕賤人間者」,輕視世間,自以為很高尚。

貪著利養故　與白衣說法　爲世所恭敬　如六通羅漢。
是人懷惡心　常念世俗事　假名阿練若　好出我等過
而作如是言　此諸比丘等　爲貪利養故　說外道論議
自作此經典　誑惑世間人　爲求名聞故。分別於是經
常在大眾中　欲毀我等故

給白衣說法有利養，給比丘比丘尼說法沒有利養，所以願給居士說法。爲什麼？有供養。我們說有紅包，你給出家人說法是沒有紅包的，涵義就是這個意思。給世間說法，可以得到世間恭敬。

「六通羅漢」，阿羅漢證了六通，天眼、他心，這是六通境界相。這些人懷著惡心，常念的是世間世俗事，在山裡頭修行阿練若是假的，「假名阿練若」，不是真正修道者。

「好出我等過」，這些假和尚專門破眞和尚，世間人眞假難辨。面對眞正

的比丘，好比丘，說他們貪供養，說的都不是真實。這是那些貪著利養的假和尚，批評真和尚。

「自作此經典，誑惑世間人」，也假《法華經》的名義，說《法華經》，欺騙世間人。其實他是求名聞利養，「分別於是經」，把《法華經》分別了很多名相。現在有沒有這樣的人？真有，還不少。他把《法華經》講成全是他的身，跟道教說的一樣，把《法華經》解釋成邪見邪解說，外道的論義。這二人是求名聞的，求利養的。「常在大眾中　欲毀我等故」，假的毀滅真的，就是這個涵義。

誑惑世間人」，自己編一部《法華經》來欺騙世間人。

向國王大臣　婆羅門居士　及餘比丘眾　誹謗說我惡
謂是邪見人　說外道論議　我等敬佛故　悉忍是諸惡。

外道誹謗正道，「我等敬佛故，悉忍是諸惡」，這些大菩薩發願說，我們在末世時候，弘《法華經》的時候，是有障礙的。

什麼障礙？那些假的不是真的，假阿練若，業障重的人，他毀謗我們，我們都能忍受。他罵《法華經》，把《法華經》很多的名詞事相，重編了一套，都往他身上編。至於說真正發心的，這些菩薩行菩薩道的，毀謗他們，把正見說成邪見，「說外道論議」。我們為了敬佛，忍受是諸惡；這些毀謗我們的惡言語，我們都忍受。

為斯所輕言　汝等皆是佛　如此輕慢言　皆當忍受之。

濁劫惡世中　多有諸恐怖

對於他們的毀謗，忍受不理睬。在五濁惡世的時候，就是我們現在，「濁劫」就是五濁惡劫，在惡世當中，恐怖的事太多了。

惡鬼入其身　罵詈毀辱我。

為說是經故　忍此諸難事。

我等敬信佛　當著忍辱鎧

我不愛身命　但惜無上道

我等於來世　護持佛所囑

「我等」，因為敬信佛，「當著忍辱鎧」，忍受了，穿著忍辱鎧，比喻他們。「為說是經故，忍此諸難事」，在末法弘揚《法華經》又有很多苦難障礙的事，我們能忍受。「我不愛身命，但惜無上道」，把《法華經》看得比我的身命還重，「我等於來世，護持佛所囑」，在未來的末法當中，護持佛所囑託的。

世尊自當知　濁世惡比丘　不知佛方便　隨宜所說法
惡口而顰蹙　數數見擯出　遠離於塔寺　如是等眾惡

佛，您是一切智人，您都明白，到五濁惡世那些惡比丘，他不知道佛的方便善巧是隨眾生的機而說一切法。「惡口而顰蹙，數數見擯出」，把真正弘揚法的比丘擯出去。「遠離於塔寺。如是等眾惡」，把我們驅出塔寺之外，這些惡事我都能忍受。

念佛告敕故　皆當忍是事　諸聚落城邑　其有求法者
我皆到其所　說佛所囑法
我當善說法　願佛安隱住　我於世尊前　諸來十方佛
發如是誓言　佛自知我心。

安樂行品第十四

大菩薩到末法的時候，弘揚《法華經》不是一帆風順的，他不但不信，還要毀謗你。這些我們都能忍受，一心弘揚《法華經》。

這一段是大菩薩他們發的願，勸你受持《法華經》。當你受持《法華經》的時候，遇到很多的災難都能忍受。在你受持《法華經》的時候，可能有些災難，若遇到這些災難，怎麼辦？忍耐受持。另外，凡是能受持讀誦《法華經》的，都是大菩薩，受佛囑託的都是授記的大阿羅漢，來弘揚《法華經》的。

現在我們講〈安樂行品〉第十四，按卷數說，《法華經》已經講一半了。

什麼叫「安樂行」呢？或者按事說，或者按法門說，或者按經文的文義說，來解釋「安樂行」。約事來說，平安即是福，那就是「安樂」；心裡什麼煩惱都沒有，一天總是法喜充滿，那就是「安樂」。

「行」呢？就是作，行是運動義，就是作。身業、口業、意業三業都是愉愉快快的，弘揚經的時候，用口裡頭說，口業之喜。你的心很安，沒有憂愁，沒有顧慮，是心安。身呢？遇不到任何災害，沒有災害惱熱，無病無惱，身、口、意三業都安樂，這是按事來說。

《法華經》是講理，「安」是大定不動；「安」是定，「樂」是無受，「行」是無行。無受最快樂，什麼都不受，我們一些苦樂，因受而引起的，五蘊當中受，受蘊，無論苦受樂受，樂受完了就變成苦。凡是有受，都不安樂。

「身安」，一切眾生的惱害，因為你修忍辱波羅蜜，平安了，不受眾生惱

無受，理上無受想行識，那就真正樂受。

害，安住於無受、無樂、無忍、無人相、無我相，什麼都無有，心安了，這叫「身安」。這是進入法身，法身不受任何惱害，任何惱害，惱害不到法身，這是「理安」。

學佛，入了如來的解脫境界，那就快樂了。入了佛的境界還不快樂嗎？入佛境界，心得解脫。學了佛，以佛的觀想來觀想自己，心樂了；身樂了，心樂了。經常坐如來座，以般若行為行，行經般若，用智慧行最安樂了。坐如來座，行如來行，還有比這安樂的嗎？成就佛了。說我們學佛的人，一切以佛的心為心，以佛所教我們作的事業為事業，這就是修行。一切都在安樂之中。

現在解釋《法華經》的「安樂行」，「安」就是不動，不動就是安樂。「樂」就是無受，無受最快樂。「行」呢？虛空當中沒有行，觀一切法皆空行無所行，這樣的安樂行。在六道生死當中都在動，不動就入涅槃了。這是安樂不動，這樣就能得大安樂。

不過在天台四教家講「安樂行」，「止觀慈悲導三業，及誓願。」止就是

定,一切行無行,身、口、意三業,柔柔和和、善善順順,寂靜的,這是止。當講觀,這個觀就是實相般若。我們讀《心經》,第一個字就是觀,觀自在。說誰觀誰自在,那得有實相智慧,這種觀是觀實相。你早晨起來,剛上殿也好,恢復知覺了,要注意觀照。用你的心,就像鏡子照你一天的行動,這不像照相機的像,我們是用心照的,照你那個心,一舉一動。

早晨恢復知覺的時候,第一個要用照,觀照今天這心作些什麼事,千萬莫離開照。這個照不是用眼睛去照,而是心裡頭照著自己心裡所有的念頭。我們以前是靠光來照,那個是分別的,這種是心裡所起的照,也就是觀性,照我們一天所作所為。

到了晚上總結一下。看看你今天想的都是什麼?千萬不要發之於現行,發之於現行就完了。剛一起念的時候,能夠止心不起,就用觀的工夫,止住不起。同時照你的行為,一起念就發之於行為,是利人的,不是利己的;利人就是慈悲,慈悲喜捨。一切經論上,四無量心,這是最好的。

我們經常說四弘誓願，就是慈悲喜捨。你心裡想的盡是幫助別人，度眾生。幫助別人就是度一切眾生，照你這個心，沒有離開幫助別人，也從來沒想到自己；要是想到自己，就錯了。「照」的意思就是照著，不要離開慈悲喜捨，「照」的時候，絕對不為自己求安樂，願一切眾生都得到大安樂。

「安樂行」是讓一切眾生都能安樂，不為自己求安樂。講「安樂行」，是讓我們照了我們的心來利一切眾生，讓一切眾生都安樂，這就是我行的；我的行是慈悲喜捨，讓一切眾生起安樂。

爾時文殊師利法王子菩薩摩訶薩白佛言世尊是諸菩薩甚為希有敬順佛故發大誓願於後惡世護持讀說是法華經。

文殊菩薩讚歎這二大菩薩，對佛說，這些二大菩薩甚難希有，什麼甚難？什麼希有？隨順佛，恭敬佛，這個甚難希有。以什麼表達順佛、恭敬佛？發大誓

願。在我們看來,勸勸別人念《法華經》,或者自己念念《法華經》,這就是大誓願,真正的誓願。

所以文殊菩薩讚歎說,這個就是「希有」。在後來的惡世,那個時代的時間,不是好世,而是惡世,不善順的。在那個時候宣傳護持《法華經》,在惡世弘揚《法華經》,這個甚難甚希有。

世尊菩薩摩訶薩於後惡世云何能說是經。

文殊利師菩薩對佛說,世尊哪,那些發菩提心的、行菩薩道的大菩薩,在末法惡世之中,能弘揚《法華經》,解釋《法華經》、宣揚《法華經》的修行方法,那是很難得的。以下是佛答覆文殊師利菩薩。

佛告文殊師利。若菩薩摩訶薩於後惡世欲說是經當安住四法。一

者安住菩薩行處及親近處。能爲眾生演說是經文殊師利。云何名菩薩摩訶薩行處若菩薩摩訶薩住忍辱地柔和善順而不猝暴心亦不驚又復於法無所行而觀諸法如實相亦不行不分別是名菩薩摩訶薩行處。

若發大心、發菩提心的大菩薩,「於後惡世,欲說是經,當安住四法。」在末法的惡時代,想說《法華經》的人,應當安住四法。佛就囑託,誰要說《法華經》就安住四法。哪四法呢?自己先作,以身作則,自己行安樂行,都表現在什麼地方?口裡說的,口業當中,說的是安樂行;身上所行的,身體所作的,安樂行;心裡所想的,安樂行。要發大願,發什麼大願呢?

誓願弘揚《法華經》,講解《法華經》的安樂,講解《法華經》的修行,那就表現在你的身口意。身體所做的是安樂行,口裡所說的是安樂行,心裡所想的是安樂行,發大誓願,讓一切眾生都能做到安樂行。

「一者，安住菩薩行處及親近處，能為眾生演說。」安住四法的第一法，就是演說。沒有宣揚，眾生怎能知道呢？第一個，菩薩的行處。說你自己作的，給眾生作表率；你所親近，給眾生作為親近處，給眾生作行的表率，給眾生說，演說是經。這是菩薩行處。佛跟文殊菩薩說，若在後世宣揚《法華經》，「當安住四法」，第一個能給眾生演說，安樂行，這就是菩薩行處。

同時，佛又再進一步解釋，「文殊師利，云何名菩薩摩訶薩行處？」什麼是菩薩摩訶薩行處？「若菩薩摩訶薩住忍辱地」，「忍辱」就是安樂，「忍辱」就是修行，「柔和善順，而不卒暴，心亦不驚」。

出家人，無論比丘、比丘尼，優婆塞、優婆夷，在家二眾、出家二眾，你跟人家說話、跟人家接觸什麼事，柔和的輕言細語，不要卒暴，或者大聲無忌，跟打架一樣的，那樣給人家印象就不好。明明是好事，人家一看你那個樣子，不跟你談了。這是柔和善順忍辱，住在忍辱地。

佛告訴我們，柔和善順，絕不卒暴。遇到任何的事，不驚。古人說泰山崩

於前而不驚，泰山在你的面前倒了，或者遇著一個大地震，在地震來的時候，把人嚇得不得了，你沒事，雖然是好大的聲音，你像沒事一樣的，不驚不怕，心不驚。

「又復於法，無所行」，「法」就是種種境界相，你不驚不差，不論遇到什麼境界相，你都不差，像沒有那回事一樣，這就是住忍辱地。怎能做到呢？「觀諸法如實相」，「實相」是真空，本來沒有一切法，用不著去分別，這就是菩薩摩訶薩行處。

最初開始是做不到的，行久了，習慣了，就近於理性。近理就是近行處，處處都合乎理，開擴講就是空、假、中三觀。空諦、中諦、俗諦，這是三觀三諦。這就是忍辱的行處。遇著什麼事，降伏你這個心，把心先降伏，很柔和，很善順，知道一切境界相是沒有的。

諸法不自生，亦不從他生，因此說諸法無生，這個「忍」是忍諸法無生，一般說「無生忍」。我們為什麼習定？我們練習打坐這就是「忍」。外相，不

論什麼相,不理它,就叫「寂滅忍」,都寂靜下來,不躁動、不粗暴。

有人跟你說話,做什麼事,又跳又煩,聲音又大,你安然處之,不理他,見他跳吧!跳跳沒勁了就不跳了。要是跟他對吼對鬧,他越跳越有勁。這是「安然忍」。

有人跟你大聲說話,像我現在聾了,越大聲我越聽不見,沒聽見,他就白說了。他罵我也好,說什麼也好,我聽不見。聽不見有什麼好處?人家送一個禮物,你不接受,那他就拿回去了。如果有人罵你,你聽不見,他們自己收回去了。他罵的是你,你不接受,他不是拿回去了嗎?像這樣觀想,你就得到安樂,這叫安樂行。

人家非理相加,惱害你的時候,你不接受,打到身上是痛也不接受,這個不容易了。說話還容易,打到你身上,雖然不接受,不接受還是痛,但是不跟他對打,這叫「忍」。安樂行學會了,斷煩惱證菩提,《法華經》的〈安樂行品〉,你不會用怎麼辦?就念《妙法蓮華經》。

菩薩的親近處、行處，兩者合而為一。什麼叫菩薩的行處？菩薩在行菩薩道的時候，應以佛所教誡的去行，菩薩有菩薩戒，依止佛所教誡的戒，就是「行處」。久習成熟了，能夠住在忍辱地，「忍辱地」就是菩薩地所行的行處，能夠達到柔和善順、不猝暴，這就是菩薩的行處。

遇到任何的境界相，菩薩心是不動的，那就是不驚。依佛所教授的，行菩薩法，行即無行，不假用心，矯揉造作，而是自然的。為什麼？

菩薩觀諸法實相，不但觀而能進入，進入而能證得。在修行利益眾生的當中，沒有我見，不起分別，那就是菩薩的行處。這樣的久習成熟了，能夠達到實相理，如果不能達到實相不叫「近處」。

菩薩行處就是菩薩的因，「行處」是因，「近處」是果。同時行的時候，是表菩薩的智慧，「近處」是菩薩他所對的境界相。利益眾生的時候，近處總界相，因此稱為住忍辱地。菩薩能到近忍辱地，他的行處都能夠合乎理，合乎實相的理。以他的智慧對境的時候，能夠在境上不錯亂。

我們對境的時候容易錯,當你的心對外邊一切事物的時候,你會不得當的。為什麼?你沒有智慧,處理不好。菩薩所行的是依理實際實相,沒有起分別,這就是菩薩的「行處」。「行處」是菩薩在利益眾生的時候,面對一切境界相,不論逆的、順的,他都能忍受,住忍辱地。

又者,「忍辱地」是「忍可」,對於一切法能夠忍可,能夠降伏一切法,能夠隨順一切法的生長。為什麼?因為他證得無生,知道一切諸法無生,能夠忍受一切法。知道一切法是寂靜的,那就要寂滅的忍辱。

柔順、降伏、無生、寂滅,這是忍的行相,菩薩能夠作到。這位菩薩不是因地的菩薩,而是證了果地的菩薩,果地菩薩是他證得寂滅的境界,對於一切法的動相、靜相,他能深入了。動靜二相都能去除,如如的實相理,所以他遇事不驚,不猝暴,心地幽遠。

見一切法平等平等,這是住於中道的菩薩,隨順一切境界相,所以菩薩於法無所行。無所行,沒有任何造作,沒有任何忍辱。為什麼?因為他們能觀到

諸法的實相,他在一切法上不起分別。這就是菩薩摩訶薩的「行處」。這是總綱,這個你明了了,以下的經文就容易懂,這個不明了就很不容易懂。以下還要加以解釋。

云何名菩薩摩訶薩親近處菩薩摩訶薩不親近國王王子大臣官長不親近諸外道梵志尼犍子等及造世俗文筆讚詠外書及路伽耶陀逆路伽耶陀者。

菩薩要利益眾生,不能不接觸人;但是他所接觸的、不親近的,這裡有分別。不論國王大臣、豪勢富貴,他不依附他們,也就是不親近的意思。菩薩不失於正道。什麼是菩薩的正道呢?不因為一切的小疑小害,而喪失了行菩薩道,這是離的意思。

比丘不親近國王,不跟他們來往,國王大臣、有勢力的人不跟他們來往。

為什麼？容易失正道。怕跟他們交往，會得到現世的利益，但是你的損害就大了。說比丘，菩薩摩訶薩的親近處，親近是法，親近四眾弟子。菩薩摩訶薩，他不去親近國王、王子、大臣、官長。為什麼？因為親近他們是非法的，這有十種非法。因為跟國王交往，國王叫你做這個做那個，或者要作些事，那很麻煩。看過去歷代祖師，有的國師參加政治，那含著國王的勾結商量事。王欲誅大臣的時候，跟親近的國師商量，同時國家的寶庫裡頭，若有什麼偷盜的行為，你會受牽連的。跟國王接近的時候，宮中有些婦女，王公的女人要是懷孕了，會懷疑是你這位出家菩薩。或者王身中毒，或大臣互相競爭，兩國交兵，這些都是非法。

所以菩薩摩訶薩不近於國王大臣官長，這些人都是邪人，遠離這些邪人邪法。同對於外道梵志尼犍子等，乃至世間相，造世俗的文字，作文章的，寫傳記的，各種讚歎的事。「路伽耶」叫「惡解義」，路伽耶陀、逆路伽耶者，都是這一類的人，不要跟他們接近，非菩薩行。佛跟文殊師利菩薩說，行菩薩

98

道的、發菩提心的，不去接近這些人。

> 亦不親近諸有兇戲相扠相撲及那羅等種種變現之戲又不親近旃陀羅及畜豬羊雞狗畋獵漁捕諸惡律儀如是人等或時來者則爲說法無所睎望。

面對打鬥戰爭的兇戲，不得於親近；相撲相扠、那羅等種種變現之戲，菩薩不得參加，不得跟他們交往，這是放逸的行為。

「又不親近旃陀羅」，「旃陀羅」就是屠劊，就是殺豬宰羊，做殺業的，屠門、屠戶。「及畜豬羊雞狗」，菩薩不能養羊養雞養狗，乃至「畋獵漁捕，諸惡律儀，如是人等，或時來者，則為說法，無所睎望」，自己不做也不跟他們來往，不跟這些人來往。換句話，不跟他們說法，「無所睎望」，這是菩薩不許做的事，叫惡律儀。什麼叫惡律儀？惡律儀是對著善律儀說的，菩薩戒就

是善律儀。這些人的規矩、他們的情況，都叫惡律儀。

又不親近求聲聞比丘比丘尼優婆塞優婆夷亦不問訊若於房中若經行處若在講堂中不共住止或時來者隨宜說法無所睎求。

對他們的問訊也不要答，「亦不問訊」。換句話說，你誦《法華經》，發菩提心的人，不跟這些人交往。前面那些惡人，不交往是對的。親近聲聞比丘發的小乘心，學的是聲聞法，比丘、比丘尼、優婆塞、優婆夷四眾弟子，「亦不問訊」，不跟他們往還。或者在房裡，或者經行處，或者講堂，「不共住止，或時來者」，說誦《法華經》的，不跟這些人共同的居住。菩薩來的時候，「隨宜說法」，你方便善巧說幾句話就是了。「無所睎求」，因為這些人不發大心，遠離菩提，容易雜亂，容易退掉你的大心，接受小法。這是菩薩應該注意的。

我們求《法華經》、學法誦《法華經》，是成就那一念。佛對文殊師利菩薩說，學《法華經》的，誦《法華經》的，不得親近聲聞、比丘、比丘尼、優婆塞、優婆夷四眾弟子，他們不往還，「亦不問訊」。換句話說，跟他們斷絕關係，不要跟他們交往。為什麼要這樣？怕回墮小乘。

文殊師利又菩薩摩訶薩不應於女人身取能生欲想相而為說法。亦不樂見若入他家不與小女處女寡女等共語。

法師跟女人說《法華經》的時候，要特別注意，千萬莫有欲想相，欲望的想相。「亦不樂見」，不要見女人。「若入他家」，你要入在家、俗家、居士家去，「不與小女、處女、寡女等，共語」。「欲想相」是殺害菩薩菩提心的，身著五欲境界的人，叫做欲想。

同時，對於人、龍、修羅、四天王，若人若天若神若鬼六道眾生，凡是女性

的，都不跟他們來往，乃至於不共語。「若入他家」，遇著小女孩，處女，沒有結婚的，寡女，結了婚守寡的人，丈夫不在了，不能跟他們說話，就是不共語。

亦復不近五種不男之人以為親厚不獨入他家。若有因緣須獨入時但一心念佛。若為女人說法不露齒笑不現胸臆。乃至為法猶不親厚。況復餘事不樂畜年少弟子沙彌小兒亦不樂與同師常好坐禪在於閒處修攝其心。

非男非女，不能跟他們作親厚關係想。哪五種不男不女呢？就是生、劇、妬、半、變。在我們中國有。佛說這個法，當然印度也有，一切人類都有。

一、生不男，生下來就不是男，沒有男根，就是不男，從他生以來男根不具足。二、劇不男，劇了生下來是男的，但把男根去掉了，就是太監。在宮裡當太監那個人，不是男人了，沒有男根了。三、妬不男，妬是嫉妒的意思，

伍、悟佛知見分 安樂行品第十四

沒得男根。看見畜行淫的時候，他就有男根了，見淫而生的。四、變不男，變呢？見女的他是男，見男的他又是女的，他起變化了。五、半不男，半個月是男，半個月是女，就是生、劇、妒、半、變五種不能。

對於這五種人，佛說的，不要跟他們交往。發菩提心行菩薩道的大菩薩法華菩薩，不跟這五種人交往。同時最好「不獨入他家」，菩薩不要一個人上他家去。說有因緣逼迫非去不可，那就「一心念佛」，不要生其他想，這叫危害難處，去了很有危險。說菩薩行菩薩道的時候，你要注意，主要是要讀《法華經》的法華菩薩。

菩薩能不能為女人說法呢？可以給女人說法，對女人不許笑，不許露出牙齒來，「不露齒笑」。同時衣服要穿，不論多熱，胸臆不能現。說法不要多。不是說法，其他的事，佛就不許了，這樣子容易引起譏嫌。同時不許畜年少弟子，《法華經》不許收小孩，沙彌小兒不許跟他們共住。應當「常好坐禪」，在閒靜之居，修攝自己的心。佛跟文殊師利菩薩說的，這些都不能做。但特別

注重心，修攝其心，好好收你的一念心。

復次菩薩摩訶薩觀一切法空如實相不顛倒不動不退不轉如虛空無所有性一切語言道斷不生不出不起無名無相實無所有無量無邊無礙無障。

文殊師利。是名初親近處。

菩薩修觀的時候，觀一切諸法皆空，從凡夫到佛地，十法界之法，全是空，修法空觀。這個觀是觀中道的道理，就要修法空觀。單獨講，這個空是空無所觀而智慧觀照。觀一切法顯現的都是空義，為什麼？用空來顯現實相。如實的觀，一切法的境界相不存在。這樣觀是法，法「不顛倒」，法不動，不退不轉，如虛空，一切法無有，無所有性，言語道斷，心行處滅，一切法不生不出不起，「無名、無相，實無所有，無量、無邊、無礙、無障」。

諸法實相，實相就是無相，相即非相，實相無相。為什麼？不顛倒、不動、不退，心行處滅，如薩婆若海，永遠不動不沉了；菩薩的「不轉」是「不如凡夫轉生死，不如二乘轉凡聖」。

因為凡夫常是隨生死流轉，死了生，生了死，菩薩不轉為二乘；同時也不為凡夫小乘所轉化，這是法不像二乘人轉凡成聖，菩薩不為二乘凡夫所轉。菩薩也華菩薩說的，菩薩不為二乘凡夫所轉。

性定入虛空，「虛空」是形容詞，形容菩薩證得的實相，一切諸法無所有相，無所有性。這就是經論上所說的「言語道斷、心行處滅。」一切法不生不起，無相無所有，無量無邊，無礙無障，這都是顯示法性實相。以空來破諸法之相，不轉就空空，空轉還是空，所以就不轉了，空皆是空。以空來破諸法，諸法是所破的，空是能破的，以空來破一切諸法，連這個空也空。這是般若義。

一切語言道沒有，「言語道斷」，一切法不生，「不生」就是空義。一切法不出，無為就不出。「不出」就是空義。觀一切法只是和合，因為和合，緣

伍、悟佛知見分 安樂行品第十四

105

起一切而生諸法，緣起生諸法因緣和合，因緣不和合，不合就不生，不出就無為空，什麼都沒有。無所作，不是斷滅的，不要理解成斷滅了，這叫出離的法空。出離法空，所以說「不出」。「不出」本身就是空的，就是這個涵義。

總的來說，形容什麼呢？性空。但是所有一切法的生，所見的一切法都是緣起的。前面講「性空緣起」，因為緣起才顯性空，一切諸法無相，說相空了，一切法無所有，無所有不可得，什麼也得不到，不可得空。那不是一切法沒有了嗎？有。

但以因緣有，從顛倒生故，說常樂觀如是法相，是名菩薩摩訶薩第二親近處。

這個有是緣起的，這個生是顛倒生。但以因緣有，從顛倒生。「故說，常樂觀如是法相」，讓你這樣觀一切相，觀一切法，一切法是顛倒生的，一切法

是因緣有的,這就是菩薩親近處。佛跟文殊師利菩薩說,「是名菩薩摩訶薩第二親近處」,知道諸法是因緣,因緣有,從顛倒生,這個生就是生死。二種涵義。因為經常觀如是法,觀空、假、中三諦,空觀、假觀、中觀,這是《法華經》最主要的義理。

一切諸法的生滅,顛倒生。

爾時世尊欲重宣此義而說偈言。

若有菩薩　於後惡世　無怖畏心　欲說是經

佛跟文殊師利菩薩說完了,佛用偈頌體裁再說一遍。當然這是為了教化眾生,文殊師利菩薩都知道了。世尊跟文殊師利菩薩說,「若有菩薩,於後惡世」,末法時代,世間上是惡的,沒有善。一切眾生不在這惡世之中,不產生怖畏,沒有恐怖感,於後惡世,他沒有怖畏心。「欲說是經」,想說《法華經》。

應入行處　及親近處。常離國王　及國王子

大臣官長　凶險戲者　及旃陀羅　外道梵志。

亦不親近　增上慢人　貪著小乘　三藏學者

佛講，法師菩薩若想演說《法華經》，你應當入於行處及親近處。上面佛把這個分辨很清楚。什麼是行處？什麼是親近處？寂滅是你行處，約事相說，找清淨不聵鬧的地方，你不要親近國王大臣一切財富長者，不要跟他們接近，乃至於二乘人。比丘、比丘尼、優婆塞、優婆夷，他們都貪著小乘，不要跟他們接近。國家的國王大臣官長，他們那個環境裡頭凶險，完全是戲論。屠劊，殺豬宰羊，乃至於外道梵志，不要親近他們。這些是增上慢人，千萬莫貪著小乘三藏學者。

破戒比丘　名字羅漢。及比丘尼　好戲笑者

深著五欲

　　財、色、名、食、睡是離不開的。

求現滅度　諸優婆夷　皆勿親近　若是人等

以好心來　到菩薩所　為聞佛道

　　這些人發大心來到菩薩所，為你說法，為了要聞佛道，那菩薩怎麼辦呢？

菩薩則以　無所畏心　不懷睎望　而為說法。

　　無所畏懼的心，對他們不希求。一點的睎望心都沒有，就是不貪求名利。

不貪利養，也不要他們讚歎你，說好話。這樣可以給他們說法，但不要多。

寡女處女　及諸不男　皆勿親近　以為親厚。

亦莫親近　屠兒魁膾　畋獵漁捕　爲利殺害
販肉自活　衒賣女色　如是之人　皆勿親近
凶險相撲　種種嬉戲　諸婬女等　盡勿親近
莫獨屏處　爲女說法

寡女處女，還有這些不男不女，皆勿親近，不跟他們交往，不要以爲他們很親厚，切莫親近。「屠兒魁膾，畋獵漁捕」，打漁的，捕獵的，他們都是爲了求錢，殺害眾生，爲利殺害。「販肉自活」，賣畜生肉、魚肉、豬肉。「衒賣女色」，是專對女人說的。在閉靜處，別人看不到的時候，給女人說法，這是佛所制止的。

若說法時　毋得戲笑　入里乞食　將一比丘
若無比丘　一心念佛　是則名爲　行處近處

110

以此二處　能安樂說。

說你要去求乞食，找個同伴，不要一個人走。沒有人陪你怎麼辦呢？一心念佛，觀想佛。這個我們可以體會到的，能夠避免一些過錯。「是則名為，行處近處，以此二處，能安樂說」，避免這些也就安樂了。

又復不行　上中下法　有為無為　實不實法

不去作三乘法，有學法華的法師，上中下三法是指三乘，有為法、無為法，實法、不實法，不要去學，都學法華作菩薩。

亦不分別　是男是女　不得諸法　不知不見
是則名為　菩薩行處。
一切諸法　空無所有
無有常住　亦無起滅　是名智者　所親近處。

顛倒分別　諸法有無　是實非實　是生非生。

在於閒處　修攝其心　安住不動　如須彌山

觀一切法　皆無所有　猶如虛空　無有堅固

不生不出　不動不退　常住一相　是名近處

若有比丘　於我滅後　入是行處　及親近處

不要貪著那些法，你自己應當住在空閒之處，把自己的心收攝好，安心於法華，安住不動，像須彌山那樣。

一切法不生不出，「不動不退，常住一相，是名近處」，「常住一相」那是指常住一乘，法華乘。「一相」就是無相，唯此一事實，餘二則非真，專指法華義。一乘無二，唯一解脫，唯此一事實，餘二則非真，

說斯經時　無有怯弱。菩薩有時　入於靜室

以正憶念　隨義觀法　從禪定起　為諸國王

王子臣民　婆羅門等

開化演暢　說斯經典　其心安隱　無有怯弱。

文殊師利　是名菩薩　安住初法　能於後世

說法華經。

若演說《法華經》，一切沒有恐懼，要是能這樣就對了。「說斯經時，無有怯弱」。「菩薩有時，入於靜室」，菩薩有的時候到清淨的禪室，這個時候，「以正憶念，隨義觀法」，這個義是指第一義，以第一義觀一切法，一切法從禪定而起的。

給國王、給王子、給臣民、給婆羅門，開化演暢，說斯經典。這叫安樂

行。這是安樂的因，修禪定，什麼過都止住了。為什麼？無我。這能得無我相、無人相、無眾生相、無壽者相，內外二益，修行智慧，離一切取著，修智慧對任何法都知道，知道一切法無我，內無顛倒；內不顛倒，心不怯弱。不怯弱就叫安樂，那就是「安樂行」。「文殊師利，是名菩薩，安住初法，能於後世，說法華經」，這樣才能說《法華經》。

又文殊師利。如來滅後於末法中欲說是經應住安樂行若口宣說。若讀經時不樂說人及經典過亦不輕慢諸餘法師不說他人好惡長短。於聲聞人亦不稱名說其過惡亦不稱名讚歎其美又亦不生怨嫌之心善修如是安樂心故諸有聽者不逆其意有所難問不以小乘法答。但以大乘而為解說令得一切種智。

佛又跟文殊師利說，在如來滅後，於末法中欲說是經，你想要演說《法華

經》，應住安樂行。你先觀修口安樂行，若是口宣說此經的時候，那你千萬注意，不要說人及經典的過，凡是佛說的經典，不要說經典的過錯。對小乘經典的，你不要說這部經、那部經不對，那不是安樂行。不批評別人，不批評其他經典，你就說《法華經》好了，應住安樂行。

若讀《法華經》的時候，千萬不要說人家的過錯，說那部經的過錯；說那是小乘法不了義的，千萬不要這樣說。也不說那個人眼睛、鼻子，怎麼歪的斜的，不要說，隨他去好了。說你聽到別人有過，就像沒聽見一樣。

佛所說的法，沒有過錯？無論大乘小乘，那是分別，其方便法，佛是隨他語義。佛不是善巧方便嗎？但是對於不了義的法，你也不要說那個法沒過錯、行的人有錯。你這樣說，就惱他人，那就不安樂了。

「亦不輕慢諸餘法師」，對演說其他經論的法師，你不能輕慢，這是很難選擇的。學法的人要注意，不輕慢任何說法的法師。但是前面佛說，不與一切比丘、比丘尼、優婆塞、優婆夷四眾說法，他是說小乘法的，不是說《法華

《經》的。這個地方又跟你說,都不輕慢這些法師,是不是矛盾?你怎麼來解釋?佛在前面說,你跟那些學小乘法,你不跟他們來往,是怕你受影響,並沒有讓你輕慢他們。你跟小乘的法師來往久了,你會轉大向小,涵義是一樣的。佛在說很多法的時候,實際上是權巧方便,注重是《法華》;行權的時候,這是方便。佛有這種方便,用助道法顯示正道,應當順教,順佛的教導不去違背,不批評任何人,不輕慢任何法,「不輕慢諸餘法師」。

同時,「於聲聞人,亦不稱名說其過惡」,說某某人學小乘教的,不要理,這就不對了,佛不許你這樣做。「亦不稱名讚歎其美」,不說他的過,也不讚歎他,要是讚歎,那你就是讚歎小乘教。

對於說演暢其他教的法師,不說他的過,也不讚歎他。「又亦不生怨嫌之心」,菩薩對那些個人以及法,好像妨礙大乘法,妨礙大乘道,有怨心不可以,不要有嫌怨之心,這樣才安樂,不要找是非。

「善修如是安樂心故」，這樣聆聽《法華經》才安樂。「諸有聽者，不逆其意，有所難問」，聽經的人來問你，或者有問難的，你都以《法華經》的意思答，「不以小乘法答，但以大乘而為解說，令得一切種智」，不許說小乘法答，凡是他有所問，你的答都以大乘法《法華經》答，不說小乘法。

爾時世尊欲重宣此義而說偈言。

菩薩常樂　安隱說法　於清淨地　而施牀座
以油塗身　澡浴塵穢　著新淨衣　內外俱淨。
安處法座　隨問為說。

這種道理，佛又再說一遍。「菩薩常樂，安隱說法」，對於來請法的、來求教的，都依著安穩的道，安穩的法，而給他們說，讓他們得到安穩。但以大乘法說，「於清淨地，而施牀座」，空曠閒野，或者室內或者室外，給人家座

位,供養來聞法者的座位,「而施牀座」。

「以油塗身,澡浴塵穢,著新淨衣,內外俱淨」,說法的時候,還是要有儀式的,不過中國沒有習慣拿油或者拿香水抹身上。在印度要說法的時候,用香油塗身,要洗澡除掉垢染,要著新衣服,心裡要清淨,身外還要清淨,內外俱清淨,這叫安樂行。然後安處法座,不是主動坐,他問為什麼?給他解說什麼,「隨問為說」,他來請教你,問你什麼給他解說。但是著重是大乘教義,以法華教義。

若有比丘　及比丘尼　諸優婆塞　及優婆夷
國王王子　羣臣士民　以微妙義　和顏為說。

對他們說法,不要疾言厲色,要歡歡喜喜、和顏悅色的來闡說微妙義。

若有難問　隨義而答。　因緣譬喻　敷演分別

以是方便　皆使發心　漸漸增益　入於佛道。

問難的，他不理解，佛就隨那個道理來答覆他。同時假因緣、假譬喻，給他分別解說，這是方便善巧。使他能發大心，「漸漸增益，入於佛道」，引誘他漸漸的入佛道，說的是佛的大乘教義，讓他入於佛道，而不是小乘教義。

除懶惰意　及懈怠想　離諸憂惱　慈心說法。

說法時不要有怨心、嫌恨心、不滿心，求法都要求歡喜，你要是以這個心給他說，不增加他的煩惱！要以慈悲心，無嫌怨法。不說大乘的，你憎言厲色，批評人家學小乘法，那是給人家布施煩惱，給人家增加煩惱。菩薩說法，要使他精進修行，不要懈怠，讓他斷煩惱，以慈悲心供養，說法時都要以慈悲心，讓人家歡喜。

畫夜常說　無上道教　以諸因緣　無量譬喻
開示眾生　咸令歡喜。

這是專指法華說的。「無上道教」，「道」是菩提道。無上法所顯的道理，菩提道。同時，假很多因緣，假無量的譬喻，給眾生開佛的知見，示給眾生佛的知見，「開示眾生」。讓他們都歡喜心，「咸令歡喜」。

衣服臥具　飲食醫藥　而於其中　無所睎望。
但一心念　說法因緣　願成佛道　令眾亦爾
是則大利　安樂供養。我滅度後　若有比丘
能演說斯　妙法華經

不過，有人一邊說法，一邊貪求，讓人家供養。這裡是去除貪求心，「但

伍、悟佛知見分　安樂行品第十四

心無嫉恚　諸惱障礙　亦無憂愁　及罵詈者
又無怖畏　加刀杖等　亦無擯出　安住忍故。

一心念」,說法得有因緣,緣呢?人家來請問,因就靠你來觀察。說法得知機,對機說法,就合乎因緣,說法的因緣。但是希望他們都能成佛,「願成佛道」。令一切大眾,不論誰來請法都應發願,願他們將來成佛。是則安樂,「是則大利,安樂供養」。菩薩修菩薩道,久行菩薩道,就成了。以法供養,以什麼法呢?安樂行,以安樂法來供養眾生。佛又對文殊師利菩薩說,「我滅度後」,佛不在世了。「若有比丘,能演說斯,妙法華經」,說我滅度以後,若有比丘能演說《妙法蓮華經》。

說法的過程當中,心沒有嫉妒,沒有瞋恚,也沒有諸障礙,也沒有諸煩惱。沒有憂愁,沒有罵詈。「又無怖畏,加刀杖等,亦無擯出,安住忍故。」

這一段,有兩個偈頌。一切法不生,哪有這些事物,什麼都沒有,無垢無染,安住於忍,這叫「安樂行」。

智者如是　善修其心　能住安樂　如我上說。
其人功德　千萬億劫　算數譬喻　說不能盡。

這個「善修其心」,跟《華嚴經》〈淨行品〉的「善用其心」,都是文殊菩薩教導的。佛也如是跟文殊師利菩薩說,「善修其心」。要能把心修好,修安樂了,最勝的安樂,「如我上說」,我以前說過了。「其人功德,千萬億劫」,這個說法人,功德經過千萬億劫,「算數譬喻」,說不完。說法功德殊勝,要能這樣說法才是功德無量。

又。文殊師利菩薩摩訶薩於後末世。法欲滅時受持讀誦斯經典者。

無懷嫉妒諂誑之心。亦勿輕罵學佛道者求其長短。

佛又說，在我滅度之後，那個法已經快滅了。「法欲滅時，受持、讀誦、斯經典者」，如果有人能夠讀誦《法華經》者，應當注意兩件事。一個止心，不讓做的事，把它都止住。除了止心，還有觀，以智慧指導你的思想。

「無懷嫉妒諂誑之心」，不要有嫉妒心，不要有貪欲心，不要有瞋恨心。

「嫉妒諂誑」，「嫉」，嫉妒別人，是瞋恨心的；「諂」，諂媚。邪見，就是不正確的知見。這兩種都不是慈悲心。要發起慈悲心，要想幫助別人，教化他人，這兩種違背了智慧，違背了慈悲心。

因此，佛又跟文殊師利菩薩說，在末法的時候，法要滅了，若有人能受持讀誦這部經典，千萬要除掉嫉妒諂誑之心。切記，「亦勿輕罵學佛道者，求其長短。」凡是學佛的人，不要輕視他，也不要污辱他。凡是輕罵學佛道者，來求他的長短，找他的過錯，找他的毛病，這是佛所不許可的。佛跟文殊師利菩薩說，

若比丘比丘尼優婆塞優婆夷求聲聞者求辟支佛者求菩薩道者。無得惱之令其疑悔語其人言。汝等去道甚遠終不能得一切種智所以者何汝是放逸之人於道懈怠故又亦不應戲論諸法有所諍競當於一切眾生起大悲想。於諸如來起慈父想。

發的不是大心，只想了生死，或者以聲聞法，求辟支佛者，或者求菩薩道者，三乘道法。凡是學三乘法的人，千萬「無得惱之」，不要傷害他們，不要惱怒他們。給他們說法，不要令他們產生疑惑。

汝等去道甚遠終不能得一切種智。所以者何。汝是放逸之人於道懈怠故又亦不應戲論諸法有所諍競當於一切眾生起大悲想於諸如來起慈父想。

佛又教導說，對於這些人應該教導他們，而不是說你們沒有發大心，不是大的根機，這樣來批評他們，他們不就煩惱了嗎？不要這樣批評他們。

伍、悟佛知見分 安樂行品第十四

同時跟他們說，對法，沒有什麼諍競。見、愛，在三界之內很容易，我喜歡的喜見的就讚歎，我不喜見的就批評，愛發議論。現在我們可以到處看見，遇到什麼問題，發表一篇議論，有他自己的看法，說個人的看法要不得。這是戲論佛法，那就有諍競。

佛說，我四眾弟子，無論求小乘也好，求菩薩道，求三乘的，不得惱害他們也不要批評他們，終不得一切智智，不得成佛。汝是放逸之人，對於道是懈怠的。對法有戲論，有所諍競。怎樣來制止嫉妒這些狂妄呢？讓一切眾生生大悲想。對一切眾生，以慈悲心，給他們作慈父想，治他們心裡的不舒服。

於諸菩薩起大師想。於十方諸大菩薩常應深心恭敬禮拜。

凡是說法行菩薩道的，對於十方大菩薩，要深心恭敬禮拜。不論說小乘法，說中乘法，說大乘法，都是菩薩化度一切眾生的，這是眾生的老師。對他

妙法蓮華經講述（下冊）【真實篇】

們應起老師的想，這是讚歎他們，不要說他們的過犯，不要找他們的短處。

於一切眾生平等說法以順法故。不多不少乃至深愛法者亦不為多說。

給他們說法，要知時知機，不要演說很多，也不要三言兩語，不多不少，讓他們對法生起信心。以慈悲關愛心，也不要說太多，太多他們領受不了。

文殊師利是菩薩摩訶薩於後末世法欲滅時。有成就是第三安樂行者。說是法時。無能惱亂得好同學共讀誦是經。亦得大眾而來聽受。聽已能持。持已能誦。誦已能說。說已能書。若使人書供養經卷恭敬尊重讚歎。

126

說《法華經》的時候，沒有惱亂，無有眾生能惱亂。「得好同學，共讀誦是經」，得到很好的道友，大家共同讀誦《法華經》。

「亦得大眾而來聽受」，這樣可以感召大家共同來學習，聽眾就能受持。受持了就能夠誦，「誦」就是背，不是讀。「誦已，能說」，能背會了，就能演說了。「說已，能書，若使人書」，能說就能寫出來，不能寫出來，就請人家書，別人寫出來就是經卷。

爾時世尊欲重宣此義而說偈言。

若欲說是經　當捨嫉恚慢　諂誑邪偽心　常修質直行

不要生起嫉妒跟慢心。「諂誑邪偽心，常修質直行」，「質直」，不假虛偽的。身體所作的，「質直」，不只說話，乃至心裡想，身體所作的，「質直」，不假虛偽的。

不輕慼於人　亦不戲論法　不令他疑悔　云汝不得佛。

是佛子說法　常柔和能忍　慈悲於一切　不生懈怠心。

對別人都不要輕視，對法不要戲論，也不令別人懷疑，或者悔恨。「云汝不得佛」，不能說人家不能成佛。「是佛子說法，常柔和能忍，慈悲於一切，不生懈怠心」，這就是「安樂行」。「忍」字代表承認的意思。對於慈法能夠忍解，恭敬供養，柔和的來給人家說。同時要發大慈大悲心，永遠不能懈怠。忍法不懈怠，慈悲心不懈怠。

十方大菩薩　愍眾故行道　應生恭敬心　是則我大師。
於諸佛世尊　生無上父想

十方一切大菩薩行菩薩道、利益眾生的時候，這樣的尊敬法，給眾生說法，對一切眾生都能生恭敬心。「生無上父想」，當成自己的父親。「應生恭

敬心」，是指佛說。「是則我大師」，能說此法的，像佛一樣，我應該恭敬他。「於諸佛世尊，生無上父想」，把佛當成父。

> 破於憍慢心　說法無障礙　第三法如是　智者應守護
> 一心安樂行　無量眾所敬。

這是真正的安樂行，是一切大眾都尊敬的，這是意安樂。

> 又文殊師利菩薩摩訶薩。於後末世法欲滅時有持是法華經者。於在家出家人中生大慈心。於非菩薩人中生大悲心應作是念如是之人則為大失如來方便隨宜說法。不聞不知不覺不問不信不解。其人雖不問不信不解是經我得阿耨多羅三藐三菩提時隨在何地以神通力智慧力引之令得住是法中。

伍、悟佛知見分　安樂行品第十四

129

這是〈安樂行品〉的第四法,「誓願」,發誓願在未來世界利益眾生。佛跟文殊師利菩薩說,在後世,法欲滅時,法不存在了,佛所說的教法,逐漸的消失了。在法欲滅、還沒滅盡的時候,有持誦是《法華經》者,那個時候還有能受持《法華經》,不論是在家人出家人,對他們都應當生起大慈心。說在末法的時候能受持《法華經》的人,應當發誓願,才能在末法的時候,受持《法華經》、聽聞《法華經》。

你發誓願得有對象,就是人。發誓要利益眾生,在這個時候對於在家的、出家的,比如說在家的菩薩、出家的菩薩,對他們生起大慈心。這是發了菩提心、行菩薩道的人。「非菩薩人中」,這個跟前面已發菩提心的人不同,對於菩薩不同。以前是慈所對的境,把「慈」跟「悲」分開。非菩薩人中生起憐愍心,合起來說,就是發大慈悲心的方便善巧。這裡把「慈」、「悲」兩個分開,一個是菩薩人,發了心的,入了佛道的,生大慈心。一個是還沒有入佛道,生大悲心。為什麼?因為大菩薩行方便道,發方便心的時候,對於非菩薩

伍、悟佛知見分 安樂行品第十四

和已發心的行菩薩道的人,教化的方式、度脫的行為不同。本來是把這些合在一起,叫發大慈悲心,持是《法華經》發心的人,則是有分別的。

「於非菩薩人中,生大悲心,應作是念」,「應作是念」是把這個應對的一切緣,緣的境,對著非菩薩這一類。「如是之人」,但是對於沒進入圓道的人,如果以《法華經》教授他們,要以方便善巧引入他們,這是如來的方便隨宜說法。「隨宜」是對客觀現實的境界,就是生起慈心之意。

為什麼要生起慈心、隨宜說法?因為他們樂於小乘,不願意接受大乘,佛就給他們說大乘的方便真實法,得用善巧的方便。因為他們不能理會圓道的道理,則為大失,不能成佛,不依佛的教授。「如是之人,則為大失」,這是發慈心的原因。就應給他們隨宜說法,令他們能夠信、能夠解。因為這些人不發圓滿心,說他們「不聞不知不覺」,這是《法華經》的涵義,乃至於不問不信不解,是對這一類說的。

「其人雖不問不信不解是經」,這是專指《法華經》說。這類人對於《法

華經》，他們也不問也不信，你給他們說，他們也理解不到。佛跟文殊師利菩薩說，在我得到正等正覺的時候，我是有種種方便，無論是在什麼地方，在什麼處所，我以神通力量、智慧力量，引誘這些人入到法華會，學《法華經》，「令得住是法中」，令他們都能住在法華當中，這是一類。

文殊師利是菩薩摩訶薩於如來滅後有成就此第四法者說是法時無有過失。

如來成就這些眾生，是從不懈怠的。因此，於如來滅後之後，成就第四法，使一切眾生都能成就，不懈怠，無諂曲。

常為比丘比丘尼優婆塞優婆夷國王王子大臣人民婆羅門居士等供養恭敬尊重讚歎虛空諸天為聽法故亦常隨侍若在聚落城

邑空閒林中有人來欲難問者諸天晝夜常為法故而衛護之能令聽者皆得歡喜所以者何此經是一切過去未來現在諸佛神力所護故。

以下是分類，比丘、比丘尼、優婆塞、優婆夷、國王、大臣、人民、婆羅門、居士等，常隨佛跟前的，為供養尊重讚歎，讚歎此經。「虛空諸天」，上界諸天，無色界天，都住在空中諸天。所有人類天眾為了要聽此經，常時隨侍，常在佛的身邊，隨侍於佛。不論在聚落在城裡，在空閒在林裡頭，這些人要來問難的，問法的。

「諸天晝夜，常為法故而衛護之，能令聽者皆得歡喜。」說上來這些人為了聽法，都來衛護，常時衛護，能令所有想要聞法的，都能使他們生歡喜心。這就是佛的大慈。乃至於行菩薩道的，行大慈的菩薩，攝受這四眾來聽法。

因為以慈故，成就眾生，這類是前面所說的四類眾生，為供養聽法發誓

願，給一切眾生作衛護。「所以者何？」為什麼要這樣說？因為一切經都沒有此經殊勝，「此經是一切過去未來現在諸佛，神力所護故」。

文殊師利。是法華經於無量劫中乃至名字不可得聞何況得見受持讀誦。

讀誦《法華經》殊勝的涵義，說《法華經》在無量國土中，這是人間，連《妙法蓮華經》的名字都聽不見，更不用說學習的內容。

文殊師利。譬如強力轉輪聖王欲以威勢降伏諸國而諸小王不順其命。時轉輪王起種種兵而往討伐王見兵眾戰有功者即大歡喜。隨功賞賜或予田宅聚落城邑或予衣服嚴身之具或予種種珍寶。金銀琉璃硨磲碼碯珊瑚琥珀象馬車乘奴婢人民惟髻中明珠不

以予之所以者何獨王頂上有此一珠若以予之。王諸眷屬必大驚怪。

這位轉輪聖王的力量很強盛，威勢很強盛，能降伏一切其他國家，令轉輪聖王，沒有敢叛逆他的。拿這個作形容詞，為什麼？一個強力轉輪聖王，一些小國王都得聽他的命令，不聽他的就被他降伏滅掉了。

說一切眾生的煩惱、無漏的習氣，佛就像轉輪聖王一樣的，降伏一切眾生的煩惱習氣。有些還沒得調伏的，還沒順其命的，佛就強力的攝受他們。這是慈悲的由來。對於不聽話的，不順隨佛教的，佛的降伏力量斷他們的煩惱。

就像轉輪王，對那些惡劣的國家不聽話，那就出兵討伐他們，降伏他們。

在世間相上，國王見到他的兵眾，有戰功有表現的，能夠摧伏強敵的，國王就歡喜，就隨功賞賜他，或者給他田園，給他住宅，給他個聚落，讓他到某某縣去當官，到一個省去當官。或者獎勵衣服，或者嚴身之具，或者眾妙珍寶。

「金銀、琉璃、硨磲、碼碯、珊瑚、琥珀」，七種寶。

佛利益眾生呢？七寶變成法，就給他們說七覺支、八正道這些法。象馬車乘呢？比喻二乘人不能達到圓滿，他們能了生死，但是只做一半。乃至捨給他們奴婢車馬象乘，那都表示菩薩依法得到神通力。但是轉輪聖王他的髮髻當中，有顆明珠不以予之。這種形相，在漢地沒有。我以前在西藏看見，凡是四品以上的都給他一個「嘎烏」，「嘎烏」就是佛盒，佛盒裝的是佛像，並不是達賴賜給的珠子。

佛像一定要頂在腦殼上。經典上經常形容這個意思，那個轉輪聖王，別的都可以說給，髻中明珠不以予之。有再大的功勞，也不肯把這個給你，不能獎勵你。「所以者何？」什麼道理？「獨王頂上有此一珠」，國王頂上只有這麼一顆珠子，他要是給了別人，就是把權勢給了別人，不以此為獎勵，拿其它的獎勵。如果要把頂珠獎勵給這個大臣，他所有的眷屬必定大驚怪。這是比喻什麼呢？

文殊師利如來亦復如是以禪定智慧力得法國土王於三界。而諸魔王不肯順伏。如來賢聖諸將與之共戰。

這是形容，《法華經》不容易解說。比如頂髻珠不給人，以禪定智慧的力量修不到。國王得的國土，能王於三界，一切三界欲界色界無色界。因為那些魔王不能順伏，「如來賢聖諸將，與之共戰」，降伏魔怨的意思。

其有功者心亦歡喜。於四眾中爲說諸經令其心悅。賜以禪定解脫。無漏根力諸法之財又復賜予涅槃之城言得滅度引導其心令皆歡喜而不爲說是法華經。

對於有功者，佛給他們說各種法門，各種經論，令他們得到修行，得到心裡滿足。依著經，佛所說的教法，依著修行得到解脫，能得到禪定，能得到五

伍、悟佛知見分 安樂行品第十四

137

根、五力、七菩提、八正道，得到諸法，乃至賜與涅槃。

這是二乘人證得涅槃。說你得度，你就得度了，如果你證得四果就安定了，不受生死輪轉，讓他們得到歡喜而已。令其得滅度，得歡喜。但是不為他們說《法華經》。

文殊師利如轉輪王見諸兵眾有大功者心甚歡喜以此難信之珠。久在髻中不妄予人而今予之。如來亦復如是。於三界中為大法王以法教化一切眾生見賢聖軍。與五陰魔煩惱魔死魔共戰有大功勳滅三毒。出三界破魔網。爾時如來亦大歡喜。

五蘊降伏了，轉五蘊成法身。「煩惱魔、死魔共戰」，我們對死魔沒有降伏的力量，你得了禪定智慧，死魔就降伏了，生死自在。對這些有大功勳的，能夠

滅三毒出三界，破魔網。如來對這些弟子生大歡喜，但是只給他們說三乘法。

三乘法，知道苦，知道樂，能破一切的蘊魔，能夠斷一切煩惱，不再繼續煩惱了。知苦斷集、慕滅修道，證涅槃理，但是不會給他們說《法華經》。為什麼？認為他們機緣沒有成熟，他們不能接受。

此法華經能令眾生至一切智一切世間多怨難信先所未說而今說之。

若學《法華經》，能夠令你達到究竟成佛。因為一切世間對此經，多怨難信。「多怨」，我們把它解釋就是業障很多的，沒辦法信持《法華經》之法。因此如來以前沒有說，「先所未說」，以前沒說，為什麼現在說呢？

文殊師利此法華經是諸如來第一之說於諸說中最為甚深末後

賜予如彼強力之王久護明珠今乃予之。

尊重《法華經》，在一切經中之上，「於諸說中，最為甚深」。因此沒有給弟子說。「末後賜予」，現在因緣成熟了，該說的時候才說。就像強力之王，他久護的頂上明珠，現在可以賜給那個最有功的人。

文殊師利此法華經諸佛如來祕密之藏於諸經中最在其上長夜守護不妄宣說始於今日乃予汝等而敷演之。

大家都想學密宗，學密法，一學就成佛。現在《法華經》公開給你說，《法華經》就是密法。你學了《法華經》才是真的無上密。一切經中最上的，一切法最上的，是諸佛如來常時守護的，不是隨便就說的。

「不妄宣說」，「始於今日，乃予汝等而敷演之。」現在機緣成熟了，才

給大家說一乘教，圓滿無礙教。這是教密。理呢？《法華經》說，大家都能成佛，都給你們授記成佛，這是理，這叫密藏。以前佛沒說過，眾生都能成佛，還說二乘人焦芽劣種，現在都給他們授記，他們也都發芽了，這個芽是佛芽，佛的根苗。佛又重新對文殊師利菩薩說，把這個道理用偈頌體裁再說一遍。

爾時世尊欲重宣此義而說偈言。

常行忍辱　哀愍一切　乃能演說　佛所讚經。

「忍辱」，佛把前面經上所說的，像衣服一樣，著上戒衣能夠忍一切。就像我們披這個三衣，是忍辱，禮懺。

哀愍一切眾生，因為哀愍眾生，現在讓他們都能成佛，給他們說甚深的《法華經》，讓一切眾生都能夠入如來室，坐如來座，披如來衣，等到坐如來座，修行就修成了。

後末世時　持此經者　於家出家　及非菩薩
應生慈悲　斯等不聞　不信是經　則為大失。
我得佛道　以諸方便　為說此法　令住其中。

末法的時候，若有人能受持《法華經》，不管出家在家，不論菩薩非菩薩，他們一定能成佛。因此對他們生起大慈悲心。這是佛所緣念的境，對什麼境呢？對這一切的眾生，不管在家出家、是菩薩非菩薩，都應該平等的慈愍他們，願他們都成佛。

「斯等不聞」，過去聽不到《法華經》，即使聽了也不信，不聞不信此經。「則為大失」，這是最大的損失。不聞此經無法成佛，不是最大的損失嗎？「我得佛道，以諸方便，為說此法，令住其中」，佛跟文殊師利菩薩說，我現在成就究竟果德，要講很多的方便，以前四十餘年說法都叫方便，是為說《法華經》準備的，令一切眾生都能住此法當中。以下用比喻。

譬如強力　轉輪之王　兵戰有功　賞賜諸物
象馬車乘　嚴身之具　及諸田宅　聚落城邑
或予衣服　種種珍寶　奴婢財物　歡喜賜予
如有勇健　能為難事　王解髻中　明珠賜之
如來亦爾　為諸法王

以此經的意思，隨順佛聞了諸法，已經有四十餘年了。說《法華經》，佛成道四十餘年之後，開始才說。有很多發菩提心了，有很多證得二乘阿羅漢果，他們又轉發大心，佛為這些人才給他們說《法華經》。「如來亦爾」，也是這樣。

為是眾生　說種種法
見一切人　受諸苦惱　欲求解脫　與諸魔戰
忍辱大力　智慧寶藏　以大慈悲　如法化世

我們修道是跟煩惱魔作戰,因此佛就為這些眾生說種種法,以大方便善巧說此諸經。現在眾生的因緣成熟了,力量夠了。

既知眾生　得其力已　末後乃為　說是法華
如王解髻　明珠予之　此經為尊　眾經中上
我常守護　不妄開示　今正是時　為汝等說

現在是說的時候,因緣成熟時,觀諸弟子都成熟了,都能夠承受此法。

我滅度後　求佛道者　欲得安隱　演說斯經
應當親近　如是四法。　讀是經者　常無憂惱
又無病痛　顏色鮮白　不生貧窮　卑賤醜陋。
眾生樂見　如慕賢聖　天諸童子　以為給使。

刀杖不加　毒不能害　若人惡罵　口則閉塞

游行無畏　如師子王　智慧光明　如日之照。

因為有業障，讀《法華經》為障所轉，又生天上，或者作梵王，遇障轉，但是人都喜見，這是貪障轉。又講貪、瞋、癡三障，轉化的意思，捨惡瞋恨心，把刀箭毒害的內障都消失了。

如與軍陣中，刃不能傷害，說刀箭不能加害於他，毒害不能傷害到他，人家罵你口也開不到，這時候在世間遊行無所障礙，這是指誦《法華經》的人。

「智慧光明，如日之照」，以此智慧破諸黑闇，這個光明是智慧。

若於夢中　但見妙事　見諸如來　坐師子座

諸比丘眾　圍繞說法　又見龍神　阿修羅等

數如恆沙　恭敬合掌　自見其身　而為說法。

作夢盡作好事,這可不是升官發財,這好事是指修道事。在夢中就見諸佛坐師子座,或者見大眾比丘,圍繞著佛聞法,或者見龍神阿修羅等,「數如恆沙,恭敬合掌,自見其身,而為說法。」這是夢,在夢裡頭你見到的形相跟以前不一樣。你誦《法華經》的時候,如果常作這個夢,說明你已經入了十信位。這個時候,你在夢中聞法。

又見諸佛　身相金色　放無量光　照於一切
以梵音聲　演說諸法。　佛為四眾　說無上法
見身處中　合掌讚佛　聞法歡喜　而為供養
得陀羅尼　證不退智。

「證不退智」,佛給有學的人授記,但他還沒成佛。在《華嚴經》講可以分別,前面是入信位,這個是入了初住。經上說「無生法忍」,表示入了初住

位。在我們講《華嚴經》的時候，初住位是什麼境界，大家都知道了。菩提心再不退，住在菩提心上行菩薩道。所以說得陀羅尼，證不退智。我們講的三不退，那信心當然不會退，位不退，行不退，信、住、行三種不退。

深入禪定　見十方佛。
又見自身　在山林中　修習善法　證諸實相
國土嚴淨　廣大無比　亦有四眾　合掌聽法。
汝善男子　當於來世　得無量智　佛之大道
佛知其心　深入佛道　即為授記　成最正覺。

夢修十行。這位菩薩就教化四眾，給大眾說法。作夢，可別把夢忘了，不是證得了，前面講的是作夢，這個夢沒有做過。如果你能做過如是相似的夢，說明你已經入道了。

伍、悟佛知見分 安樂行品第十四

147

有的在夢中間，自身在山林中，「又見自身，在山林中，修習善法，證諸實相，深入禪定，見十方佛」。說十信位的菩薩，從住位又進入到十行位的菩薩，所修都是善法，「修習善法」。這個善法跟實相無別，「證諸實相」，見修習是在行中，這才叫真正修行。前面那個雖然是念佛，拜懺念經也是修行，但沒到位。現在的修行到位了，所以說「證諸實相」。「證諸實相」，在《華嚴經》就是十迴向位。「深入禪定，見十方佛」，那就深了，十地位。

諸佛身金色　百福相莊嚴　聞法為人說　常有是好夢。
又夢作國王　捨宮殿眷屬　及上妙五欲　行詣於道場
在菩提樹下　而處師子座　求道過七日　得諸佛之智
成無上道已

這個夢不可思議，夢見成佛，「求道過七日，得諸佛之智」，在菩提樹下

行道七天成佛了，「成無上道已」。

起而轉法輪　為四眾說法　經千萬億劫　說無漏妙法
度無量眾生。　後當入涅槃　如烟盡燈滅。　若後惡世中
說是第一法　是人得大利　如上諸功德。

夢中成佛！說你能夠在五濁惡世說《法華經》，那得大利益呢？作夢的「上諸功德」。但是這個夢會變成真的！你從相信發了菩提心，信成了根了，這就是清淨信。

以這個根修行，如來怎麼樣發心，你也如是發心，漸漸就入妙法門，定能生根，根能起三昧，三昧又轉增勝根。這個善根就是慧根，定能生慧根，這就是沙門法，成道之法，能夠煩惱斷盡。斷盡煩惱是沙門之義，八正道是沙門之法，貪瞋一切煩惱都盡了，這是沙門義。

初果、二果、三果、四果,這個四果是沙門果。「信、進、念、定、慧」這五種是根,信生起根,在這信根上而能成長這些成就,直至成佛。這個夢不是幻化的,不是一般升官發財,從作夢變成事實都在夢中。這叫「安樂行」。這一品就講完了。下一品是〈從地涌出品〉,這就微妙了。

從地涌出品第十五

〈從地涌出品〉。」釋迦牟尼佛的眷屬從地涌出,數量無盡。從地涌出這些菩薩來禮佛,來禮多寶如來,這表示佛在無量劫前所度化的眾生。

在文中,大家都知道,彌勒菩薩一個也不認識,彌勒菩薩跟佛那麼多劫那麼多年,地下涌出的菩薩他一個也不認識,這是誰度的?釋迦牟尼佛跟他說:「是我度的。」「我找不到!」「你不知道的事可太多。」這就是不可思議。

爾時他方國土諸來菩薩摩訶薩。過八恆河沙數於大眾中起。合掌作禮而白佛言世尊若聽我等於佛滅後在此娑婆世界勤加精進。護持讀誦書寫供養是經典者當於此土而廣說之。

說佛滅度之後，請聽許八恆河沙菩薩來弘揚《法華經》，護持《法華經》，弘揚《法華經》。世尊，請你應許。「在此娑婆世界，勤加精進」，護持《法華經》、讀誦《法華經》、書寫《法華經》，供養是經典者，「當於此土而廣說之」。

爾時佛告諸菩薩摩訶薩眾止善男子不需汝等護持此經所以者何我娑婆世界自有六萬恆河沙等菩薩摩訶薩一一菩薩各有六萬恆河沙眷屬是諸人等能於我滅後護持讀誦廣說此經。

不需要你們護持,就這麼一句話。「爾時佛告諸菩薩摩訶薩眾……止」,「善男子,不需汝等護持此經。」不用你們來護持,早已有人護持了。「所以者何?」為什麼我這樣說?

因為「我娑婆世界,自有六萬恆河沙等菩薩摩訶薩」,有六萬恆河沙數,六萬個恆河有好多沙子?拿這個數字形容菩薩摩訶薩。「一一菩薩,各有六萬恆河沙眷屬」,六萬恆河沙這些菩薩,每一位菩薩又有六萬恆河沙眷屬,這個數字不是人間的數字,這是果地上大菩薩,我滅度後,他們來護持讀誦廣說此經。

佛的意思是說,你們各有你們各的事情,你們各有你們各的責任,不必把你們的利益都廢棄了,來護持此經。因為此世界有護持此經的,佛說的跟最初發心結緣的那些菩薩都成佛了,以前就答應弘我《法華經》,這個緣就深了,就廣了,到文中就說地下涌出的菩薩。

佛說是時。娑婆世界三千大千國土。地皆震裂。而於其中有無量千

萬億菩薩摩訶薩同時涌出是諸菩薩身皆金色三十二相無量光明先盡在此娑婆世界之下此界虛空中住。

佛說這個法的時候，娑婆世界三千大千世界，「地皆震裂」，地震了。這種地震不會塌陷，沒有傷害到人。地震是形容詞，這一地震就震出來什麼呢？無量千萬億菩薩摩訶薩，從大地涌出。這菩薩不是一般的菩薩，是大菩薩了。

「是諸菩薩，身皆金色，三十二相，無量光明」，在此娑婆世界下，娑婆世界之下，住在什麼地方呢？虛空。「此界虛空中住」，娑婆世界下的虛空中，那是這些來的大菩薩住處。

是諸菩薩聞釋迦牟尼佛所說音聲從下發來。一一菩薩皆是大眾唱導之首各將六萬恆河沙眷屬況將五萬四萬三萬二萬一萬恆河沙等眷屬者。

釋迦牟尼佛所說音聲,從地底下發起來,「一一菩薩,皆是大眾唱導之首」,來的菩薩都是為首的菩薩,他們各將六萬恆河沙眷屬,每一菩薩又有六萬恆河沙眷屬,六萬菩薩再乘六萬恆河沙。「況將五萬、四萬、三萬、二萬、一萬,恆河沙等眷屬者」,眷屬中又有眷屬。

況復乃至一恆河沙半恆河沙四分之一乃至千萬億那由它分之一。況復千萬億那由它眷屬。況復億萬眷屬。況復千萬百萬乃至一萬。況復一千一百乃至一十。況復將五四三二一弟子者。況復單已樂遠離行。如是等比無量無邊算數譬喻所不能知。是諸菩薩從地出已各詣虛空七寶妙塔多寶如來釋迦牟尼佛所到已向二世尊頭面禮足。及至諸寶樹下師子座上佛所亦皆作禮右繞三匝合掌恭敬以諸菩薩種種讚法而以讚歎。住在一面欣樂瞻仰於二世尊。是諸菩薩摩訶薩從初涌出以諸菩薩種種讚法而讚於佛。如是時

間。經五十小劫。

這不是人間算數，也不是天界算數。「是諸菩薩從地出已」，從地中涌出來了。「各詣虛空七寶妙塔多寶如來，釋迦牟尼佛所。」住到空中去了，虛空，都到什麼地方？多寶如來塔，七寶妙塔多寶如來。

這時候釋迦牟尼佛在多寶如來塔坐著，「到已，向二世尊頭面禮足，及至諸寶樹下師子座上佛所，亦皆作禮。」地上涌出菩薩，先向多寶佛跟釋迦牟尼佛作禮，作完了之後，到諸寶樹下師子座上佛所，作禮完了「右繞三匝，合掌恭敬」，以諸菩薩種種讚歎方法來讚歎，「住在一面，欣樂瞻仰於二世尊」，把讚歎的言詞都略了，供養都略了。

「是諸菩薩摩訶薩，從初涌出」，從地下最初涌出的時候就讚歎，一者讚法，《妙法蓮華經》。二者讚佛，這從地一涌出一讚歎一供養，經過好長時間？經過五十小劫。一個小劫時間，人壽十歲，過一百年增一歲，增到八萬

伍、悟佛知見分　從地涌出品第十五

四千歲。再過一百年減一歲，滅到人的壽命十歲，這算一個小劫。這些菩薩從地涌出來，讚歎供養佛，經過五十個小劫。

是時釋迦牟尼佛默然而坐及諸四眾亦皆默然。五十小劫佛神力故令諸大眾謂如半日。

釋迦牟尼佛在那裡默然，沒有說話，沒有表達什麼。那些聞法四眾弟子也沒什麼表達，都在那裡默然。在這勝境之下，地下不斷涌出讚歎佛，就在這個過程，經過了五十小劫。佛說《法華經》只說八年，他就讚歎了五十小劫。不要拿自己的思想來理解這些問題，聽到五十小劫，就像經過半天，過了幾個鐘頭，時無定體，時間沒有一個決定的定體。

爾時四眾亦以佛神力故見諸菩薩徧滿無量百千萬億國土虛空。

這是假佛的神力,「見諸菩薩,徧滿無量百千萬億國土虛空」,盡虛空都是這些地上涌出的菩薩,時間五十小劫像半日,看見無量的菩薩,沒有廣狹也沒有長短,時也沒有定體,這叫不可思議。這些經典上講的,現在我們人世間就有這些事,也是不可思議,證明佛所說的都是真言語。如來實語者,何況如語者!佛經所說的,我們的智慧不大,不能理解。

是菩薩眾中有四導師。一名上行。二名無邊行。三名淨行。四名安立行。是四菩薩於其眾中最為上首唱導之師。在大眾前各共合掌觀釋迦牟尼佛而問訊言世尊少病少惱安樂行否所應度者受教易否不令世尊生疲勞耶爾時四大菩薩而說偈言。

地下涌出的菩薩有四個導師,第一個叫上行,第二個叫無邊行,第三個叫淨行,第四個叫安立行。於地下涌出這四菩薩,他們為上首。在法會當中大

眾之前,各各合掌,「觀釋迦牟尼佛,而問訊言:世尊,你好嗎?你少病少惱,安樂行否?」向釋迦牟尼佛問訊。世尊,你好嗎?你少病、少惱,「所應度者,受教易否?」應該化度的,是不是領受佛的教導?「不令世尊生疲勞耶?爾時四大菩薩而說偈言。」先讚歎佛。

世尊安樂　少病少惱　教化眾生　得無疲倦。
又諸眾生　受化易否　不令世尊　生疲勞耶。

是不是容易受教誨?「不令世尊,生疲勞耶?」是不是令世尊生疲勞感?

爾時世尊於菩薩大眾中而作是言。如是如是。諸善男子。如來安樂。少病少惱諸眾生等易可化度。無有疲勞。所以者何。是諸眾生世世已來常受我化。亦於過去諸佛恭敬尊重種諸善根。此諸眾生始見

158

我身。我今亦令得聞是經入於佛慧。

佛當著大眾答覆他們，「如是，如是」，說你所問的就是這樣子。「諸善男子，如來安樂，少病、少惱」，如來少病，如來少惱，「諸眾生等，易可化度，無有疲勞」，很容易化度，沒有艱難，我也沒有疲勞。

「所以者何？是諸眾生，世世已來，常受我化」，說我現在教人，一次一次的，經常受教化已經成熟了，也恭敬尊重過去諸佛，眾生在各各處所恭敬諸佛，「種諸善根」。「此諸眾生，始見我身，聞我所說」，說這些眾生，從一開始見到我就聽我的話，都能承受如來的智慧。但是有些先前學習小乘人，現在都轉變了，能夠聞到《法華經》，已聞到《法華經》，都入佛慧了。

爾時諸大菩薩而說偈言。

伍、悟佛知見分　從地涌出品第十五

159

善哉善哉　大雄世尊　諸眾生等　易可化度
能問諸佛　甚深智慧　聞已信行　我等隨喜

地下涌出的這些大菩薩說，大雄世尊，眾生很容易教化、很容易度脫，他們都能聞佛的甚深智慧；聞了就能信，信了就能行，我們讚歎隨喜。地下涌出的這些菩薩，讚歎隨喜此法會的一切菩薩功德。

於時世尊讚歎上首諸大菩薩善哉善哉善男子汝等能於如來發隨喜心。

現在我在這裡講《法華經》，你們能隨喜我講《法華經》，太好了。在佛跟地下涌出的菩薩問答當中，此會的大菩薩就生出懷疑了。

爾時彌勒菩薩及八千恆河沙諸菩薩眾皆作是念我等從昔已來不見

不聞如是大菩薩摩訶薩眾從地涌出住世尊前合掌供養問訊如來。

在佛跟地下涌出的菩薩問答當中，他們就想，「我等從昔已來」，「昔」就是遠了，跟著佛以來的事，「不見不聞」，沒有看見過也沒有聽說過這麼多大菩薩摩訶薩眾，從地涌出，住在世尊前，合掌、供養、問訊佛。

時彌勒菩薩摩訶薩知八千恆河沙諸菩薩等心之所疑合掌向佛以偈問曰。

無量千萬億　大眾諸菩薩　昔所未曾見　願兩足尊說
是從何所來　以何因緣集　巨身大神通　智慧巨思議
其志念堅固　有大忍辱力　眾生所樂見　爲從何所來。

時彌勒菩薩摩訶薩知八千恆河沙諸菩薩等心之所念。并欲自決所疑。

彌勒菩薩觀察與會當中，八千恆河沙諸菩薩等心之所念，「并欲自決所

疑」,他自己也懷疑,什麼因緣能集合到一起來的?「巨身大神通」,他身量這麼大,神通又這麼廣,智慧又不可思議,「其志念堅固,有大忍辱力,眾生所樂見」,為從何所來」。從哪裡冒出來的?是不是從地下冒出來的嗎?他又問了,「地」,究竟在什麼地方?

一一諸菩薩　所將諸眷屬　其數無有量　如恆河沙等。
或有大菩薩　將六萬恆沙　如是諸大眾　一心求佛道。
是諸大師等　六萬恆河沙　俱來供養佛　及護持是經。
將五萬恆沙　其數過於是。
一千一百等　乃至一恆沙　半及三四分　億萬分之一
千萬那由它　萬億諸弟子　乃至於半億　其數復過上。
百萬至一萬　一千及一百　五十與一十　乃至三二一
單己無眷屬　樂於獨處者　俱來至佛所　其數轉過上。

162

如是諸大眾　若人行籌數　過於恆沙劫　猶不能盡知。

「樂於獨處者，俱來至佛所」，所有來的這些人種種差別，有多有少。

這些人是哪尊佛教化成就？他們最初是在哪尊佛前發心的？

從誰初發心　稱揚何佛法　受持行誰經　修習何佛道。

是諸大威德　精進菩薩眾　誰為其說法　教化而成就。

如是諸菩薩　神通大智力　四方地震裂　皆從中涌出。

世尊我昔來　未曾見是事　願說其所從　國土之名號。

我常游諸國　未曾見是眾　我於此眾中　乃不識一人

伍、悟佛知見分　從地涌出品第十五

163

忽然從地出　願說其因緣

大地都震裂了,「皆從中涌出」,他們都從地下冒出來。我跟世尊很久了,從往昔以來,沒有看見這些事,「願說其所從,國土之名號」,請佛說說他們從什麼地方來的?他們的國土叫什麼國土?

「我常游諸國,未曾見是眾」,說我遊的國土不少了,以彌勒菩薩的神力,沒見過他們。「我於此眾中,乃不識一人」,怎麼一個認識的人都沒有。

「受持行誰經,修習何佛道。如是諸菩薩,神通大智力,四方地震裂,皆從中涌出。世尊我昔來,未曾見是事,願說其所從,國土之名號。我常游諸國,未曾見是眾」,世尊我昔來,我遊的國家也不少了,從來沒見過這些人。「我於此眾中,乃不識一人」,我在大眾中一個認識的人也沒有。「忽然從地出,願說其因緣」,這個因緣恐怕不是一般的。

今此之大會　無量百千億　是諸菩薩等　皆欲知此事
是諸菩薩眾　本末之因緣　無量德世尊　惟願決眾疑。

不止自己想問世尊，大會之中的無量百千億菩薩都如是，都想知道這是怎麼回事？這些大菩薩都不知道是什麼因緣，「無量德世尊，惟願決眾疑」，世尊哪，您給大家說一說，解除大家的疑惑。

爾時釋迦牟尼分身諸佛從無量千萬億他方國土來者在於八方諸寶樹下師子座上結跏趺坐其佛侍者各各見是菩薩大眾於三千大千世界四方從地涌出住於虛空各白其佛言世尊此諸無量無邊阿僧祇菩薩大眾從何所來爾時諸佛各告侍者諸善男子且待須臾有菩薩摩訶薩名曰彌勒釋迦牟尼佛之所授記次後作

佛已問斯事佛今答之汝等自當因是得聞。

這一段經文就是菩薩有疑問，從昔以來，經常隨佛、在佛身邊的侍者，沒有見到過這些菩薩。現在突然之間從大地涌出，這是昔所未見、未聞。在這種的情況之下，這些侍者自然產生疑問，他們不理解。

「釋迦牟尼分身諸佛」，這句話就答覆彌勒菩薩了。不是在此方，而是無量方所都有釋迦牟尼的化身。「從無量千萬億他方國土來者」，釋迦牟尼佛的化身從他方國土來者，到此世界，也就是娑婆世界，東西南北，東南、西南、東北、西北，一共是八方都坐在菩提樹下，寶樹底下，各化現的師子座；樹是化現的，佛是化現的，師子座還是化現的。

每尊佛都是結跏趺坐，雙盤跏趺坐。每尊佛前都有侍者，隨佛而來的侍者，他們見到這些菩薩大眾徧滿三千大千世界，從地涌出，不是地上，而是從地下涌出的。住在什麼地方？住在虛空。那些侍者向佛表白，世尊！這些無量

爾時釋迦牟尼佛告彌勒菩薩善哉善哉阿逸多。乃能問佛如是大事。

無邊阿僧祇大菩薩，從哪裡來的？這是問號，這是那些侍者來的諸佛。諸佛就跟那些侍者說，你等一會兒，「且待須臾」，說你們等一下。「有菩薩摩訶薩，名曰彌勒」，彌勒菩薩，我們翻「慈氏」，就是大家供的彌勒菩薩，當來下生彌勒尊佛，釋迦佛滅度後，繼釋迦牟尼佛位，來此界度眾生。彌勒菩薩是釋迦牟尼佛給他授過記的，在釋迦牟尼佛入滅之後，彌勒菩薩降生此娑婆世界。這是諸佛答覆他的侍者說，等一下彌勒菩薩會向佛請示，佛跟他說的，大家就知道了。因為彌勒菩薩問，釋迦牟尼佛答，大家就清楚了。以下是釋迦牟尼佛答彌勒菩薩。

你問這個事情，不是一般的事，而是大事因緣，你問得很好。「善哉！善哉！」就是讚歎他的問。「阿逸多」，是彌勒菩薩的名字。

汝等當共一心 被精進鎧發堅固意 如來今欲顯發宣示諸佛智慧
諸佛自在神通之力 諸佛師子奮迅之力 諸佛威猛大勢之力爾時
世尊欲重宣此義而說偈言
當精進一心 我欲說此事 勿得有疑悔 佛智叵思議
汝今出信力 住於忍善中 昔所未聞法 今皆當得聞

「汝等當共一心，被精進鎧，發堅固意」，說你們要發大心，精進的不退懈，制心一處，還要一心。現在我跟你們講，「如來今欲顯發宣示」諸佛的智慧，這不可思議的事情是諸佛智慧所表現的。我們經常說佛的智慧，佛的智慧表現在什麼地方呢？為示這些事，就是現在地下湧出的菩薩這些事，這是佛的神通智慧。

「諸佛自在神通之力，諸佛師子奮迅之力，諸佛威猛大勢之力」，這是讚歎佛的神力，釋迦牟尼佛給彌勒佛說故事。這故事可長了，地下湧出這些菩薩是釋迦牟尼佛教化的，這都是過去世。因此顯諸佛的神力，顯諸佛的勢力，

這個勢力是指威猛勢力、奮迅之力,都說諸佛度眾生之後所發的智慧。常時如是,不是一時一間,而是無量劫;不是一年兩年,而是無量年、無量時間,如是發智慧利益眾生。

佛就用偈頌跟彌勒菩薩說,教他們一心正念,精進一心,要至誠聽,不要有二心,邊聽邊懷疑,就叫二心,不要懷疑,「當精進一心」。說佛的往昔事情,聽了之後不要有懷疑。「佛智叵思議」,佛的智慧不是一般所能想像得到的,彌勒菩薩是等覺菩薩,都不能得知。像我們這些初發意的菩薩,你就一點信心的。一般的事,隨便就可以產生信度;但是有好多的事情,中間有很多的變化,這個信得產生力度,沒力度信不及。

這全是佛的化身,現在釋迦牟尼佛在娑婆世界也是佛的化身,這教化的時候,大家能認可、承認,說釋迦牟尼佛教化了那麼多的大菩薩,從地下湧現的,也不容易生起信。不但信,還得忍,「忍」是「認可」的意思,必須得有

大智慧才能認可的。為什麼？「昔所未聞法」，這是你們過去從來沒聽說過的，現在才給你們說法華義，「今皆當得聞」。

一般說《法華經》難信入的原因，就是現在這一段經文所說的。像與會的大菩薩，彌勒菩薩是當來下生彌勒尊佛，他都有懷疑了，我們怎麼樣理解？感覺很驚恐，怎麼會有這個事？

我今安慰汝　勿得懷疑懼　佛無不實語　智慧不可量
所得第一法　甚深叵分別　如是今當說　汝等一心聽

我現在跟你說，是安慰你，不要生懷疑。佛所說的話，是真實語、不虛妄語、如實語。你若以你的智慧來測量佛的智慧，是不可量的、不能去測量。佛所得的第一法，達到徹底的覺悟，徹底的明白，這是第一法。甚深，不用分別去分別，「叵分別」，如以分別心來測度是不能得知的。你應當一心，

以真實慧如實而聽，就是諦聽，「汝等一心聽」，這是指現在與會菩薩說的。

爾時世尊說此偈已告彌勒菩薩我今於此大眾宣告汝等阿逸多。是諸大菩薩摩訶薩無量無數阿僧祇從地涌出。

佛說完偈頌的時候，又告彌勒菩薩說，「我今於此大眾，宣告汝等，阿逸多」，現在我跟大家宣揚地下涌出菩薩的事實，為什麼出現？是誰教化的？跟他說這個事情。「是諸大菩薩摩訶薩」，數量呢？無量無數阿僧祇，「阿僧祇」翻「無央數」，把無量數又說成無量無數。「從地涌出」，就是在此法會從地涌出的這些菩薩。

汝等昔所未見者我於是娑婆世界得阿耨多羅三藐三菩提已教化示導是諸菩薩調伏其心令發道意此諸菩薩皆於是娑婆世界

之下此界虛空中住於諸經典讀誦通利思惟分別正憶念。

「汝等昔所未見者」，過去你沒有見到過，事實上也沒見到過。這些大菩薩不是一般的，跟你的地位差不多，在他方化度眾生。意思說這些大菩薩都在娑婆世界成就的，含著說是我教化的，教化示導這些菩薩。這些菩薩不是住在娑婆世界地上的，而是在娑婆世界之下。

娑婆世界之下是空中，娑婆世界也在空中。娑婆世界的空中，在虛空當中住，沒有地方住的，住在虛空。這些大菩薩，一切經典都是通達的，乃至讀誦、通達思惟、正憶念。

阿逸多是諸善男子等不樂在眾多有所說常樂靜處。勤行精進未曾休息亦不依止人天而住常樂深智無有障礙亦常樂於諸佛之

法。一心精進求無上慧。

佛又提起彌勒菩薩說，「善男子等」，就是這些菩薩。「諸善男子」是指地下涌出的那些菩薩，他們不喜歡在有處所、有人眾之間，他們不願意住，常樂於安靜處修道。

「勤行精進，未曾休息，亦不依止人天而住」，跟人天沒有關係，就是依著空中而住的。他們的愛好呢？喜歡深智，「無有障礙」，深信諸佛之法。

「一心精進，求無上慧」，要成佛果，求無上慧。佛這麼答覆彌勒菩薩，怕大眾還有沒聽明白，用偈頌再說一遍。

爾時世尊欲重宣此義而說偈言。

阿逸汝當知　是諸大菩薩　從無數劫來　修習佛智慧
悉是我所化　令發大道心　此等是我子　依止是世界

伍、悟佛知見分　從地涌出品第十五

173

常行頭陀事　志樂於靜處　捨大眾憒鬧　不樂多所說。

阿逸多！你應當知道。知道什麼呢？知道這些大菩薩的來源。「是諸大菩薩，從無數劫來」，沒有時間，長時間都是在修佛智慧的。菩薩之中的大菩薩摩訶薩，都是我教化的，「悉是我所化」，我度脫的，令他們「發大道心」，發菩提心。「此等是我子！」從佛的口生，從佛的法生，就是我的兒子一樣的，法子就是這個意思。

「依止是世界」，我在這個娑婆世界，「常行頭陀事」，我教化這些菩薩，都是行頭陀事，都是在寂靜處，「志樂於靜處」。這些菩薩受了教化也都在寂靜處、在虛空中，虛空無障礙。他們的心裡都無障礙，不在人間不在天上，脫離人間天上。為什麼？沒有憒鬧也不願意多說話，「不樂多所說」。

如是諸子等　學習我道法　晝夜常精進　為求佛道故

在娑婆世界　下方空中住　志念力堅固　常勤求智慧
說種種妙法　其心無所畏

「如是諸子等，學習我道法」，說地下涌出不可知數這些大菩薩，他們跟我學習，學菩提道的法。「晝夜常精進」，從不懈怠，「為求佛道故」。在娑婆世界的下方空中住，住在虛空中。「志念力堅固，常勤求智慧」，他們求智慧的心非常堅固，不動搖的，不變化的。我給他們說種種的妙法，這個妙法是指《法華經》說的，我就給他們演說《法華經》。

「其心無所畏」，聽到甚深法之後，求證得。不是像我們所說，一聞到《妙法蓮華經》就退墮了，像五千比丘退席那樣的。他們聞到妙法，不但不恐懼，沒有畏懼，而且深求。

我於伽耶城　菩提樹下坐　得成最正覺　轉無上法輪。

爾乃教化之　令初發道心　今皆住不退　悉當得成佛
我今說實語　汝等一心信　我從久遠來　教化是等眾

什麼時候度的？我成佛之後度的，都令他們發道心，就是令他們發菩提心。現在他們全都住在不退位，菩薩的不退位。「悉當得成佛」，從地涌出這些大菩薩都當成佛。

「我今說實語，汝等一心信」，我現在跟你們說實話，不要起二念，應當一心信。「我從久遠來，教化是等眾」，不是一個時間了，無量劫無量劫之前。彌勒菩薩聽佛這樣說，疑惑更大了。以下是彌勒菩薩的懷疑。

爾時彌勒菩薩摩訶薩及無數諸菩薩等心生疑惑，怪未曾有而作是念。云何世尊於少時間教化如是無量無邊阿僧祇諸大菩薩。令住阿耨多羅三藐三菩提。

現在法華會上這些大菩薩，「心生疑惑」，佛叫他們不疑惑了，很奇怪！「怪未曾有」，怎麼樣的奇怪法？說世尊，你成道沒好久，在娑婆世界，這都是娑婆世界所見到的，彌勒菩薩就在佛的身邊，也是見到的。說你從成道到現在，拿人間計算才幾十年，不是短時間能夠成就無量劫無量劫大菩薩，令這些大菩薩都住在無上正等正覺，再不退轉了。哪有這個事，就懷疑了。

即白佛言世尊如來為太子時出於釋宮去伽耶城不遠。坐於道場。得成阿耨多羅三藐三菩提。從是已來始過四十餘年世尊。云何於此少時大作佛事以佛勢力以佛功德教化如是無量大菩薩眾當成阿耨多羅三藐三菩提。

「即白佛言」，這些大菩薩向佛說，世尊！你從降生到人間作太子的時候，在皇宮裡頭，離了皇宮出家去修道，去伽耶城菩提樹，坐在道場，成就了

無上正等正覺。過了四十餘年佛才說《法華經》,在娑婆世界四十餘年,時間很短。世尊,你為何於很少時間作了這麼大的佛事,可能嗎?假佛的勢力,假佛的功德,能夠教化如是無量大菩薩眾,而且這些大菩薩都能成就無上正等正覺,不可能吧!這是有所懷疑的口氣。

世尊。此大菩薩眾。假使有人於千萬億劫。數不能盡不得其邊斯等久遠已來於無量無邊諸佛所植諸善根成就菩薩道常修梵行。

「世尊,此大菩薩眾」,說地下涌出這些大菩薩,「假使有人」,假設的,不是真的,「於千萬億劫,數不能盡」,如是教化他們學法修道。數數他們有好多人?今天來了好多人?經千萬億劫那麼長的時間都數不完,都不能知道有好多人。而且這些來的大菩薩都經過無量無邊諸佛所,種過善根的,不是釋迦牟尼佛一個人種善根的,而是經過無量無邊佛種善根才能成就菩薩道,才

能修習清淨梵行。

世尊如此之事世所難信譬如有人色美髮黑年二十五指百歲人。言是我子其百歲人亦指年少言是我父生育我等是事難信佛亦如是得道已來其實未久。

這個事實怎能讓人信呢？彌勒菩薩又說個比方，打個比喻說，「譬如有人，色美髮黑」，年齡青壯，相貌莊嚴，年二十五歲，這是用假設來問佛。「指百歲人，言是我子」，說二十五歲人指一百歲的老頭子說，這是我的兒子，誰能信嗎？那個百歲老頭子也指著年少人說，這是我的父親，「我等是我父親生育的」，「是事難信」。

在世間上跟誰說，誰也不會信。父親很年輕，兒子很老邁。能有這個事嗎？「佛亦如是」，說世尊，你也是這樣。你得道以來，沒有好長時間。

而此大眾諸菩薩等已於無量千萬億劫。為佛道故。勤行精進善入出住無量百千萬億三昧得大神通久修梵行善能次第習諸善法。巧於問答人中之寶一切世間甚為希有。

「而此大眾諸菩薩等」，已於無量千萬億劫」，為了佛道來修行，「善入出住無量百千萬億三昧。」這些菩薩修菩薩道都成就了，「得大神通，久修梵行，善能次第習諸善法，巧於問答」，都是人中之寶，在人間甚為希有，怎麼能說是你教化的？這是質問世尊的意思。

今日世尊方云。得佛道時初令發心。教化示導令向阿耨多羅三藐三菩提。世尊得佛未久乃能作此大功德事。

現在聽佛說，佛成道之後才令他們發菩提心，才教化示導令他們向阿耨多

羅三藐三菩提。你自己成佛也不久！」「世尊得佛未久，乃能作此大功德事。」

我等雖復信佛隨宜所說。佛所出言未曾虛妄。佛所知者皆悉通達。然諸新發意菩薩於佛滅後若聞是語或不信受而起破法罪業因緣。

這可能嗎？

「我等」是很相信佛的。這是隨因緣而說一切諸法。佛說的言語，從來沒有虛妄的，這是我們相信的。「佛所知者，皆悉通達」，這個我也相信。

「然諸新發意菩薩，於佛滅後，若聞是語，或不信受。」如在佛滅後，誰要打開《法華經》念，他能信嗎？不會信的。他不信就毀謗，毀謗就犯罪，就破滅佛法的罪業因緣。

伍、悟佛知見分 從地涌出品第十五

181

唯然世尊願為解說除我等疑及未來世諸善男子聞此事已亦不生疑。

「及未來世諸善男子，聞此事已」，沒有不生疑惑的。能夠不生疑惑？「亦不生疑」，能有這個事嗎？

爾時彌勒菩薩欲重宣此義而說偈言。

佛昔從釋種　出家近伽耶　坐於菩提樹　爾來尚未久。
此諸佛子等　其數不可量　久已行佛道　住於神通力
善學菩薩道　不染世間法　如蓮華在水　從地而涌出
皆起恭敬心　住於世尊前　是事難思議

彌勒菩薩想把這個道理再說一遍。《法華經》盡是重頌，一個長行，一個

偈頌,怕你忘記,用偈頌再說一遍,偈頌是重覆長行的。

「佛昔從釋種,出家近伽耶,坐於菩提樹,爾來尚未久。」說你離開王宮出家了,在伽耶處修道,就坐在菩提樹下,這才很短的時間。「此諸佛子等」,地下竟涌出這些大菩薩,「其數不可量」。

「久已行佛道,住於神通力,善學菩薩道,不染世間法,如蓮華在水,從地而涌出。」蓮華在水中出污泥而不染的清淨,說這些大菩薩從地涌出的,都是很了不起,成道的。他們在世尊前恭恭敬敬的,住在佛的面前,此事難思議,如何令一切大眾生起信心呢?

云何而可信　佛得道甚近　所成就甚多　願為除眾疑
如實分別說　譬如少壯人　年始二十五　示人百歲子
髮白而面皺　是等我所生　子亦說是父　父少而子老
舉世所不信。

佛,您還是把實際情況分別告訴我們。譬如有一年輕人少壯人,才二十五歲,却指一位百歲老頭說,這是他的兒子。這位老頭髮白而面皺,也說這年青人是他的父親,父親年少,兒子很老,世間人能信嗎?

世尊亦如是　得道來甚近
從無量劫來　而行菩薩道
忍辱心決定　端正有威德
不樂在人眾　常好在禪定
我等從佛聞　於此事無疑
　　　　　　　願佛為未來
是諸菩薩等　志固無怯弱
巧於難問答　其心無所畏
十方佛所讚　善能分別說
為求佛道故　於下空中住
演說令開解。

「世尊亦如是」,佛,您也是這樣,「得道來甚近」,而這些大菩薩志向堅固不怯弱,就成就了。「從無量劫來,而行菩薩道」,能給化度眾生,巧於答難,難問答。他的心無所畏,就是這大菩薩成就的功德,「忍

辱心決定，端正有威德，十方佛所讚，善能分別說」，能演說一切諸法。

「不樂在人眾，常好在禪定」，形容住在空中，「為求佛道故，於下空中住」，於下方娑婆、下方世界的虛空當中住。「我等從佛聞，於此事無疑」。

彌勒菩薩說，我自己乃至於與會大眾，親自聽佛說，對此事不應該懷疑。那未來呢？「願佛為未來，演說令開解」，令未來一切眾生能夠信入，信入能夠明白，能夠解了，而且能修。

若有於此經　生疑不信者　即當墮惡道　願今為解說

假使對《法華經》產生懷疑不信，不應當墮地獄嗎？「即當墮惡道」，謗毀法就下地獄，墮惡道了。還是請佛說明白好了，別讓人家生起謗毀。

是無量菩薩　云何於少時　教化令發心　而住不退地。

這些無量無邊大菩薩，佛，您只用很少的時間教化，令他們發菩提心，住在不退地，也就是《華嚴經》講的三賢十地位。

如來壽量品第十六

以下是〈如來壽量品〉第十六。你只看見佛降生、成道，四十餘年之後說《法華經》，其實佛的壽命是無量的。以下顯如來的壽命無量，過去無量無劫都是佛的化身，不是佛的本迹。我們講《華嚴經》的時候，毗盧遮那佛，沒有生起的時候，也沒有滅的時候，無生無滅，讓佛釋疑。

〈如來壽量品〉是世尊說明，你只看見我在人間這段時間成佛，這個是化現的。我在無量無邊千萬億那由他前，乃至於今生，都是方便善巧，都不是真實的。什麼才是佛的真實？

佛的壽命無量，過去無量，現在還是無量。佛身常住永不滅，如來是金剛

不壞體，常住永不滅，從金剛不壞、常住不滅而生起的化身。不止一佛，佛都如是，十方一切諸佛都如是。不要看一段的因緣，一段因緣是看不盡的。因此產生佛的〈如來壽量品〉。佛必須給彌勒菩薩解釋清楚，佛的壽命是無量的。

爾時佛告諸菩薩及一切大眾諸善男子汝等當信解如來誠諦之語復告大眾汝等當信解如來誠諦之語又復告諸大眾汝等當信解如來誠諦之語。

「爾時佛告諸菩薩及一切大眾」，給他們解說。「諸善男子，汝等當信解如來誠諦之語」，如來絕不許妄語，絕對是誠實的，但是這個誠實是如理的。「諦」是理，理是什麼呢？在沒有講《法華經》之前，先給大家講「性空緣起」，佛的無量壽是性空，乃至教化這位菩薩也好，乃至說法，這都叫緣起。緣起從哪裡來的呢？從性空來的。性空產生緣起，緣起回歸於性空。所

以佛說無量壽,根本沒有一個壽命可言,在體性當中沒有,但是隨緣,還是緣起。因此佛告一切菩薩、一切大眾,「諸善男子,汝等當信解如來誠諦之語」,如來的語言是誠實的,是如理的。因為如理而隨緣,因為性空而能隨緣,因為隨緣還歸於性空,就是這個真實之語。

佛又跟大眾說清楚,「復告大眾」,說你們應當信解如來誠諦之語,一定要沒有疑慮的相信佛所說的話。「又復告諸大眾,汝等當信解如來誠諦之語」,「汝等當信解如來誠諦之語」,「復告諸大眾,汝等當信解如來誠諦之語」,說了三次,不要產生疑慮。

是時菩薩大眾彌勒為首合掌白佛言世尊惟願說之我等當信受佛語。如是三白已復言惟願說之我等當信受佛語。

大眾菩薩以彌勒菩薩為首,「合掌白佛言」,大家合掌請佛說。「世尊,

惟願說之」，我們絕樂欲聞，絕對相信佛的話，大眾也說三遍。「如是三白已，復言，惟願說之」，一而再，再而三，我們絕對能相信佛的話。佛囑託三次，大眾向佛請求三次。

爾時世尊知諸菩薩三請不止而告之言汝等諦聽。如來祕密神通之力一切世間天人及阿修羅皆謂今釋迦牟尼佛出釋氏宮去伽耶城不遠坐於道場得阿耨多羅三藐三菩提。

好，我跟你們如理的說。「諦」是理，你要思惟，如理的聽。如理的聽呢？語言含有實義的。「如來祕密神通之力」，不是一般世人可能知道的，這是如來的祕密。二十五歲的人指一百歲的人為兒子，這是祕密。這個沒有前生因緣，不是三世因緣。如來祕密神通的力，是一切世間天人阿修羅所看見的，謂釋迦牟尼出釋氏宮，去伽耶城不遠，在那坐菩薩道場，成就無上正等正覺；

這是一般的常情。這是現相,不是本質。本質是什麼呢?祕密神通,這些人都沒有見到。

「然善男子。我實成佛已來。無量無邊。百千萬億那由它劫。譬如五百千萬億那由它阿僧祇三千大千世界假使有人抹為微塵過於東方五百千萬億那由它阿僧祇國乃下一塵如是東行盡是微塵諸善男子於意云何是諸世界可得思惟校計知其數否。」

「然善男子,我實成佛已來」,不是你們所看見的。「無量無邊,百千萬億那由它劫」,我成佛已來甚大久遠,這就是告訴你們說,不是在伽耶城才成佛的,而是久遠久遠的。最近所看的釋迦牟尼佛出家修道,那是人情所看見的,這個不是真實的,真實是什麼樣子呢?「無量無邊,百千萬億那由它」,就說佛成佛久遠久遠,不是你看見現在這個。

這個涵義,佛打個比方說,「五百千萬億那由它,阿僧祇,三千大千世界」,三千大千世界不是一個,有好多三千大千世界?「五百千萬億那由它,阿僧祇,三千大千世界」。又有人將這三千大千世界抹為微塵,把這五百千萬億那由它阿僧祇劫的大千世界,抹為微塵。

過於東方五百千萬億世界那由它阿僧祇國,乃至丟下一個微塵,「如是東行」,一直往東邊走。過一個五百千萬億那由它阿僧祇三千大千世界,點一點;再過五百千萬億三千大千世界,再點一點,把微塵點完,這沒辦法算了。

「諸善男子,於意云何,是諸世界,可得思惟校計,知其數否?」你能夠算出這個世界好多?沒法算。

彌勒菩薩等俱白佛言世尊。是諸世界無量無邊非算數所知。亦非心力所及一切聲聞辟支佛以無漏智不能思惟知其限數我等住

阿鞞跋致地於是事中亦所不達世尊如是諸世界無量無邊。

「彌勒菩薩等」、「等」就是所有參加法會的菩薩,共同對佛說。「世尊」,這個世界無量無邊,不是算數所能知的,離開數字了。「亦非心力所及」,心力緣慮不到的,緣慮之心緣慮不到的。把所有聲聞辟支弗,以他們無漏的智慧來算這個數量,不可知。

「我等住阿鞞跋致地」,「阿鞞跋致」（編者按:或作「阿惟越致」）就是不退轉,永遠不退。在這個事情當中,達不到,算不出來,彼世界太多了。「如是諸世界,無量無邊」,佛先說比喻。

爾時佛告大菩薩眾諸善男子今當分明宣語汝等。是諸世界若著微塵及不著者盡以為塵一塵一劫我成佛已來復過於此百千萬億那由它阿僧祇劫自從是來我常在此娑婆世界說法教化亦於

餘處百千萬億那由它阿僧祇國導利眾生。

「爾時佛告大菩薩眾，諸善男子」，我現在如實的、分明的向你們宣告說，這個世界若是著微塵及不著者，過五百千萬億那由它阿僧祇世界三大千世界，點一微塵，把所有微塵點盡了，一塵作一劫。

「我成佛已來，復過於此百千萬億那由它阿僧祇劫」，我成佛以來還超過百千萬億那由他阿僧祇劫這個數字，這也不是一般神仙所能算得出來。從那個時候開始起，我就在這娑婆世界，「說法教化，亦於餘處百千萬億那由它阿僧祇國，導利眾生」，他在無量的世界百千萬億那由他那些國土，也如是化導眾生。

諸善男子於是中間我說然燈佛等又復言其入於涅槃如是皆以方便分別。

這不是真實的，而是方便分別。為什麼我們說聞《法華經》很難？佛為什

麼成了道之後,不說《法華經》,難在什麼地方?現在大家知道了。沒辦法信入,說以你思想的思惟力、你的善根力,很不容易進入。儘管這樣說,我們相信嗎?說這個法的能夠信進去嗎?不說的原因在此。

佛感覺說了,眾生得不到利益,反而把這個當成神話。佛說,然燈佛那個時候發了菩提心,然燈佛給他授記,那也是方便善巧;換句話說,那是假話,不是真實的。佛說《法華經》,把以前的都推翻了。怎樣理解?我們說信心,相信我們自己的心,法性理體,沒有時間性,沒有地域性,沒有空間,沒有時間。

諸善男子若有眾生來至我所。我以佛眼觀其信等諸根利鈍隨所應度處處自說名字不同年紀大小亦復現言當入涅槃又以種種方便說微妙法能令眾生發歡喜心。

「諸善男子,若有眾生,來至我所」,若有眾生來到我的跟前,我以佛

眼來看他們，觀他們的信根如何？觀他們的信心如何？是利根嗎？是鈍根嗎？應當怎麼樣來教化度化他們？「處處自說，名字不同」，都是語言文字，年齡的大小，沒有關係的，這是假設的。

「亦復現言，當入涅槃」，我現又入涅槃。釋迦牟尼佛不是八十歲入了涅槃嗎？這都是示現。現在明白了嗎？這都是種種方便，說的是微妙法，令眾生生歡喜心，這都叫微妙法。《法華》如是說，《華嚴》也如是說。佛最初成佛，先說《華嚴經》，快入涅槃了又說《法華經》。

諸善男子。如來見諸眾生樂於小法德薄垢重者爲是人說我少出家得阿耨多羅三藐三菩提然我實成佛已來久遠若斯但以方便教化眾生令入佛道作如是說

「諸善男子，如來見諸眾生，樂於小法，德薄垢重者」，沒辦法，所以採

取方便善巧，所以說四諦十二因緣，說苦、集、滅、道，他們喜歡，投眾生所好。又者是沒有德，業障很重。

大家經常說業障很重，由於這個原因，佛對人說，我少小出家，證得阿耨多羅三藐三菩提。實在不是這麼回事，實在是怎麼回事呢？我實成佛已久，那個時候我就成佛了。「但以方便，教化眾生，令入佛道」，這都屬於化身的方便善巧，佛四十餘年說法，都是方便善巧，未說真實。

諸善男子。如來所演經典皆為度脫眾生或說己身或說他身或示己身或示他身或示己事或示他事諸所言說皆實不虛。

現在說《法華經》，開始說真實法。說善巧方便，為了度眾生，說真實法，還是為了度脫眾生。乃至說自身說他身，或拿自己身作例子，或拿他身作例子，拿自己的事或者拿他的事，是不是真實的呢？是真實的。

隨緣真實,不隨緣,隨性,還歸於性。還歸於性呢?那些諸法都是幻化的。所有的語言、音聲、形相,都為度眾生的方便而已,這叫方便善巧。為什麼在《華嚴經》從六度開成十度,特別是方便善巧慧?方便善巧非常難。

學佛先學方便善巧,這得大菩薩,一者是大菩薩,二者是膽子大一點。為什麼要膽子大一點?別怕下地獄!法師說法,就要準備下地獄。

前幾天講,法師說法功德很大,說法功德大得簡直不可思議,但是他的業障也不可思議。相信嗎?我們學戒律是真實的。妄舉妄動,下地獄多少年?一個突吉羅,九百萬年。有一次我在北方講經,我看我們帶帽子的、穿襪子的、穿鞋子的,都是帶大皮帽子的來聽經;帽子還搗著,因為沒有暖氣很冷。我看差不多聽經的人,一個人算我一筆帳。不得為覆頭人說法應當學,不得為著革屣人說法應當學,這是《百眾學》裡頭的戒律。

說法法師,如果你要簡別這些事,那你就不用說法了。人家聽你說法,耳朵凍掉或者腳殼也凍傷了,那完蛋了。但是算你的帳上,一百個人拿九百萬年

乘一下,你說有多好多萬年?那法師下地獄就出不來了,還有其他更重的呢?怎麼辦?那不說了。不說了,斷佛種性,下無間地獄永遠出不來。這法師該怎麼辦?該是說?不說?說也不是,不說也不是。你就修空觀,假的、空的。

〈授記品〉剛講完,提婆達多還在地獄呢!佛給他授記了,《法華經》給他授記成佛。提婆達多現在還住在地獄裡,怎麼理解?你得看情況,為了自己的安樂,為了自己的幸福,為了自己的名譽,反正一切為了自己,為了名聞利養說法,下地獄是沒有時間的。

為戴帽子的眾生說法,自己犯罪業九百萬年,九百萬年是有數字的;但是你還有功德。功德、罪業兩者對照一下,功德也好,罪業也好,你若修空觀,全是假的、空的,這叫假ительно大空。大是大,但是假的。利害是很利害,聽起來很利害,但是空的。要靠你的腦子去觀,觀了都能解脫,離開觀都是束縛。

但是你主導的觀力,應當這樣認識。善男子!如來演說一切經典,就是為了度眾生。或者說他自己好,說別人也好,顯示自己也好,顯示其他也好,

198

目的是利益眾生。所有言說,看你怎麼理解?作實的是真實的,作假的是幻化的。看在什麼境裡情況之下,對境生心,對什麼境界相,生起你的智慧心,自己就能夠理解了。

所以者何。如來如實知見三界之相無有生死若退若出亦無在世及滅度者非實非虛非如非異不如三界見於三界如斯之事如來明見無有錯謬以諸眾生有種種性種種欲種種行種種憶想分別故欲令生諸善根以若干因緣譬喻言辭種種說法所作佛事未曾暫廢。

這一段經文說的比較深,因此才能夠開示悟入佛之知見。以此這個道理,就是經所說的義理,你若能明白的話,就能夠進入佛的知見。佛所說的一切法、所說的一切經卷,顯佛的歷史,或者說顯其他眾生的歷史,過去、現在、

未來,說這些的意思是要我們進入如來的知見,是如實的知見。以如來來看三界,欲界、色界、無色界,這些相,相即非相。

相即非相,就是在生死輪轉當中,沒有生死輪轉,這是約理上來說的。看著有人變化了,滅了;滅了又生起,生起了又滅了,就是生滅之相。把它當成實的,是錯誤的;那不是實的就是虛的,虛的也是錯誤的。實而非實,虛而不虛。「非如」,就是不如是,「非異」就是非不如是。

「不如三界,見於三界」,三界之相是隨緣的。「見於三界」是隨緣的,「非如」呢?就是不見三界之相,只見如是之理。說它是執著,你若執著的話,說是實的。這世界本來不實虛幻的,虛幻就是沒有,是假的,但是它也不假。怎麼來認識這種道理?這就是《法華經》的道理。

開示佛之知見,讓你進入佛之知見。什麼是佛之知見呢?如實知見,真如實理。真如的實際,照於真如的理,三界的實不是我們所見的三界,我們見的三界是虛,虛是假,假是隨緣,見三界的實是真如不變,這是性空。如果按實三界是虛,虛是假,

際理地來說，三界沒有，皆是虛妄，三界之相是假的，隨時在變化。

但是三界之理，從不變化來的。不變化，那就是實，可變化的就是事。在這個世界上有生死之相，這生死之相不是實在的，就是分段生死苦，這些是二死永亡，沒有了。但是隨緣集起一切諸法，一切法就有生滅相，有因有果，這兩種意思你都要這樣來認識。這個道理，如果是一般的人、不是久學的，一時不能入。

佛所說一切生滅之法、生滅之相，這是佛示現。佛也示現入涅槃，有生一定要有滅，從生到滅，這個現相都是幻化假名，不是真實義。真實義呢？沒有諸相的差別，如來如實知見三界之相，以如來知見三界之相呢？沒有三界之相，沒有生死也沒有涅槃，這樣來認識這個世界。

這是佛跟文殊師利菩薩說，給大家顯示的。如來所有演的一切經卷，目的是為了度脫眾生，隨眾生的因緣法而說，乃至於拿佛自己的經歷，拿自己的身來說這個事實，現在就是以佛身來說的。以如來來看三界之相，沒有！所有的

生死，所有的涅槃，乃至於修行，都是隨緣！這叫事。

如果按理上說，但有言說都無實義，諸法如幻如夢如影，這是顯諸法的實義，如來不會有錯誤的。因為前面有很多疑惑，佛就解釋這些疑惑，一個是從事上來顯示的，眾生把這個當成真佛。說佛也如是，有生滅有涅槃，釋迦牟尼佛只活八十歲。〈從地涌出品〉這些菩薩，無量劫都是佛教化的，那是顯實。

你看到在印度這一段化身，這叫隨緣，這是講的事，事是從實理而來的。

你若看到佛教盡講的真真假假，虛虛實實，佛說的真真假假、虛虛實實，是真正的世界相。現在我們眾生所看見的世界相呢？那就是完全純粹假相，見不到實體。若懂得這個道理，你對生死有什麼畏懼？一會兒生了，一會兒死了，一會兒死了，一會兒生了，生生死死隨緣而已。

就像我們一會兒趕著上這個功課，一會兒又上殿，一會兒又吃飯，這是一天的事，天天都如是，哪一件是實的？不實就可以變哪！實的就不變動。這個道理，你從世間相就可以懂。因為一切法無常，你才可以變化，實體上一切法

如空，如空還有什麼變化？因為不變故才能夠應付一切萬變，因為萬變故才能回歸不變。

這個道理要參！不是從語言文字就能夠認得的。佛說一切眾生，每一個人有一個人的性，眾生有種種性，這個性呢？習種性。但是眾生的性種性呢？跟佛無二無別，一切眾生只是一性，這個種種相是變化的、生滅的，就是各性不同。

還有每個人的愛欲，喜歡什麼？種種欲，欲就是欲望，各有各的因緣，各有各的欲望。你今生變成女人，女人所想的不同；你來生變成男人，男人想的又不同。但是你從年輕的時候到老了，年老想的跟年輕想的不一樣。三五歲小孩也是人，他想的跟大人想的不一樣，有種種的欲望、種種的行為、種種的憶念思想，這是有分別的。

因此眾生的根機有頓根、有漸根，漸根得慢慢來，慢慢修，頓根一聞到佛法頓悟成佛，一聽到這種道理了，他可以把妄都止住。一般的人是止不住的，隨他的欲望，隨他的根性。因此你對什麼人說什麼法。

釋迦牟尼佛為什麼說那麼多的法？眾生根機不同，無非是使他以什麼因緣，讓他能種上善根，讓他逐漸的能夠覺悟，逐漸能夠返回自性。這就是佛說法出世的因緣。佛是欲令眾生生善根的，假種種的因緣，假種種的譬喻，不是佛想要說什麼法；而是眾生有什麼緣，引起佛就作什麼佛事，就給他說什麼法。

法是沒有一定的，法無定法，因眾生根而異了。眾生根不同，佛說的法也就不同。目的是讓他先種個善根，不在惡道輪轉，不在三界輪轉，不住於偏真涅槃，都入於如來境界；因此佛以這種道理跟他說，大會的一切眾生應當明白。

如是。

如是我成佛已來甚大久遠壽命無量阿僧祇劫常住不滅。

「如是，我成佛已來，甚大久遠」，言說表達不出來。這是佛的秘密，諸佛的秘密。所以佛度了那麼多的大菩薩，從地涌出，彌勒菩薩不知道，相信

嗎？我們講《華嚴經》，像善財童子參彌勒菩薩住大寶樓閣裡頭，彌勒菩薩沒有不知道的。現在彌勒菩薩是給大眾示現的，他是知道的，裝不懂。爲什麼？好啓發大家。我們眾生呢？相反的，本來不懂，他要裝懂。社會上有冒充行家的，有些道友知道的佛法不多，也沒有證得，還認爲自己很了不起，好像什麼都知道，其實什麼也不知道。

佛就跟大眾說，以這種因緣、這種道理，我成佛以來，甚大久遠。不是在娑婆世界看見這個釋迦牟尼佛化身，那我的壽命究竟有好長呢？壽命無量，「阿僧祇」就是無量數，無量數沒有生滅，諸法本無生滅，佛身常住不滅。涅槃的另一個意思就是不生不滅；但是隨眾生的緣而有生滅，那是隨緣。現在《法華經》是顯實，止住了隨緣義，唯此一事實，一切都非眞，「餘二則非眞」。究竟諸佛行菩薩道到成佛，有好長時間？

諸善男子。我本行菩薩道所成壽命今猶未盡復倍上數然今非實

滅度而便唱言當取滅度如來以是方便教化眾生。

「諸善男子，我本行菩薩道，所成壽命」，還早呢！現在不是沒盡，未來也沒盡。不是像你們想像的八十歲，不是這樣子。這是釋迦牟尼跟與會大眾說，我的因深果遠，因果甚深久遠。在一般經論上講的不是事實！就是我的壽命是無盡，無量壽佛。大家只知道阿彌陀佛無量，哪一尊佛壽命有量？佛佛道同，阿彌陀佛是代表，不過這佛顯他這一種，釋迦牟尼佛顯他的釋迦牟尼佛，不動如來也顯他的不動如來，其實佛佛道同。

以前跟你們說，我現在快入滅了，而實實在在沒有個滅度。佛說，我現在說《法華經》，說完《法華經》就滅度了，這都是方便。要你趕快聽，聽完了趕快修，佛要走了，就是這麼個涵義。

我們是因為以後得不到了，現在就很著急！如果是佛常住世間的，慢慢來以後再說，就是這樣。隨眾生的心、隨眾生的緣，本來沒有滅度，為什麼要說

206

滅度呢？為什麼？法本無生，一切法都無生因境有，「法本無生因境有」。隨眾生緣就有了。法本無生，那也沒有滅，無生無滅，這是真正的了義話。隨緣呢？就有生有滅了，佛自己說、自己解釋。

所以者何若佛久住於世薄德之人不種善根貧窮下賤貪著五欲入於憶想妄見網中若見如來常在不滅便起憍恣而懷厭怠不能生於難遭之想恭敬之心是故如來以方便說比丘當知諸佛出世難可值遇。

「所以者何？」把這種道理再深入的說。「若佛久住於世」，假使我不滅度，永遠住世間，那些沒有善根、薄德的人，他就不種善根了。他有個依賴性，等著吧！我先快樂快樂再說，將來到了有困難的時候，再去找佛，反正佛常在。那佛現入滅了，他著急修行了，就是這個涵義。

那薄德少福的人不種善根，他就貪著五欲去了，「貧窮下賤，貪著五

欲」，墮於憶見妄想網。「若見如來常在不滅」，他就起憍恣而懷厭怠，不能生難遭難遇之想，對三寶也不能生起恭敬心，所以佛示現入滅。「是故如來以方便說」，這是如來的方便善巧。「比丘當知」，你們應當知道，諸佛出世間，「難可值遇」，不容易遇到。

所以者何諸薄德人過無量百千萬億劫或有見佛或不見者以此事故我作是言諸比丘如來難可得見斯眾生等聞如是語必當生於難遭之想心懷戀慕渴仰於佛便種善根是故如來雖不實滅而言滅度。

那些薄德的人，福報淺薄的人，因為他經過無量百千萬億劫，見有佛住世，或者不見有佛住世。因為這種原因，才作如是言，「諸比丘，如來難可得見」，見佛很不容易，不說見佛了，我們就在五臺山、在文殊菩薩的道場，你

見到了文殊菩薩嗎？這些菩薩現在每天一萬菩薩繞清涼，繞了黛螺頂就繞了清涼山，你見到了嗎？不但文殊菩薩沒見到，一萬菩薩繞清涼，這一萬菩薩你也沒見到。

為什麼？這叫作業障。你所作的業跟諸佛菩薩，障！中間有個障礙見不著。等把這障礙消失了，你就知道了。「文殊只此是，何處覓彌陀？」你不求見了，那佛常現前，越不見那佛越現前，越見他越見不著。兩種都是妄執。佛說的法寶現在在，開經就見佛，否則你信不進去。你把佛當成佛，把法當成法，經不是佛，佛也不是經，所以你就見不到。

為什麼這樣說？薄德的人，他經過了很長的時間，無量百千億劫，或有見佛，或有不見的。「以此事故，我作是言」，因為這種原因，佛才這樣說。怎麼樣說呢？「諸比丘，如來難可得見」，你想見佛不容易，「難可得見」。「斯眾生等，聞如是語」，所以他初次見佛的時候，生難遭想。對佛生戀慕，「渴仰於佛」，為什麼？「便種善根」。

伍、悟佛知見分　如來壽量品第十六

209

實際上如來沒有滅。雖不實滅而滅度之,不是真正滅度了,而現的滅度。這就表示一切眾生,他喜愛的是小法,不喜歡大法。因為見跟想,障礙重重,不得見佛。你學這部經,聽到這種佛說的教理,你就知道佛是常在的。不只《法華經》,隨便見哪部經,哪部經都如是,就是佛的全部法身,佛是以法為身。

又善男子諸佛如來法皆如是。爲度眾生皆實不虛譬如良醫智慧聰達明練方藥善治眾病。

「又善男子,諸佛如來,法皆如是」,一切諸佛法沒有兩樣,都一樣。「爲度眾生」,實實在在的,不是虛假的,皆是實在的,不是虛假的。佛怕眾生不懂,又說個比喻。譬如一個良醫,最好的醫生,這醫生智慧聰達,聰明有智慧,什麼都懂。醫生懂得處方,開藥,藥到病除,藥一到了,眾生病就沒有了。這是形容詞,拿醫生來作譬喻。「智慧聰達」,一般的就是聰明伶俐,我

們經常講智慧，一個是世間，一個是出世間。

我們經常講神通，五眼六通。講神通、講智慧，這個智慧是一般的，就事論事。見到一切事就叫方便善巧，這種智慧就像醫生治病一樣，這個是醫生有智慧，有智慧他來治病的時候，看這個眾生的病，病在什麼地方。沒智慧的醫生，就事論事，瘡長在胳臂上就治他的胳臂，瘡長在腿上就治他的腿。不是的！病也不在腿也不在臂上，在哪裡？在他的心。這種道理，明了的醫生他是知道的，治病先治他的思想，先治他的想。

佛對於眾生病，佛的智慧就知道他的病是怎麼得的，因什麼得病，對治他的病，對症下藥，哪一藥是適合他這種病。因為佛稱大醫王，醫眾生貪瞋癡的病。如果是愚癡的醫生呢？他治病，不但沒治好，還增加了，或者給他治死了。為什麼？

佛在世打比喻，我們佛門弟子盡講空，不錯。印度也有一種空見外道，他也講空。空見外道講空，什麼都沒有，因果報應也沒有；他盡造惡事，把善

211

伍、悟佛知見分　如來壽量品第十六

根都斷滅了，他這個空不是空。佛教講的空是講理，理空。頓入空門並不是逃避，世間什麼都沒有了，因果不空。空不礙有，有生見空，這種外道怎麼能懂？不懂。醫生治病沒治好，還給人家增加了，他治病沒治心。還有一種醫生治病能使人的病不增加，控制住了，但是他並沒有恢復強壯的身體，這也不行。一個外道，他看見牛死了生天了，認為牛的功德很大，就學牛，恭敬牛，這就是信牛的外道。其實事實不是這樣，牠現在的報受盡了，他前生的功德成就了，可是他看不到。這是一種。假醫生治病，醫生使他的病一天一天減少，不是一下子病就能好的，這些是拿治病顯。佛度化眾生也是這樣的，讓你習慧習定，漸漸的斷煩惱、漸漸的證菩提，是這樣子，不是頓的。

你的善根，佛看這個人根機很成熟，給他說大乘的、說了義法，明心見性，直至成佛。就像此經的龍女，文殊菩薩一度，她就直接成佛。

醫生要善知病相，也知道病，因什麼得的病，就用什麼方法治，要吃什麼藥，吃完了以後，病不再發了。佛也如是，眾生就是貪、瞋、癡，先斷貪、

瞋、癡。讓他先把現實的情況了解了，出了三界，了了生死，這個醫生就很高明。佛教導一切眾生，讓他把貪瞋癡斷了，貪瞋癡斷了就不再生死流轉，以後才趣向大乘。佛又舉個比喻。

其人多諸子息若十二十乃至百數以有事緣遠至餘國。

「其人多諸子息」，這個人兒女很多，現在非洲人，有些人娶了很多太太，兒女很多的。我們看報上有一段，有位非洲人娶了好幾十個女人，每個地方都生幾個小孩，兒女很多的。在現實上這是有的。

「其人多諸子息」，就是兒女很多的，或者若十二十乃至一百。但是他有事情到別的國去了，跟他的孩子們都離開了，就是這個意思。能有別的因緣，有時到別的國家，他這兒子長大了，連爸爸也不認得。

一切眾生本來佛教化過的，他又墮落了。在《地藏經》講，閻羅天子問

佛說，地藏菩薩有那麼大神通，那麼大願力，把地獄眾生度脫了，但出去沒好久，他又轉回來了，眾生又下地獄了。這有個問題，認為地藏菩薩的威力不夠大，不能一勞永逸，度了他就再不回地獄。所以閻羅天子就生起懷疑，以這個問題問佛，佛就給閻羅天子解釋說南閻浮提眾生剛強得很，那個業很不容易斷，一下子出去了，他造業又回來了。

佛說一切眾生都有三種性，哪三種性？一個因性，一個果性，一個隨緣性。隨時的遇著惡緣，他又去造惡了；遇到善緣他就去造善，這屬於不定性，善惡不定，他容易變化。等他聞佛法成就了，定性聲聞，那個又不對了，那是定在二乘，他不發大心。所以一個是從因上講，一個是正因，還有一個是了因。正因是他本來具足的正因佛性，智慧是了，了因的性，這是了性。還有緣起諸法，是緣因性，得不定。遇到好人就學好人，遇到壞人就學壞人，他並沒有定住在好人身上。有些人他定在壞人身上，定在壞因上，遇著好人，他並沒有定住在好人身上。眾生有種種的，乃至十種二十種百千種，有很多很多的。現在遇到緣不轉變。

214

佛教的因緣成為佛子，遇上惡緣生地獄種子，他是變的，但是了因不同。

我們現在說，聞到《法華經》，就這個聞的種子，還不說你修道，一定能成佛。為什麼？因為這個決了的，你種的是佛種子，不是聲聞二乘種子。這是此經的不同。你看看四阿含，看十二因緣，跟《法華經》就不同了。這是了因，緣因。一切眾生就是了因、緣因，因緣所合成的，所定的一切業性。

諸子於後飲他毒藥藥發悶亂宛轉於地是時其父還來歸家諸子飲毒或失本心或不失者遙見其父皆大歡喜拜跪問訊善安隱歸。我等愚癡誤服毒藥願見救療更賜壽命父見子等苦惱如是依諸經方求好藥草色香美味皆悉具足擣篩和合予子令服而作是言此大良藥色香美味皆悉具足汝等可服速除苦惱無復眾患。

「諸子於後」，他父親到別的國去，長者這些兒子，他們喝了毒藥了，

毒藥的性能發作，苦難就來了。這個時候他父親從別的地方回來，一看見這些兒子中毒了，有的把本心失掉，或者還沒有失。沒有失的，看見他父親來了，就跪拜、問訊，請父親給他們治。「我等愚癡」，錯誤的吃了毒藥，「願見救療」，請他們父親救他。

佛說這一段是譬喻，他的父親見這些兒子都很苦惱，想法找些藥草。這個藥色香味美，聞到就很好，香！他把這藥合成給他那些兒子吃。吃了，毒就消了。同時說，「此大良藥」，色香味美，你們可以把這藥吃了，苦惱就沒有了。

其諸子中不失心者。見此良藥色香俱好。即便服之。病盡除癒。餘失心者見其父來。雖亦歡喜問訊求索治病然予其藥而不肯服所以者何毒氣深入失本心故於此好色香藥而謂不美。父作是念此子可愍。為毒所中心皆顛倒雖見我喜求索救療如是好藥而不肯服。我今當設方便令服此藥即作是言。

有此諸子失心，有些諸子沒有失掉，毒的不深，看到良藥色香俱好就把這藥都吃了；有的中毒深了，見父親來了也高興，也來求飲食求治病，給他們藥，他們不吃。父親就說，這些孩子可憐，中毒很深，他們的心都顛倒了，見到我也求藥，但是好藥他們不肯服，那我得想方便讓他們吃這個藥。

佛為了救度我們這些眾生，佛經上都有藥方。慈父就是佛，各各經論都說著種種藥方，讓你念了經去學，學了去修。我們念了經還是不肯學，所以道也不容易成，生死也不容易了。佛涅槃了，沒有佛可依了，只能看看經上說，知道唯此能救，隔一段時間，這些人能服藥，病也漸漸好了。

汝等當知我今衰老死時已至是好良藥今留在此汝可取服勿憂不瘥作是教已復至他國遣使還告汝父已死是時諸子聞父背喪心大憂惱而作是念若父在者慈愍我等能見救護今者捨我遠喪他國自惟孤露無復恃怙常懷悲感心遂醒悟乃知此藥色香美味

即取服之毒病皆愈其父聞子悉已得瘥尋便來歸咸使見之。

佛舉這一段經文說，「汝等當知，我今衰老」，形容我現在也快死了。這些好的藥給你們留到這裡，你可取服，不要憂愁病不好。「作是教已」，就到別的地方去，去了就沒有回來，就死了。這些兒子聽到父親死了，才想到父親留下的藥，「諸子聞父背喪」、「心大憂惱，而作是念」，如果父親在，慈悲我們能救護，現在已經不在了，自己孤露了，沒有依怙，「心遂醒悟」。到這時候才明白，這些藥色香味美，取而服之，毒病皆愈。

知道佛不在世，自己這個憂悲苦惱，生老病死，佛留下經卷，念經吧！就是這個涵義。照著佛說的話去做，等於他親自服藥。你依著佛的教導去做，就斷煩惱，就了生死。這段經文，佛是拿醫生跟藥來比喻末法的弟子。

諸善男子。於意云何頗有人能說此良醫虛妄罪否不也世尊佛言。

我亦如是。成佛已來。無量無邊百千萬億那由它阿僧祇劫為眾生故。以方便力言當滅度亦無有能如法說我虛妄過者。

「諸善男子，於意云何？」你們如何想？能有人說這個良醫虛妄罪過嗎？是不是良醫的錯？「不也，世尊」，絕對不是良醫錯了。「佛言：我亦如是，成佛已來，無量無邊百千萬億那由它阿僧祇劫」，為眾生，我示現涅槃，「以方便力，言當滅度」，這不是真實的，而是方便善巧的。

「亦無有能如法說我虛妄過者」，示現入涅槃，有過嗎？有人說我示現入涅槃是過錯嗎？不會的，不是我之過。

佛向眾生說，「我亦如是」，我成佛已來，「無量無邊百千萬億那由它阿僧祇劫」，不是現在你們所知道的。這八十年，離開皇宮到伽耶坐菩提樹才成佛的，我成佛無量無邊百千萬億那由他阿僧祇劫不可說數。像醫王一樣，見諸一切眾生，我以方便力，言我當滅度，不能把我這個滅度說成如法，說我虛妄

過。示現滅度是虛妄的,有過錯嗎?就像佛說,我過去的壽命是無量的,成佛久遠,這個沒有過錯。方便善巧在此世界;娑婆世界示現壽命,只有八十歲。隨順人間的,隨著當時的緣,實際上不是這麼回事。

爾時世尊欲重宣此義而說偈言。

自我得佛來　所經諸劫數　無量百千萬　億載阿僧祇
常說法教化　無數億眾生　令入於佛道　爾來無量劫
為度眾生故　方便現涅槃　而實不滅度　常住此說法。

「爾時世尊欲重宣此義,而說偈言」,他怕眾生沒記到,重覆說一遍。

「自我得佛來,所經諸劫數,無量百千萬,億載阿僧祇。」說我成佛已來,不是這八十年當中,那經過無量無量劫,百千萬億劫,「常說法教化,無數億眾生,令入於佛道。」無量無量劫就是無量無間的時分,經過這麼長的時間,我

常時在說法教化眾生，令這些人都能入於佛道。

從我成佛已來，教化的眾生無量，時間也經過無量。為什麼說入涅槃呢？方便善巧。為什麼說《法華經》是真實的？我們得到《法華經》，最後佛說了，佛說不是方便善巧，是如實而說；如實而說就是說真實相，我永遠也不會入涅槃。如果從法身佛，毗盧遮那佛從來不說涅槃。說入涅槃是釋迦牟尼，這是化身。入涅槃是示相的，入涅槃也是方便善巧度眾生，給有疑的眾生，實在是什麼樣子情況呢？實在情況是不滅度，常住此說法。

在其他經論故事當中，也都有如是的說法。道宣律師問送飯的天人：「釋迦牟尼佛在娑婆世界入了涅槃，你以天眼看釋迦牟尼佛到什麼地方度眾生？」天人就反問道宣律師：「你說的是哪尊釋迦牟尼佛？」那就說明釋迦牟尼佛多得很。

道宣律師就跟天人說：「在印度的那尊釋迦牟尼佛。」他說：「我給你送飯的時候，釋迦牟尼佛還在靈鷲山說法，沒有入涅槃。」道宣律師是唐朝時代的人，那時候佛滅度已經一千多年了。天人說：「釋迦牟尼佛還在靈鷲山說

法。」拿這些事是證明，佛所示現都是善巧方便，佛沒入涅槃，常住於世間，這是指這一尊釋迦牟尼，還有千百億釋迦。

大家都讀過《梵網經》。《梵網經》是盧舍那佛給千釋迦說的，不是我們此土化現的釋迦牟尼，是大化。千釋迦，每一釋迦牟尼佛又給千百億釋迦牟尼佛說。以此，我們知道佛的化現是無量的。佛可以為一個眾生化現度他，為了千百億眾生化現的而實不滅度，佛並沒有滅度，常住此說法，常在這個世說法。

我常住於此　以諸神通力　令顛倒眾生　雖近而不見。
眾見我滅度　廣供養舍利　咸皆懷戀慕　而生渴仰心。
眾生既信伏　質直意柔軟　一心欲見佛　不自惜身命。

「我常住於此，以諸神通力，令顛倒眾生，雖近而不見。」這些顛倒眾生，我就在他跟前很近，但他看不到我，認為我死了，而實實在在我沒有滅

度，常在此說法，離眾生很近很近，眾生就是見不到。他能見到我什麼呢？見到我死了。「眾見我滅度，廣供養舍利」，供養我的骨頭遺灰。「咸皆懷戀慕」，這個時候不在世了，他拜舍利拜得很誠懇，這是真的。大家才說這是佛的舍利，拜得很誠懇。

我曾到阿育王寺拜舍利，那個舍利是飛來的。阿育王造的八萬四千塔中之一，飛來佛的舍利。五臺山大白塔裡頭的佛舍利，是攝摩騰、竺法蘭帶來的。他們到中國弘法，第一個是洛陽白馬寺，那是漢朝的時候。第二個是華嚴寺，帶了一顆舍利，供到白塔裡頭。那時候白塔沒有這麼大，白塔不是塔，而是寺，也就是五臺山大華嚴寺，大華嚴寺後來又分成現在的顯通寺跟白塔寺。這個舍利也是真的。眾生認假不認真，《法華經》是佛，我看沒有誰都把它當成佛。這是佛說的。《法華經》是佛的全身舍利，法身。

因此而佛說的法，一個目的是讓眾生入佛道。無量劫來，佛只是為了度眾生，佛沒有其他的任務；佛只有一個任務，度眾生。為度眾生，所以示現涅

槃也好,示現降生、成道、修佛法都如是。實在,佛沒滅度,「我常住於此,常住此說法。信嗎?就我們現在這裡頭六七百人,信佛這句話不?「我常住於此,以諸神通力」,「雖近而不見」。

因為我們顛倒了,令顛倒眾生在佛的跟前不見佛。拿了《法華經》,沒當成釋迦牟尼佛,也沒當成毗盧遮那佛。「眾見我滅度」,應供養舍利。「咸皆懷戀慕」、「質直意柔輭」,能夠信佛見佛憶念我,他的心地也不那麼剛強,而是很柔軟、不粗暴。比丘、比丘尼應當很安詳的,從來不浮躁。

我看見我們有的道友突然間臉色也變了,發脾氣,那就不對了,不柔軟了;我們得永遠像棉花一樣,不要剛強。但是我們這個世界崇尚什麼呢?那個人好剛強,特別說張飛是殺人不眨眼的大將,性格剛強,性如烈火,性子像烈火一樣的。這有什麼好的呢?不但燒人也燒自己,這是這個世界所崇尚的,這叫顛倒。

「眾見我滅度,廣供養舍利,咸皆懷戀慕,而生渴仰心。眾生既信伏,質

直意柔頓。」眾生信了佛，沒有瞋恨心都是柔軟的，永遠是微笑的，安詳的。

「一心欲見佛，不自惜身命」，聽說佛涅槃不在了，他可就一心想見佛了。佛在的時候，他不見得想見。舉例說，我們四眾弟子見了佛像，跟那些不信佛的見了佛像，絕對不同的。

我曾經看見一件事實，一位殺人不眨眼的魔王，板垣征四郎，曾任日本的陸軍大臣，那時候他當師團司令，他的第五師團在山西平型關戰役被中國軍隊擊退，後來從山西調到山東青島，他進我們湛山寺，他把他的武器、軍服、槍刀，全部擱到廟門外，皮靴也脫了，光著腳赤足，進到大殿裡頭禮佛拜佛。

我看見了，心裡想這位殺人的魔王，他見了佛像、見了佛，大家知道日本是信佛的，他還產生恭敬心。這說明佛的威德能使像那樣殺人的魔王，乃至於我們所說的魔王，他一見了佛像，煩惱瞋恨心消失了，善念生起了。當然我們四眾弟子，天天拜佛不足為奇。所以佛有降魔的力量，從這裡就可以想到，有渴仰心，生起信心，信服三寶，一心念佛，「不自惜身命」。

時我及眾僧　俱出靈鷲山　我時語眾生　常在此不滅
以方便力故　現有滅不滅。

「時我及眾僧，俱出靈鷲山」，佛說，我跟諸弟子，出靈鷲山度眾生，佛無處不在，普徧化度眾生。「我時語眾生，常在此不滅」，佛就跟一切眾生說，我常在靈鷲山沒有滅度，以方便善巧，「現有滅不滅」，這些大家很難得信。明明佛不在世、涅槃了，但是《法華經》說，我沒有滅度，這是方便善巧，現在示現的滅度，實際上沒入滅。那非得到靈鷲山去拜！拜能拜見嗎？玄奘法師到靈鷲山，佛沒給他示現，也沒見到佛。以他的德行、以他修道的力量，佛並沒給他示現。

餘國有眾生　恭敬信樂者　我復於彼中　為說無上法
汝等不聞此　但謂我滅度　我見諸眾生　沒在於苦惱

故不爲現身　令其生渴仰　因其心戀慕　乃出爲說法。

「餘國」就是離開印度之外，例如我們娑婆世界。「我復於彼中，爲說無上法」，而釋迦牟尼佛已經傳到東土來給我們說法。特別是我們清涼山，上回講《華嚴經》〈諸菩薩住處品〉，佛說有國，震旦國，清涼山，文殊菩薩在這裡住。你說到靈鷲山見佛，在五臺山也照樣見佛。文殊菩薩就在山裡住，我們沒有見到文殊菩薩。文殊菩薩也沒入涅槃，就在五臺山上住，沒有緣、業深，罪業很深，善緣很淺。什麼善緣呢？沒有能見文殊菩薩這個緣。

「汝等不聞此，但謂我滅度」，「汝等」不是眞實認識我，認爲我是滅度了，「我見諸眾生，沒在於苦惱」，一切眾生沒於苦惱，爲苦惱所淹沒。「故不爲現身」，你在苦惱當中，佛不給你現身，現身你也不能認識。不給你現身，令你渴仰，渴了，喝不到水，想水喝；見不到佛，想見佛。「因其心戀慕，乃出爲說法」，因他的心戀慕，給他說法。能有法在，我們雖然沒見到

佛，還能夠學法，這個法是佛說的。

神通力如是　於阿僧祇劫　常在靈鷲山　及餘諸住處
眾生見劫盡　大火所燒時　我此土安隱　天人常充滿
園林諸堂閣　種種寶莊嚴　寶樹多華果　眾生所游樂
諸天擊天鼓　常作眾技樂　雨曼陀羅華　散佛及大眾
我淨土不毀　而眾見燒盡　憂怖諸苦惱　如是悉充滿

「及餘諸住處」，不是指這地方，所有一切眾生都能夠見到佛，都有佛的住處。有的人到靈鷲山為了見佛，一步一拜，拜到靈鷲山去。這樣能見佛嗎？心誠則靈。「眾生見劫盡，大火所燒時，我此土安隱，天人常充滿。」五臺山亦如是，大火淹沒的，三劫災害的，清涼山不變。

「園林諸堂閣，種種寶莊嚴，寶樹多華果，眾生所游樂。諸天擊天鼓，常

作眾伎樂，雨曼陀羅華，散佛及大眾。我淨土不毀，而眾見燒盡。」這是清淨土，不是娑婆世界。「憂怖諸苦惱，如是悉充滿」，這個世界充滿惡，充滿苦惱，那不是佛淨土。

是諸罪眾生　以惡業因緣　過阿僧祇劫　不聞三寶名
諸有修功德　柔和質直者　則皆見我身　在此而說法
或時為此眾　說佛壽無量　久乃見佛者　為說佛難值

是眾生的罪，以他的惡業因緣有這種現相，所見不同，業不同故。「過阿僧祇劫，不聞三寶名。諸有修功德，柔和質直者，則皆見我身，在此而說法」，常住世間為眾生說法。「或時為此眾，說佛壽無量」，我是給這些人說的，我是無量壽，沒有涅槃，等你的業障消失了，「久乃見佛者，為說佛難值」，說佛是難值難遇的。

【真實篇】

> 我智力如是　慧光照無量　壽命無數劫　久修業所得。
> 汝等有智者　勿於此生疑　當斷令永盡　佛語實不虛。

佛說自己的功德，我的智慧是無量的，照無量界。「壽命無數劫」，沒有時分，這是我久遠修來的業用，業用是有大勢力所得到的。「汝等有智者」，你們這些有智慧的人，「勿於此生疑」，這個說佛的壽命無量，不要懷疑；明明沒見佛，那不是佛的過，而是你的業，你還沒有修到。但是在此當中有智慧的人，在這裡，對佛說無量壽不生疑惑。「當斷令永盡，佛語實不虛」，佛說的話真實不虛的。

不曉得大家有沒有懷疑？我以前說，佛佛道同，對這句話我有懷疑什麼呢？西方極樂世界阿彌陀佛，釋迦牟尼佛說他無量壽，而釋迦牟尼佛本身，從生下來到死只活八十年。佛佛道同，道不同！後來我的疑怎麼解呢？佛佛道同是真實的，極樂世界的眾生是他的業，

看見無量壽佛是無量的。我們娑婆世界的眾生看釋迦牟尼佛只有八十歲。現在《法華經》告訴我們，佛是無量壽，你信不信？不信，不信違背佛所教導；你信，跟事實不符。釋迦牟尼佛不在了，確實只有八十歲！《法華經》說他是無量壽，如何理解？

佛在世的時候，只在恆河流域中間幾省以及現在的尼泊爾弘法。我就想到孔夫子周遊列國，看看他的歷史，列國有好大？只是山東、山西、河南，孔子終身沒入秦，那還周遊什麼列國？在語言文字上不要執著。在那個時候就叫列國，一個山西就是韓、魏、趙三國。為什麼叫三晉？三晉就三個國家，一個韓國，一個趙國，一個魏國，因此叫三晉。山西省還有一些小國，周遊列國就是這個樣子，你得如是理解。

釋迦牟尼佛所有的教法，佛常住在世間，怎麼樣理解？這就是化身佛，佛的相在。前幾天我們的道友要拿我的相片，我說：「這相片是真的？還是我是真的？」他瞪眼瞅我，當然相片不會給他說什麼。我是真的，我死了沒有了，

那相片在;雖然不說話,相還在!真假你分辨不出來。真真假假、虛虛實實,那也叫化現。要以什麼來認識?這要智慧。

文殊菩薩天天在五臺山上轉,你看見了嗎?看見一位放牛老頭,德到五臺山看見一位放牛老頭,那老頭就跟他問說:「你找文殊菩薩?」那老磕個頭,「文殊師利菩薩,我可見到你了!」那老頭是文殊師利菩薩。很多大頭就跟他說一段話,這就是文殊師利。信嗎?

當你業消的時候,一切諸佛境界都現。前面我們講夢中所現的,夢是真實的,不是夢;有時夢是真實的,有時夢是假的。真真假假、虛虛實實,這是前生的影子。還有沒來的時候,你的靈知靈覺把它給現了,讓你夢見未來的事,這就是智慧力。所以佛說,我的智力如是的慧光照無量,壽命也是無量劫。為什麼?久修業所得,這是我修來的。無量的業用,這就是佛的智力。

「汝等有智者,勿於此生疑」,如果你有智慧的話,對這些事你不要疑惑。告訴你了,把那些障斷盡了,疑斷盡了就知道了,佛說的話實實在在,不

虛的，不是假的。

如醫善方便　為治狂子故　實在而言死　無能說虛妄
我亦為世父　救諸苦患者　為凡夫顛倒　實在而言滅
以常見我故　而生憍恣心　放逸著五欲　墮於惡道中
我常知眾生　行道不行道　隨所應可度　為說種種法
每自作是意　以何令眾生　得入無上道　速成就佛身

這個譬喻大家都懂，佛就跟大家說，那是善巧方便，是度眾生的狂妄停歇下來。沒辦法而說涅槃，實在而言，死也是實在的。這能說我是虛妄嗎？「我亦為世父，救諸苦患者，為凡夫顛倒，實在而言滅。」我是因為救度眾生的苦難說滅度了。

「以常見我故，而生憍恣心。」如果我常在世，沒有希有想，沒有難遭

想,常在,眾生就沒什麼感覺。不在了,想起來了,盡想佛的好事,想佛的功德。就像我們在每個老師跟前的時候無所謂,等老師走了,經常懷念他,道理是一樣的。當父母在的時候,對父母很不孝順、頂撞!等父母不在了,可就不同,常時思念。人就是如是。這是情,不是智,智慧不是這樣。

「實在而言滅」,因為常見我故,「而生憍恣心」。「放逸著五欲,墮於惡道中」,因此佛知道眾生這種毛病,他就不修行了,所以佛才示現滅度。

「隨所應可度,為說種種法。每自作是意,以何令眾生,得入無上道,速成就佛身。」佛說我自己常時這樣作意、這樣考慮,我以什麼令一切眾生都能成得無上智,成就佛身,這就是佛的目的。

分別功德品第十七

〈分別功德品〉第十七,「佛說壽量,二世弟子得種種益,故言功德,淺

深不同，故分別品也。」這一品講聽聞《法華經》所獲得的益處，益處就是功德。聞佛無量壽，我們也得佛的功德。

佛的無量壽就是佛說法的功德，使佛的壽命無量。佛久住世間，常時在說法，你能生起這麼一個信心，功德無量。把聞法的功德分別校量一下，聞法和不聞法的差別在哪裡呢？這是約感受所得的功德來說。

爾時大會聞佛說壽命劫數長遠如是。無量無邊阿僧祇眾生得大饒益。於時世尊告彌勒菩薩摩訶薩阿逸多我說是如來壽命長遠時。六百八十萬億那由它恆河沙眾生得無生法忍。

如來現在說眾生聞聽《法華經》的功德，眾生還沒修行也沒證得，只是聽到《法華經》所得到的功德，我們先校量一下。我們作善事而供養給人家的功德，人家求你迴向，或者你給他念經迴向的功德，這是一般的。這是布施，布

施裡頭有飲食、有衣物,但是跟法不能相比。以法布施功德,在我們出家道友來說,你所修行的,念佛也好,誦經也好,這叫「功」。當你證得了,心裡有所領會,那叫「德」。就世間相,幫助別人的事,這個功德很小。如果自己修行,行道有得於心,叫「功」;心裡證得了,那叫「德」,這就是「功德」,跟世間所說的功德不一樣。

現在法華會上這些菩薩,聞到這一法的時候,與會的大眾有好多呢?六百八十萬億那由他。六百八十萬億那由他恆河,恆河的每一沙粒是一個眾生,這個數字是無盡的。在法會當中他們聽到佛的〈如來壽量品〉之後,得到無生法忍。我們經常講聞法、開佛知見、悟入,得到無生法忍。「無生法忍」是什麼地位呢?

在《華嚴經》的十住菩薩,初發心住,這叫無生法忍。每部經上講到好多人得到無生法忍、好多人證果,有這麼多眾生聽到佛的壽命長遠,都得入於初住位,這叫住不退。住不退,住在菩提心上,再不退菩提心了,這叫發菩提

心，初發心住。一發菩提心，直至成佛，不再中斷，這叫得了無生法忍。

復有千倍菩薩摩訶薩得聞持陀羅尼門。復有一世界微塵數菩薩摩訶薩得樂說無礙辯才復有一世界微塵數菩薩摩訶薩得百千萬億無量旋陀羅尼。

「復有千倍菩薩摩訶薩」，在六百八十萬億那由他這個數字上，加一千倍。加一千倍是指哪一類菩薩摩訶薩？他們得了聞持陀羅尼門，在我們講經的位置說，就是十住位的精進修行，到十行位的菩薩。「復有一世界微塵數菩薩摩訶薩，得樂說無礙辯才」，說法無礙，而且歡喜說。說法的時候就生大歡喜，這叫十迴向位。

在佛說〈如來壽量品〉的時候，有這麼多菩薩發菩提心，住在菩提心上，修行菩提心，完了迴向給眾生，迴向自己的位置，如實迴向，這叫三賢位。

「復有一世界微塵數菩薩摩訶薩,得百千萬億無量旋陀羅尼」,「旋陀羅尼」是到什麼位置呢?初地菩薩。從賢位入於聖位,在《法華經》講三種陀羅尼,這是一種,「旋陀羅尼」。這是入於初地,對於法能夠旋轉自在,這是運用法,自心運用法,能夠旋轉自在。這得登初地的菩薩。初住、初行乃至初向、初地,佛說無量壽佛,有這麼多眾生得了這個好處。

復有三千大千世界微塵數菩薩摩訶薩能轉不退法輪。復有二千中國土微塵數菩薩摩訶薩能轉清淨法輪。復有小千國土微塵數菩薩摩訶薩八生當得阿耨多羅三藐三菩提。

轉不退法輪在前,能轉清淨法輪在後。這就是初地、二地、三地,這是二地和三地的菩薩。這個是說學法的次第,學了佛法,聞到佛講旋陀羅尼法的時候,證得的位置。證得這個位置,從此位不退。

另有,小千國土微塵數菩薩摩訶薩,「八生」就是再過八世,「當得阿耨多羅三藐三菩提」,進入第四地菩薩。

復有四四天下微塵數菩薩摩訶薩四生當得阿耨多羅三藐三菩提。復有三四天下微塵數菩薩摩訶薩三生當得阿耨多羅三藐三菩提。復有二四天下微塵數菩薩摩訶薩二生當得阿耨多羅三藐三菩提。復有一四天下微塵數菩薩摩訶薩一生當得阿耨多羅三藐三菩提。

「復有四四天下微塵數菩薩摩訶薩,四生當得阿耨多羅三藐三菩提」,就是他過一生過一生,四生,這是八地菩薩,現在是一地一地菩薩講。

「復有三四天下微塵數菩薩摩訶薩,三生當得阿耨多羅三藐三菩提」,這是第九地菩薩。這個菩薩的次第,聞到這個法所得的利益,各有不同。

還有一四天下微塵數菩薩摩訶薩,一生,就是現在這一生成就佛果,「當得阿耨多羅三藐三菩提」,這是指第十地的菩薩。

復有八世界微塵數眾生皆發阿耨多羅三藐三菩提心。佛說是諸菩薩摩訶薩得大法利時於虛空中雨曼陀羅華摩訶曼陀羅華。以散無量百千萬億寶樹下師子座上諸佛并散七寶塔中師子座上釋迦牟尼佛及久滅度多寶如來亦散一切諸大菩薩及四部眾。

還有「八世界微塵數眾生,皆發阿耨多羅三藐三菩提心」,等覺菩薩證得金剛心,就是最後菩薩位,我們現在所說的彌勒菩薩,跟觀音菩薩相等的。

在佛說菩薩摩訶薩無量壽法門的時候,有這麼多得到利益的,從初住到十住,從初行到十行,從初地到十地,乃至最後心,轉成佛位。就是聞到佛的無量壽,他所證得的位置不同了。

佛說是諸菩薩摩訶薩得法利益的時候，在虛空中，自然的「雨曼陀羅華、摩訶曼陀羅華」，「曼陀羅華」就像中國芙蓉華一樣的，都是天上的，不是人間的。「以散無量百千萬億寶樹下，師子座上，諸佛」，師子座上來的都是十方諸大菩薩，來住佛位。

同時不要忘記，會中還有多寶佛塔，多寶佛在過去無量無量劫早已成佛。為了證明佛說《法華經》，還得供養多寶如來。「無量百千萬億寶樹下，師子座上，諸佛」，散七寶塔中。釋迦牟尼佛及久滅度的多寶如來，供養這兩尊佛。

「亦散一切諸大菩薩，及四部眾」，不止散佛，還有與會的大眾都普遍的供養。供佛及僧，這個僧就是菩薩僧，不是凡夫僧。這個會上沒有凡夫，沒有二乘，沒有權乘，權巧凡夫都沒有，最起碼是發了大菩提心的初住菩薩。

又雨細末栴檀沉水香等。於虛空中天鼓自鳴妙聲深遠。又雨千種天衣垂諸瓔珞真珠瓔珞摩尼珠瓔珞如意珠瓔珞徧於九方眾寶

香鑪。燒無價香自然周至供養大會一一佛上有諸菩薩執持旛蓋。次第而上至於梵天是諸菩薩以妙音聲歌無量頌讚歎諸佛。

天上的鼓音樂自己發奏自鳴，不需要人去擊。

爾時彌勒菩薩從座而起偏袒右肩合掌向佛而說偈言。

佛說希有法　昔所未曾聞　世尊有大力　壽命不可量
無數諸佛子　聞世尊分別　說得法利者　歡喜充遍身。

彌勒菩薩向佛表白，他們現在聽了法的感受。他說這個法，我以前沒聽說過。大家想想，彌勒菩薩是等覺菩薩，佛說《法華經》的時候，他以前沒有聽到這個法。客氣嗎？不會。這不是說客話的地方。為什麼？

一種說法，這是彌勒菩薩推崇法的殊勝，佛經過四十餘年之後才說《法華

經》。佛佛都如是，不止釋迦牟尼佛，演法華會上的，第一次的因緣成熟，諸法緣生，緣生諸法，緣沒成熟，佛不會說的。

佛說法是有目的的，就是某一部份人應該成就了，說是法也要有因緣。現在說《法華經》有沒有因緣呢？一樣的。無緣不生，諸法緣生，緣生諸法。不是我們心裡想，必須得有那個緣，光有因不行，因得緣生，得有助成。

第一個我們說法，不論說什麼法，你得有個地方。換句話，我們現在得有個法堂，得有個說法的地點。大家想聽，那得有個說的人；沒說的人，聽什麼？緣不成熟說不成，或者地點條件不夠，或者是有其他的因緣障礙。因此，彌勒菩薩讚歎的涵義就說，以前沒有聽過佛演說這希有之法，每個法的當機眾都如是說。像須菩提聽佛說《金剛經》，他就痛哭流涕，昔所未聞，每一法都如是。彌勒菩薩都說這個法昔所未聞。

現在我們聽到了，感覺得是昔所未聞嗎？有沒有這感覺？特別是好多在家道友進來聽一座，有沒有什麼感覺？他沒有什麼感覺，不像法華會上這些大菩

薩的感覺。現在我們與會大眾有這樣感想、感受嗎？沒有。為什麼？惑業還沒有消。我們還沒到初住位，我們發了菩提心，隨時會動搖，隨時會喪失掉，並沒有住在菩提心上。現在此會最起碼的都住在初住位，所以**彌勒菩薩讚歎佛說**這種的法，以前沒有聞過，「昔所未曾聞」。

「世尊有大力，壽命不可量」，說什麼呢？佛說無量壽法，佛從來沒有說過我這壽命無量。只有在《法華經》開始，這叫開權顯實，現在說真實的。假使說以這個問號，開權顯實，那佛以前你說法時候沒有說，是不是瞎說？是不是妄語？不是的。緣沒成。眾生沒有這個希求，聽了也等於沒聽。現在不同了，眾生的因成熟了，所以開權顯實。

「無數諸佛子，聞世尊分別」，現在與會的大眾，聽到如來分別過去無量無量的劫前，因此現在顯說。這叫顯說，開權顯實。為了令與會大眾都能夠悟入佛之知見、證入佛之知見，所以佛才開佛之知見，示給佛之知見。因此說此法的時候，所有與會大眾「歡喜充徧身」，不是小小的歡喜，而是徧滿身心的

歡喜,就是前面我們所說的一地一地的。

> 復有小千界 微塵數菩薩 餘各八生在 當得成佛道。
>
> 復有中千界 微塵數菩薩 各各皆能轉 清淨之法輪。
>
> 復有大千界 微塵數菩薩 各各皆能轉 不退之法輪。
>
> 或有大千界 微塵數菩薩 各各皆能轉 不退之法輪。
>
> 或住不退地 或得陀羅尼 或無礙樂說 萬億旋總持。

聞到佛轉法輪的時候,與會的大眾都能夠學著佛說而說,都能轉不退的法輪,都轉這個開示悟入佛知見的法輪。

「復有中千界」,前面是大千界。彌勒菩薩語,「微塵數菩薩,各各皆能轉,清淨之法輪。」前面說的是不退法輪,這個是清淨法輪。「復有小千界,微塵數菩薩,餘各八生在,當得成佛道」,八生成佛。

> 復有四三二 如此四天下 微塵諸菩薩 隨數生成佛。

或一四天下　微塵數菩薩　餘有一生在　當成一切智。
如是等眾生　聞佛壽長遠　得無量無漏　清淨之果報。

「數生」，不用八生，一二三四生就成佛了。「餘有一生在，當成一切智」，像彌勒菩薩是一生成佛，善財童子也是一生成佛。「如是等眾生，聞佛壽長遠，得無量無漏，清淨之果報。」為什麼？以前眾生認為成了佛，不過活八十歲還是照樣死，這樣來看生死的。

二乘人看佛也是入滅了，你看那些菩薩，那些證得阿羅漢果的佛弟子，佛在印度涅槃的時候，悲傷得不得了。現在佛說我沒有死，這些大菩薩聞了而生歡喜心，佛是永久住世。佛說如是甚深法的時候，聞佛的壽命是長遠的，他得了無漏智慧，知道這是清淨果報，這種妙因將來所感的妙果，沒有障礙的，是清淨的。

復有八世界　微塵數眾生　聞佛說壽命　皆發無上心。

伍、悟佛知見分 分別功德品第十七

世尊說無量　不可思議法
多有所饒益　如虛空無邊。
雨天曼陀羅　摩訶曼陀羅
釋梵如恆沙　無數佛土來。
雨栴檀沉水　繽紛而亂墜
如鳥飛空下　供散於諸佛。
天鼓虛空中　自然出妙聲
天衣千萬種　旋轉而來下
眾寶妙香鑪　燒無價之香
自然悉周遍　供養諸世尊。
其大菩薩眾　執七寶幡蓋
高妙萬億種　次第至梵天
一一諸佛前　寶幢懸勝幡。
亦以千萬偈　歌詠諸如來。
如是種種事　昔所未曾有
聞佛壽無量　一切皆歡喜。
佛名聞十方　廣饒益眾生
一切具善根　以助無上心。

以彌勒菩薩看,「復有八世界」,八個佛世界。「八世界」是指三千大千世界,在這世界當中有無窮無盡的眾生,聽到佛說佛的壽命無量的時候,「皆

247

發無上心」。以下念念偈頌就行了,不加解釋。

「如是種種事,昔所未曾有,聞佛壽無量,一切皆歡喜。佛名聞十方,廣饒益眾生,一切具善根,以助無上心。」助道法,法就是無上菩提心了。彌勒菩薩讚歎完了,這些都是供養偈。

爾時佛告彌勒菩薩摩訶薩阿逸多其有眾生聞佛壽命長遠如是乃至能生一念信解所得功德無有限量。

最後這句話,佛跟彌勒菩薩說,聽到佛的壽命長遠,他生起一念的信解。解就是明白了,信就是剛發一個信心,信、解、行、證,明白了你才去做,做了才能成。聽到佛的壽命,他這麼一念間信,這個信是從解來的,了解了之後,佛的壽命是無量的。

我們怎麼理解?沒有講《法華經》之前,先跟大家講「性空緣起」。佛

的壽命是性空的，性空的還有數字嗎？但是也是緣起的，由性空而生起緣起諸法，就叫「緣起性空」。佛壽命八十，那是有作用的，專度那一類機。

「哎！佛要入滅了，我得趕快修行，佛入滅了，沒人再照顧我了，自己得勇猛精進！」這是善巧方便。大乘經典都告訴你「性空緣起」，這個意思你早就明白了。聽到佛的壽命長遠，本來也如是，我們的壽命也如是。

性，我們所具足的自性，指一個法性，它是無障礙的。一切眾生為什麼能成佛？他本具的，本來就是佛。這是最基本的原因。我經常問道友說，你有沒有信心？說我信三寶不？信法不？把這個當成信心，不是的，是相信自己的心不？你的心跟佛，無二無別。你的心本來就是佛，所以你才能成佛。你沒信心也成不了佛，永遠也成不了，要相信自己的心。

佛的壽命無上是指性空說的，不是緣起。緣起是隨眾生的緣，緣的壽命有長有短，你看見佛活八十歲，他看佛活著無量壽。既然是佛佛道同，釋迦牟尼佛跟阿彌陀佛一樣都是無量壽，都是無量光。心要圓，如果你這樣觀想，這樣

來信解佛所說的法,你所得的功德無有限量,這就是〈分別功德品〉。聞到無量壽,你心裡沒有一點懷疑,你得到的功德也是無量,是這麼無量的。

蜜禪波羅蜜。

若有善男子善女人。為阿耨多羅三藐三菩提故。於八十萬億那由它劫行五波羅蜜檀波羅蜜尸羅波羅蜜羼提波羅蜜毘梨耶波羅

佛又對彌勒菩薩說,「若有善男子、善女人,為阿耨多羅三藐三菩提故,於八十萬億那由它劫」,「劫」是劫波,就是時分,八十萬億那由他這個時間,「行五波羅蜜」,這裡沒有說般若波羅蜜,五波羅蜜是指「檀波羅蜜、尸羅波羅蜜、羼提波羅蜜、毘梨耶波羅蜜、禪波羅蜜」。

除般若波羅蜜。以是功德比前功德百分千分百千萬億分不及其

一、乃至算數譬喻所不能知若善男子善女人有如是功德於阿耨多羅三藐三菩提退者無有是處。

為什麼不說般若波羅蜜呢？般若波羅蜜是正慧，只說五波羅蜜。以這個功德比聞到佛說無量壽的功德，「百分、千分、百千萬億分、不及其一」，沒有前面說無量壽佛的功德大，拿這個來比喻。

「乃至算數譬喻所不能知」，前面講，只是聞到這個法，就進到初住、初行、初向。三賢，就是住、行、向。從初地到十地，叫十聖。一個是從外邊來的，一個是自己產生的。這個產生就是般若波羅蜜產生，智慧所產生，因此只說五度，沒說六度。你得信解才有智慧，從你內心而得到的。這個功德所得到的是不退的，我們的功德是進進退退，時而得到，時而又失掉；這個功德是不退的，我們所得到的功德是會退的。我們修道也是，功德也如是，因為你有煩惱障、所知障，有緣就進了。緣具則行，緣不具就散了。

爾時世尊欲重宣此義而說偈言。

佛為了講這道理，再重演說一遍。世尊自己用偈頌再跟大會說，彌勒菩薩是代表。佛說法並不是專對彌勒菩薩說的，彌勒請求是替大眾請求，是代表的，其實他已經了解了。有些菩薩為了利益眾生而請法、說法、問答，不是他本人。

若人求佛慧　於八十萬億　那由它劫數　行五波羅蜜。
於是諸劫中　布施供養佛　及緣覺弟子　并諸菩薩眾
珍異之飲食　上服與臥具　栴檀立精舍　以園林莊嚴。

「於是諸劫中，布施供養佛，及緣覺弟子，并諸菩薩眾。」當然供養佛就及僧，或者聲聞緣覺的弟子，乃至於佛身邊的菩薩大眾。供養什麼呢？珍寶、

飲食、衣服、臥具，乃至拿栴檀立的精舍、住宅，或以園林莊嚴。

如是等布施　種種皆微妙　盡此諸劫數　以回向佛道

供養佛這些東西，回向成佛。這是第一個布施，下面是持戒。

若復持禁戒　清淨無缺漏　求於無上道　諸佛之所歎

若復行忍辱　住於調柔地　設眾惡來加　其心不傾動

諸有得法者　懷於增上慢　為斯所輕惱　如是亦能忍

「若復持禁戒，清淨無缺漏」，從來一點都沒有犯過，「求於無上道，諸佛之所歎」，這種是諸佛所讚歎的、清淨的，這是布施持戒。

「若復行忍辱，住於調柔地」，調他的身心，住在忍辱地上，柔和的。

若復勤精進　志念常堅固　於無量億劫　一心不懈息
又於無數劫　住於空閒處　若坐若經行　除睡常攝心
以是因緣故　能生諸禪定　八十億萬劫　安住心不亂
持此一心福　願求無上道

「若復勤精進，志念常堅固，於無量億劫，一心不懈息。」精進不懈，這得有點區別的。凡夫的身就是我們的肉體，不是像那些大菩薩，他們有堅固的願力心、總持心，他能堅持的。我們凡夫的心，有時候你的身心不能二十四小時不懈，總得要休息，有睡眠，有進飲食的時間。但是地上的菩薩，他是精進的沒有這些干擾，得各種陀羅尼，或總持一切法的時候，以他那個不懈怠，那

「設眾惡來加，其心不傾動。諸有得法者，懷於增上慢，為斯所輕惱，如是亦能忍。」這是忍辱度，都能忍辱。

是真正的不懈怠，一心不懈怠。「又於無數劫，住於空閒處，若坐若經行，除睡常攝心」，就是任何時，他那心不散亂，絕不放逸。

我們這一天的心，念三寶的心，跟念世間相的心，生起無量心，不能攝心。所以成道就困難得多。若能夠常時攝心，不管你做什麼，穿衣吃飯，一切任何行動，心不隨相轉，這才叫真精進。我們的心是作什麼轉，作什麼隨什麼轉。你可以比照菩薩他們的心。

「以是因緣故，能生諸禪定，八十億萬劫，安住心不亂。」八十億萬劫，心在那地方不動，安住心不亂。「持此一心福，願求無上道」，這個功德可大了，這是佛。我們不說八十億萬劫，連八十個小時都辦不到。這就是我們自己跟佛所教授的，你一比就顯出來，為什麼我們降伏障礙、降伏魔難，效果不大呢？因為不能一心。我們的心常動亂，不是八十億萬劫，八十個小時都辦不到。若能達到一心不亂，心不隨外境轉，永遠安住不動。

《楞嚴經》上講心能轉境，遇著任何環境，我們自己的心能轉境，不被境

轉。遇著什麼事情，本來要生煩惱的，人家罵我，你的心不動，就像沒聽見一樣的。八十億萬劫、八十天、八十小時，自己檢驗自己的功力，到了能安住心不亂的時候，就這個一心求佛道，成佛了。

我得一切智　盡諸禪定際　是人於百千　萬億劫數中
行此諸功德　如上之所說　有善男女等　聞我說壽命
乃至一念信　其福過於彼。

佛又跟彌勒菩薩說。「我得一切智」，說我成了一切智慧，「盡諸禪定際」，這個定是沒有時間的，沒有邊際的。「是人於百千，萬億劫數中，行此諸功德，如上之所說。」現在要求我們做什麼？一個信，一個解，不是要求像佛一樣的，那不可能。說你相信佛所說的話，理解到佛所說的話是真實的，不生懷疑，沒有二念，就這個功德已經不可思議。

如上所說的，信、解，能夠達到這個信，佛說的話沒有一點點懷疑，信了。了解到了，決定如是，佛是真實語。「有善男女等，聞我說壽命，乃至一念信，其福過於彼。」一念信，佛說無量壽，我毫無懷疑。你怎麼能堅定這信呢？知道性空，你的信就堅定了。

佛的法身是性空，佛的化身是緣起；化身有生滅，佛的法身沒生滅。佛是三身一體，法身即是化身，化身即是法身，你如是信解，絕不懷疑，這個功德就大了。能夠相信自己的法身，相信自己的法身跟佛的法身無二無別，這也是信，但不是證得。「有善男女等，聞我說壽命，乃至一念信，其福過於彼。」不是求功德嗎？求福報嗎？一念一信，那你的福報無量。

若人悉無有　一切諸疑悔　深心須臾信　其福為如此。

其有諸菩薩　無量劫行道　聞我說壽命　是則能信受

如是諸人等　頂受此經典　願我於未來　長壽度眾生

伍、悟佛知見分　分別功德品第十七

257

如今日世尊　諸釋中之王　道場師子吼　說法無所畏
我等未來世　一切所尊敬　坐於道場時　說壽亦如是。

「若人悉無有，一切諸疑悔，深心須臾信，其福爲如此。」若是有這樣的眾生，他對佛所說的一切法都沒有懷疑，就這麼一念的深信心，他的福德就大了，不可思議。「其有諸菩薩，無量劫行道，聞我說壽命，是則能信受。」信受佛說壽命無量的眾生，那得行無量劫修菩薩道，他才不懷疑。

「如是諸人等，頂受此經典，願我於未來，長壽度眾生。」相信佛永遠在度眾生，從來沒入滅。「如今日世尊，諸釋中之王，道場師子吼，說法無所畏。我等未來世，一切所尊敬，坐於道場時，說壽亦如是。」哪個成佛之後，他的壽命都是這樣的。

若有深心者　清淨而質直　多聞能總持　隨義解佛語

如是之人等　於此無有疑。

「質直」就是沒有彎曲，「直」是沒有彎曲，「質」是指他的心地。「多聞能總持，隨義解佛語，如是之人等，於此無有疑。」聽到佛的壽命無量，絕不懷疑。佛對阿逸多所說的意思，是使眾生不要懷疑，聞到無量壽的法，不懷疑的功德是無量的。

又阿逸多。若有聞佛壽命長遠解其言趣是人所得功德無有限量。能起如來無上之慧。何況廣聞是經若教人聞若自持若教人持若自書若教人書若以華香瓔珞幢幡繒蓋香油酥燈供養經卷是人功德無量無邊能生一切種智。

佛又跟彌勒菩薩說，「若有聞佛壽命長遠」，理解佛說壽命長遠的意義、

趣向,這個人的功德沒有限量。「能起如來無上之慧」,漸漸增長佛的智慧。「何況廣聞是經」,不只聽〈如來壽量品〉,還廣聞全部的經論。「若教人聞」,教別人也都能聽到《妙法蓮華經》。「若自持、若教人持」,自己受持《法華經》,教一切眾生都來受持《法華經》。

「若自書、若教人書、若以華、香、瓔珞、幢旛、繒蓋、香油、酥燈,供養經卷。」供養《法華經》的,「是人功德,無量無邊,能生一切種智。」這是說法。若是有人或者拿香,或者拿華、幢旛寶蓋一切供具,供養經書,供養《法華經》,功德無量,能生起如來的智慧。

阿逸多若善男子善女人聞我說壽命長遠深心信解則為見佛常在耆闍崛山共大菩薩諸聲聞眾圍繞說法。

「耆闍崛山」,就是靈鷲山,因為佛常在靈鷲山說法華。

又見此娑婆世界其地琉璃坦然平正閻浮檀金以界八道寶樹行列諸臺樓觀皆悉寶成其菩薩眾咸處其中若有能如是觀者當知是為深信解相。

看娑婆世界跟極樂世界是一樣的，琉璃為地，金色世界，這是觀。你以佛眼看一切都是佛境界，以凡夫眼看，就是凡夫境界。但是這個不是見慧，而是思慧，以你思慧的力量來這樣認識。

又復如來滅後若聞是經而不毀呰起隨喜心當知已為深信解相。何況讀誦受持之者斯人則為頂戴如來。

佛又跟彌勒菩薩說，在如來涅槃之後，「若聞是經，而不毀呰，起隨喜心，當知已為深信解相。」什麼是深信解相呢？不謗毀、讚歡隨喜。佛又說回

伍、悟佛知見分 分別功德品第十七

261

復現實了，在佛滅度之後，聽到《妙法蓮華經》還能不謗，能夠歡喜、能夠讚歎，這叫信解相。就我們現在吧！佛滅後了，然後能在這裡講，大家還能共同學習，這就是受持。

「斯人則為頂戴如來」，「頂戴如來」就是把佛頂在頭上，這樣才能信得《法華經》，佛讚歎信《法華經》的功德，只是說信，還沒要求我們解、解之後修，修完了證。有些功德是得解行，理解了去做才有功德相。《法華經》不如是，你信就行，但是這只是功德，不是成就。佛又說，這都不容易。

阿逸多是善男子善女人不須為我復起塔寺及作僧坊以四事供養眾僧所以者何。

不必再修塔修廟，也不要作僧坊，頂戴《法華經》就好了。「以四事供養眾僧」，都不需要了。

是善男子善女人。受持讀誦是經典者爲已起塔。造立僧坊供養眾僧則爲以佛舍利起七寶塔。

「是善男子、善女人」，只要能讀誦受持是經典者，只要能讀誦《法華經》，就是起塔、建僧坊，也就是「供養眾僧」。「則爲以佛舍利，起七寶塔」，《法華經》即是塔。佛說的，要這樣的尊重《法華經》。

高廣漸小至於梵天懸諸幡蓋及眾寶鈴華香瓔珞末香塗香燒香眾鼓技樂簫笛箜篌種種舞戲以妙音聲歌唄讚頌則爲於無量千萬億劫作是供養已。

這只是說供養《法華經》。假使做這些供養，供養三寶、供養塔廟，都不如供養《法華經》的功德大，因此供養《法華經》就可以。

阿逸多。若我滅後聞是經典有能受持若自書若教人書。則為起立僧坊以赤栴檀作諸殿堂三十有二高八多羅樹高廣嚴好百千比丘於其中止園林浴池經行禪窟衣服飲食牀褥湯藥一切樂具充滿其中。如是僧坊堂閣若干百千萬億其數無量以此現前供養於我及比丘僧是故我說如來滅後若有受持讀誦為他人說若自書若教人書供養經卷不須復起塔寺及造僧坊供養眾僧

「阿逸多，若我滅後」，說我不在世了，「聞是經典」，就是聞到《法華經》，能夠受持、能夠書寫，乃至教人書寫，應當給他起立僧坊。現在給我起的僧坊，不論供養如何莊嚴，都不如在後世的時候供養《法華經》，因此不需要起塔寺，不需要造僧坊，也不需要供養眾僧，供養《法華經》，功德就夠了。

況復有人能持是經兼行布施持戒忍辱精進一心智慧其德最勝。

264

無量無邊。譬如虛空東西南北。四維上下無量無邊是人功德亦復如是無量無邊疾至一切種智。

「況復有人能持是經」，「持」就是受持、讀誦、禮拜、供養，「兼行布施、持戒、忍辱、精進、一心、智慧」。「一心」就代表禪定，把禪定說成一心。一邊誦經，一邊還要作布施，還能夠持戒忍辱精進心，還修般若波羅蜜，這個功德就更殊勝了。

「無量無邊，譬如虛空，東西南北，四維上下，無量無邊，是人功德，亦復如是無量無邊，疾至一切種智。」虛空還有量嗎？無量，無有邊。這個人供養《法華經》的功德也是無量無邊，能夠成佛。「疾至一切種智」，很快就成佛。所以佛給讀誦《法華經》的授記，凡是讀誦《法華經》的都能成佛，佛都給他授記了。

若人讀誦受持是經爲他人說若自書若教人書復能起塔及造僧

坊。供養讚歎聲聞眾僧亦以百千萬億讚歎之法。讚歎菩薩功德又為他人種種因緣隨義解說此法華經復能清淨持戒與柔和者而共同止忍辱無瞋志念堅固常貴坐禪得諸深定精進勇猛攝諸善法利根智慧善答問難。

「若人讀誦受持是經，為他人說」，不但自己讀誦，還給別人說，讓別人也讀誦。佛說，不但受持此《法華經》，還要去起塔供僧，還作兼餘的六度菩薩行，這樣的人是不可思議的。因為讀誦此經為他人說，還叫別人也都能說，化度別人。

阿逸多若我滅後諸善男子善女人受持讀誦是經典者復有如是諸善功德當知是人已趨道場近阿耨多羅三藐三菩提坐道樹下。

不但讀誦此經，還能作其他很多的功德。「當知是人，已趨道場」，他成

佛很近了。「近阿耨多羅三藐三菩提，坐道樹下」，也就是說很快成佛。

阿逸多是善男子善女人若坐若立若經行處此中便應起塔一切天人皆應供養如佛之塔爾時世尊欲重宣此義而說偈言。

「如佛之塔」，跟佛無別，這是讚歎的意思。佛還沒有說完，世尊欲重宣此義，佛感覺著還沒有說完，用偈頌重頌一遍。

若我滅度後　能奉持此經　斯人福無量　如上之所說。
是則為具足　一切諸供養　以舍利起塔　七寶而莊嚴
表剎甚高廣　漸小至梵天　寶鈴千萬億　風動出妙音。
又於無量劫　而供養此塔　華香諸瓔珞　天衣眾伎樂
然香油酥燈　周帀常照明。　惡世法末時　能持是經者

則為已如上　具足諸供養。

上面已經說了，這個人的福報無量。到了佛滅度的末法時候，你能在佛前念誦《法華經》念一遍，或者念其中幾品，我們受持〈普門品〉的很多吧！在此經的第二十五品，讀《法華經》，等於具足一切供養。

若能持此經　則如佛現在
以牛頭栴檀　起僧坊供養
堂有三十二　高八多羅樹
上饌妙衣服　牀臥皆具足
百千眾住處　園林諸浴池
經行及禪窟　種種皆嚴好。
若有信解心　受持讀誦書
若復教人書　及供養經卷
散華香末香　以須曼蒼蔔
阿提目多伽　熏油常然之。
如是供養者　得無量功德
如虛空無邊　其福亦如是。
況復持此經　兼布施持戒
忍辱樂禪定　不瞋不惡口

268

伍、悟佛知見分　分別功德品第十七

恭敬於塔廟　謙下諸比丘　遠離自高心　常思惟智慧
有問難不瞋　隨順為解說　若能行是行　功德不可量
若見此法師　成就如是德　應以天華散　天衣覆其身
頭面接足禮　生心如佛想　又應作是念　不久詣道場
得無漏無為　廣利諸人天　其所住止處　經行若坐臥
乃至說一偈　是中應起塔　莊嚴令妙好　種種以供養
佛子住此地　則是佛受用　常在於其中　經行及坐臥

「若能持此經，則如佛現在。」你受持《法華經》的時間，就是佛在世，「則如佛現在」。「有問難不瞋」，不論人家問你什麼問題，不管能答覆不能答覆，不要發瞋恨心。不要因為人家問的不對，生起煩惱，生起瞋恨心，這是不對的，應該隨順眾生給他解說。如果若能這樣做，「若能行是行，功德不

「可量」，這樣就是隨順分別的功德。

隨喜功德品第十八

這品講隨喜的功德。「隨者，隨順事理，無二無別。喜是慶己慶人，聞深奧法。」聽到人家誦經，聽見人家講經，你也沒去聽而是隨人聽經的功德。隨喜聽受的功德很大、很不可思議，隨順歡喜別人的讀誦《法華經》。

別人說《法華經》，你不是反對而且讚歎隨喜。因為我沒有時間去聽，自己沒去，就發一個歡喜心，隨喜心。這個隨喜，大概我們都能做到的，但是有些人不隨喜。或者你見人家在那裡說《法華經》，或聽人家在那裡誦《法華經》，你感覺到歡喜，那是誦《法華經》，這叫隨喜。

還有一種呢？聞到《法華經》，你也參加來聽，聞《法華經》，這叫特

別隨喜；或者聞著大小二乘法，一切法，你都有個隨喜心，那不是專指《法華經》。其他的經論，大乘也好，小乘也好，人家說法，你都讚歎隨喜；但你本人沒有參加，就是一個隨喜的功德。這類的功德，佛也來讚歎、解說。彌勒菩薩摩訶薩向佛又請示，佛才向他說〈隨喜功德品〉。怎麼請示呢？

爾時彌勒菩薩摩訶薩白佛言世尊。若有善男子善女人。聞是法華經隨喜者得幾所福而說偈言。

世尊滅度後　其有聞是經　若能隨喜者　為得幾所福。

若是有善男子、善女人，或者男的女的，他聞此《法華經》，只是隨喜，他也不聽也沒有參加學習，這樣他的福德大小呢？復又請佛說，善男子、善女人，聽到人家講《法華經》他隨喜，那得幾得福德，有好多？又在世尊滅度後，若有聞到《法華經》，只是隨喜，他不參加，有沒有福德？福德有好大？

爾時佛告彌勒菩薩摩訶薩阿逸多。如來滅後若比丘比丘尼優婆塞優婆夷。及餘智者若長若幼聞是經隨喜已從法會出至於餘處。若在僧坊若空閒地若城邑巷陌聚落田里如其所聞。

「佛告彌勒菩薩摩訶薩，阿逸多，如來滅後，若比丘、比丘尼、優婆塞、優婆夷」，及其餘有智慧的人，年紀大的也好，年紀小的也好，「若長若幼」。聞聽說《法華經》，他就隨喜，乃至於從法會到別處、在僧坊、在空地、在城邑、在巷陌、在聚落，在田地裡頭，「如其所聞」，他自己聽到的

為父母宗親善知識隨力演說是諸人等聞已隨喜復行轉教餘人聞已亦隨喜轉教如是展轉至第五十。

「隨力演說」，他也向人家說，「是諸人等，聞已隨喜」，若有這麼個人

阿逸多其第五十善男子善女人隨喜功德我今說之汝當善聽。

他聽到的，已經轉傳了五十次，佛就跟阿逸多說，就說第五十個聽到《法華經》的，他的隨喜功德，我說一說，「汝當善聽」。

若四百萬億阿僧祇世界六趣四生眾生卵生胎生濕生化生若有形無形有想無想非有想非無想無足二足四足多足。如是等在眾

在法會當中，聽了《法華經》，到了城邑巷陌聚落，人多之處，把他所聽到的給那些人講，「為父母、宗親、善友、知識，隨力演說」，那些人聽到隨喜，「聞已隨喜」。這隨喜的又去轉教，「復行轉教」，其餘的人又為這轉教人，隨喜他轉的因緣。「如是展轉，至第五十」，聽了《法華經》一轉二轉，轉到第五十遍。

生數者有人求福隨其所欲娛樂之具皆給予之。

這是校量，先講布施，有這麼一個人，隨順眾生布施很多樂具給這些眾生，六趣四生眾生。

一一眾生予滿閻浮提金銀琉璃硨磲碼碯珊瑚琥珀諸妙珍寶及象。馬車乘七寶所成宮殿樓閣等是大施主如是布施滿八十年已而作是念。

這位大施主的布施很多，是大施主，不是一時的供養，而是常時的捨。布施滿八十年已，永遠不斷的捨，布施滿八十年。他作這樣想法，「而作是念」，就是他的思惟、他的想法。

我已施眾生娛樂之具隨意所欲然此眾生皆已衰老年過八十髮白面皺將死不久我當以佛法而訓導之。

「我已施眾生娛樂之具，隨意所欲」，願眾生隨他們的心裡所歡喜，「然此眾生，皆已衰老」，經過好多年，過了八十了。年過八十不老嗎？「髮白、面皺，將死不久」，過了八十歲就跟死亡接近了。

「將死不久，我當以佛法而訓導之」，給了這麼多的樂具，這不能了脫生死，對他的幫助不大；應該以佛法來訓導，教他們進入佛法。

即集此眾生宣佈法化示教利喜一時皆得須陀洹道斯陀含道阿那含道阿羅漢道盡諸有漏於深禪定皆得自在具八解脫。

「即集此眾生，宣佈法化，示教利喜」，就這一說法，一時皆得須陀洹

伍、悟佛知見分 隨喜功德品第十八

275

道，成了初果聖人。斯陀含二果，阿那含三果，阿羅漢四果，四果盡諸有漏，「於深禪定，皆得自在，具八解脫」。

於汝意云何是大施主所得功德甯為多否。彌勒白佛言世尊是人功德甚多無量無邊若是施主但施眾生一切樂具功德無量何況令得阿羅漢果。

佛說，假使有這麼一個人，布施閻浮提眾生各種的樂具，乃至於金銀財寶、樓閣，最後把這些人都度成了，得了初果、二果、三果、四果而且成道，這個功德大不大？佛舉這個例子來告訴彌勒菩薩，彌勒菩薩感覺這個功德很大，不止財物，而且能夠度這些人成阿羅漢、了生死。

佛告彌勒。我今分明語汝是人以一切樂具施於四百萬億阿僧祇

世界六趣眾生又令得阿羅漢果所得功德。不如是第五十人聞法華經一偈。隨喜功德百分千分百千萬億分不及其一乃至算數譬喻所不能知阿逸多如是第五十人。展轉聞法華經隨喜功德尚無量無邊阿僧祇。何況最初於會中聞而隨喜者其福復勝無量無邊阿僧祇不可得比。

「佛告彌勒」，我現在「分明語汝」，說這位大施主，一切樂具布施給四百萬億阿僧祇世界六趣眾生，最後還度他們，讓他們證得阿羅漢果，這功德是大，佛也認承這是大的。但是不如第五十個人聞到《法華經》一偈的隨喜功德。

拿以前功德跟聞《法華經》的相比，聞《法華經》不是直接的聽聞，而是相傳到最後第五十個人，他聽到《法華經》的隨喜功德。這只是隨喜，並沒有深入，他也明了在法華會上，聽人家傳說，傳到第五十個人，他的福德聞

伍、悟佛知見分 隨喜功德品第十八

到《法華經》的福德，都比這個世俗的福德大，這是不可為比的。聞《法華經》的功德特別微妙，為什麼《法華經》上加一個「妙」，《妙法蓮華經》，「妙」字的涵義很深的。佛跟彌勒菩薩說，不只這個，這個比喻還不夠。

又阿逸多。若人為是經故。往詣僧坊若坐若立須臾聽受緣是功德。轉身所生得好上妙象馬車乘珍寶輦輿及乘天宮。

「又阿逸多」，佛又跟彌勒菩薩說，「若人為是經故」，有那麼一個人，假使為《法華經》到了僧人住的地方，或者是坐，或者是立。「須臾聽受」，「須臾」的時間很短，就是這麼個很短的時間，聽了《法華經》，義理當然不知道，只是聽一聽。就以這個功德，他這個報身捨掉再轉為人，他感得的果報很大，也就是聞了《法華經》的果報。

所有的車乘，那時候沒有汽車，佛沒有坐汽車，「象、馬、車乘、珍寶輦

若復有人於講法處坐。更有人來勸令坐聽。若分座令坐是人功德。轉身得帝釋坐處若梵王坐處若轉輪聖王所坐之處。

「若復有人，於講法處坐」，聽到人家講《法華經》，他在這個座上坐一下，聽《法華經》。後頭又有個人來，他就勸人坐下來聽，「勸令坐聽」，或者把自己的座，分給他一點讓他坐，「分座令坐」。

就這麼一個功德，別的沒做甚麼。到他這個身捨掉，再得的身，就得到玉皇大帝的座，也就是我們人間所說的帝釋天的坐處。就這麼一點點功德，在我們人間上看，這是很小。「你來聽吧！」你讓一個地方給人坐，這是一種。還不只此，十八梵天的坐處，或者轉輪聖王所坐之處。

」，什麼都有！這些文字，大家隨著義理想一想，主要是顯聞到《法華經》的功德。

功德沒完沒盡的。

阿逸多若復有人語餘人言有經名法華可共往聽即受其教乃至須臾間聞是人功德轉身得與陀羅尼菩薩共生一處利根智慧百千萬世終不瘖瘂口氣不臭舌常無病口亦無病齒不垢黑不黃不疏亦不缺落不差不曲脣不下垂亦不褰縮不粗澀不瘡胗亦不缺壞亦不喎斜不厚不大。

「餘人」，不是在法華座上說的。向不知道《法華經》的人給他說，有一部經名《法華》。跟他說這個名字，說有一部經名《法華》。現在有人講，你跟我一塊去聽聽吧！那個人就隨喜跟他來了，到這兒來了坐不住，須臾頃，一坐下來或者聽聽，或者沒聽。

「須臾間聞」，就這麼須臾間聞的功德。「轉身」就是再轉身，可能跟到

總持菩薩共生這一處,可以遇到總持菩薩,「陀羅尼」就總持的意思,行菩薩道菩薩,共生在一處。他這個福德、功德智慧就大了。

「利根智慧」,以這麼一個因緣,經過百千萬輩子都不瘖瘂,「口氣不臭」,舌根非常微妙,「舌常無病」,口也沒病。這個道理很簡單,只是聞《法華經》,就感到有這麼個殊勝果報。相貌圓滿,人人都想要六根全具,誰也不願意長得很醜。現在有鑲牙的,過去沒鑲牙的,牙齒都掉了,說話漏風,說不清楚。總總樣樣怪毛病都沒有!

每個人都喜歡相貌莊嚴,誰也不願意醜陋,就這麼一個功德感應的。牙齒永遠不黑不垢不黃,牙齒周密,不疏落,不缺短,也不彎曲,嘴唇也不下垂,不褰縮,不粗澀,不瘡胗,胗是長著滿病斑胗,身上長著那些。沒有這些毛病,也不缺壞,也不㖿斜,「不厚、不大」,這都是形容詞。

亦不黧黑無諸可惡鼻不匾㔸亦不曲戾面色不黑亦不狹長亦

不窊曲。無有一切不可喜相脣舌牙齒悉皆嚴好鼻修高直面貌圓滿眉高而長額廣平正人相具足世世所生見佛聞法信受教誨。

蹋鼻子多難看！你聞著《法華經》，現在六根非常圓滿的，總的說就這樣，誰見了你都歡喜。長得一副令人喜歡的相，嘴脣牙齒都圓好的。鼻子修直不匾蹋，不歪曲，總而言之，面貌很圓滿，眉高而長，不是掃帚眉也不是很短的。形容能夠見了佛、聞到《法華經》，得到六根沒有缺陷。

阿逸多汝且觀是勸於一人令往聽法功德如此何況一心聽說讀誦而於大眾為人分別如說修行。

「阿逸多，汝且觀是」，說你想想這個問題，就是勸一個人到那裡聽聽《法華經》，就感到這麼多的功德。假使一心去聽，或者自己讀誦，你說那個

爾時世尊欲重宣此義而說偈言。

若人於法會　得聞是經典　乃至於一偈　隨喜為他說
如是展轉教　至於第五十　最後人獲福　今當分別之

「爾時世尊欲重宣此義」，再重說一遍，不加解說了。「若人於法會，得聞是經典，乃至於一偈」，沒有聽全，只聽一偈，也就是四句話。「隨喜為他說，如是展轉教，至於第五十」，傳到第五十個人，一次一次的。「最後人獲福」，最後那個人所得的福報。「今當分別之」，今當分別說，前面都說過。

如有大施主　供給無量眾　具滿八十歲　隨意之所欲

見彼衰老相　髮白而面皺　齒疏形枯竭　念其死不久
我今應當教　令得於道果　即爲方便說　涅槃眞實法
世皆不牢固　如水沫泡燄　汝等咸應當　疾生厭離心。

「念其死不久」，就是快死了。「我今應當教，令得於道果，即爲方便說，涅槃眞實法，世皆不牢固，如水沫泡燄。」說這個世界就像水上泡沫一樣的，像陽燄一樣的。「汝等咸應當，疾生厭離」，對這個世間一切相，你有什麼貪著的？不要貪著。生厭離心可不要慢，要快一點生，「疾生厭離心」。

諸人聞是法　皆得阿羅漢　具足六神通　三明八解脫。
最後第五十　聞一偈隨喜　是人福勝彼　不可爲譬喩。
如是展轉聞　其福尚無量　何況於法會　初聞隨喜者。

「諸人聞是法，皆得阿羅漢」，有這麼一個人這樣說法，那些人聞到了就證得阿羅漢果。一證得阿羅漢果，「具足六神通，三明八解脫。最後第五十，聞一偈隨喜。」聞到《法華經》展轉相傳到第五十個人，聞到《法華經》一偈四句，他就隨喜。隨喜就是讚歎、不反對。「是人福勝彼，不可為譬喻」，說那聞法的第五十個人，都比前面證阿羅漢果的人功德大，展轉聞來的福德尚且這樣無量，若親自參加法會聽到隨喜的功德就更大。

若有勸一人　將引聽法華　言此經深妙　千萬劫難遇
即受教往聽　乃至須臾聞　斯人之福報　今當分別說。

說這《法華經》，千萬劫你都遇不到，你跟我去聽聽吧！「即受教往聽，乃至須臾聞」，這個人就跟他去聽聽了，須臾之間聽聽就走了。就是這麼一個聽聽就走的福報，「斯人之福報，今當分別說」。

世世無口患　齒不疏黃黑　唇不厚褰缺　無有可惡相
舌不乾黑短　鼻高修且直　額廣而平正　面目悉端嚴
為人所喜見　口氣無臭穢　優鉢華之香　常從其口出。

「世世無口患，齒不疏黃黑，唇不厚褰缺」，牙齒好，唇也不厚缺，嘴唇也好，牙也好，沒有可惡的相，相貌長得很圓滿。舌也不乾也不短也不黑，鼻子高大，也不踢也不歪，額頭平正寬廣，面目端嚴，誰見了都生歡喜，口裡說話沒有臭味。

這個大家可能感覺到吧！有人跟你說話，離老遠也就聞到那個味道，使你心中翻胃噁心。我不曉得大家有感覺沒有？我自己經常聞到。為什麼？我們四面八方的道友，也不一定都是吃素的，不是說坐在你跟前，人家來請法的，又不好說的。親近法師，法師嫌他口臭不理人家，行嗎？不行。但是，你聞到那個就很噁心。這類，可能每人都知道。但是我們三寶弟子可能沒有，在家二眾

還是不行。

出家二眾的飲食生活條件，大家是一樣的。在家的什麼都吃，口裡味道非常之大，或者他前生沒聽到過《法華經》，不然就不會有那麼大的味道。聽了《法華經》的沒有，就是我們現在的聽了《法華經》沒有！那麼講《法華經》的呢？如果大家跟人講，那個利益跟這個利益就完全不一樣。有些人不但不臭，而且是香的，能夠聞到蓮華香，他口裡頭一發言就是蓮華香。大家知道蓮華香，就是普通華的香，幽香的，不是苦惱的。

若故詣僧坊　欲聽法華經　須臾聞歡喜　今當說其福。

後生天人中　得妙象馬車　珍寶之輦輿　及乘天宮殿。

若於講法處　勸人坐聽經　是福因緣得　釋梵轉輪座。

何況一心聽　解說其義趣　如說而修行　其福不可限。

「若故詣僧坊，欲聽法華經，須臾之間聞到一句、兩句，就是這一個福報。以後生到天人之中，得到很多的妙象、寶馬，很好的寶車，「珍寶之輦輿」，還得到諸天的宮殿。

「若於講法處，勸人坐聽經」，我們在這講法！進來一個人，你勸他坐你旁邊聽，就有這麼一個功德，「是福因緣得」，得到什麼呢？「釋梵轉輪座」，將來他坐到玉皇大帝那個寶座上，讓半座與人。「何況一心聽」，坐這一心來聽講，還能夠明白他的義，明白他的趣向，「解說其義趣」，還把《法華經》的道理，他的目的、他的趣向跟你說。

「如說而修行，其福不可限」，照著《法華經》說的道理，佛怎麼教授、就怎麼做。這個福德呢？不可量。這是隨喜，不是真正自己去聽，隨喜隨喜，就是你不反對。聽人家講《法華經》你不反對，沒說讚歎的語言，光說隨喜。

法師功德品第十九

以下講法師的功德。「法師」,不要認為非得是講《法華經》的法師,「法師」怎麼解釋呢?以法或經為師,寬廣一點,以法為師。我聽《法華經》,我的師父就是《法華經》。我一天念《法華經》、持《法華經》,乃至讀誦,那你再跟別人解說,你的六根非常清淨,生生世世六根清淨。

這一品的當機眾是常精進菩薩。佛給常精進菩薩說,有五種法師,說他們的功德相。這五種法師的功德,感到是六根清淨,多數講六根清淨。前頭講功德或是勸流通,這一品的功德是勸你給人解說。能解說的給人解說,不能給人解說的,以《法華經》這個法為你的師父。這是這一品〈法師功德品〉的大意。

爾時佛告常精進菩薩摩訶薩若善男子善女人受持是法華經若讀若誦若解說若書寫是人當得八百眼功德千二百耳功德八百鼻功德千二百舌功德八百身功德千二百意功德以是功德莊嚴

六根皆令清淨。

當機眾常精進菩薩，凡是讀《法華經》就是不懈怠。「若善男子、善女人，受持是法華經。」「受」是領納，持之不捨，領受了之後保持它，不要丟掉，不要把它放下，「持」是不放下的意思。

「若讀、若誦、若解說、若書寫」，受持、讀、誦、解說、書寫，這五種法師，平等平等的，你得到好多功德呢？那功德可就大了。以下一個一個說。

八百眼功德，眼、耳、鼻、舌、身，都得到功德。眼能到八百功德，耳根能得到一千二百耳根功德，鼻根能得到八百鼻功德，舌根得到一千二百舌功德，身根得到八百身功德，意根得到一千二百意功德，依著這些功德來莊嚴你的六根，眼、耳、鼻、舌、身、意。這叫什麼？六根清淨。到了菩薩位的六根清淨，你修多少大劫都不容易得到。若是誦《法華經》、讀《法華經》，你都得到了。

佛的慈悲涵義，是讓一切眾生聞到《法華經》這個名號，身心毛孔都悚然，完了是持之不捨。一天的誦持，你就得到這些功德。誦持就是修行，解說也是修行，行菩薩道，誦持解說。假使你在誦《法華經》的時候，你心裡想，想就是願。你別認為你在這裡坐著，一個人都沒有！你可不知道鬼、神、天龍八部，乃至於初發意的菩薩，你身邊天龍八部人多得很，都在這裡聽你誦《法華經》。這也是一種解說。

當你讀誦大乘經典，當你修行的時候，法堂裡頭沒有人，就你一個人，那時候有無窮無盡的眾生來聽你讀誦《法華經》，這是你的肉眼見不到。見到呢？見到嚇得你不敢讀了，奇形怪象什麼都有，所以他不能讓你見到。大菩薩能見到，這是額外的，經上沒有這樣說，我加以註解。

讀誦大乘、受三歸五戒，受五戒就有二十五位護法神，你讀誦大乘，那就多了。你讀誦哪一部經，哪部經都有無量的護法神。當你讀的時候他們都來了，你看不見的，這是附帶跟大家講的。

當你一念經的時候，感覺身上發熱，本來外頭天氣並不熱！但你自己感覺發熱，那就是有了大力鬼神來聽你念經，所以他影響到你感覺熱，或者無緣無故的發寒冷，當你念經心裡頭打顫有恐怖感，那不是一般的，是大菩薩來了加持你。說你念經念得非常殊勝高興，那是你的本尊來加持你，你會有很多的感覺。這個附帶跟大家解釋，這叫密。密宗！密宗！這叫密。有一半不跟你說，如果完全不跟你說，你就不知道了。你看我們道友，他一念經的時候，人家都沒熱，他熱了，他想脫衣服，我就告訴他，「不要脫！這個熱一會兒就沒有了！」這就是感到的功德。

是善男子善女人父母所生清淨肉眼。見於三千大千世界內外所有山林河海下至阿鼻地獄上至有頂亦見其中一切眾生及業因緣果報生處悉見悉知。

我們現在父母所生的是肉眼,沒有生天眼也沒得到佛眼。《金剛經》五眼圓明,就是這個意思。父母所生的肉眼都能看見,三千大千世界內外所有的山林河海;乃至於他看見阿鼻地獄,上至有頂天,其中一切眾生造業受報,善的善業、惡的惡業,各種因緣。現在這個眼睛都看得清清楚楚,看到造業受果下地獄,或者生天,「悉見悉知」,這就是誦《法華經》功德,能見到這些境界相。

爾時世尊欲重宣此義而說偈言。

若於大眾中　以無所畏心　說是法華經　汝聽其功德。

是人得八百　功德殊勝眼　以是莊嚴故　其目甚清淨。

父母所生眼　悉見三千界　內外彌樓山　須彌及鐵圍

并諸餘山林　大海江河水　下至阿鼻獄　上至有頂處

其中諸眾生　一切皆悉見。雖未得天眼　肉眼力如是。

偈頌是說長行,長行沒有幾句話,偈頌說得很多,就再加以解釋。「若於大眾中,以無所畏心,說是法華經,汝聽其功德。」若在大眾說《法華》的時候,你們聽聽他說《法華經》的功德。

「是人得八百,功德殊勝眼,以是莊嚴故,其目甚清淨。父母所生眼,悉見三千界,內外彌樓山,須彌及鐵圍」。「彌樓山」就是七金山的外面,另一種翻譯叫尼彌陀羅山,也就是慈地山。這個以須彌山為中心的,外頭有七金山,外圍的山都叫彌樓山,「內外彌樓山」就是這個意思。

「并諸餘山林」,肉眼看見了,看見七金山,看見須彌山。「大海江河水,下至阿鼻獄,上至有頂處」,所有世間相都能夠看到。能看見阿鼻地獄,上到有頂天,有頂天還有形相的。大梵天、梵天沒形相,清淨天了,有頂天還是有形相的。

在這個中間所有一切眾生，不是光人類，還有其他的畜生類、龍類、一切鬼神眾，你都能看得見。但這並不是天眼，而是肉眼看見的，為什麼肉眼能看見呢？講《法華經》故，這是彰顯《法華經》的力量。

復次常精進。若善男子善女人受持此經若讀若誦若解說若書寫。得千二百耳功德以是清淨耳聞三千大千世界下至阿鼻地獄上至有頂其中內外種種語言音聲象聲馬聲牛聲車聲啼哭聲愁嘆聲螺聲鼓聲鐘聲鈴聲笑聲語聲。

這品的當機眾是常精進菩薩，不是前面講的彌勒菩薩。佛跟常精進菩薩說，若是善男子、善女人受持此經，讀誦解說《法華經》，或者讀也好、誦也好、解說也好、書寫也好，「得千二百耳功德」。

前面說是眼，耳還有聽！「以是清淨耳，聞三千大千世界」，三千大千世

界所有聲音都能聞得到。「下至阿鼻地獄,上至有頂」,從阿鼻地獄到最上有頂天這個中間,內外種種語言的音聲。

象叫喚的聲音,馬叫喚的聲音,牛的聲音,車的聲音,啼哭的聲音,愁嘆的聲音。螺音、鼓音、鐘音、鈴聲一切聲,吹法螺聲音,打鼓打鐘的鈴聲,有人在笑的,有人在哭的,有人說話。

男聲女聲童子聲童女聲法聲非法聲苦聲樂聲凡夫聲聖人喜聲不喜聲天聲龍聲夜叉聲乾闥婆聲阿修羅聲迦樓羅聲緊那羅聲摩睺羅伽聲火聲水聲風聲地獄聲畜生聲餓鬼聲比丘聲比丘尼聲聲聞聲辟支佛聲菩薩聲佛聲。

「天聲、龍聲、夜叉聲、乾闥婆聲、阿修羅聲、迦樓羅聲、緊那羅聲、摩睺羅伽聲」,八部鬼神的聲音,還有「火聲、水聲、風聲、地獄聲」,地獄裡

面受苦難的人!

還有「畜生聲、餓鬼聲、比丘聲、比丘尼聲」,我想了老半天,比丘聲是什麼聲?比丘尼聲是什麼聲?比丘、比丘尼他們說話很合法義,這樣理解。還有「聲聞聲、辟支佛聲、菩薩聲、佛聲」,能聽到佛聲。

以要言之三千大千世界中一切內外所有諸聲雖未得天耳以父母所生清淨常耳皆悉聞知如是分別種種音聲而不壞耳根。

總之所有一切聲,皆悉聞知。為什麼有這麼大的力量呢?誦《法華經》故。如是分別種種音聲,但是耳根不壞,它是功德圓音。我們不行,若是聲音太大了,我們的耳根就震壞了。

爾時世尊欲重宣此義而說偈言。

伍、悟佛知見分 法師功德品第十九

父母所生耳　清淨無濁穢　以此常耳聞　三千世界聲。
象馬車牛聲　鐘鈴螺鼓聲　琴瑟箜篌聲　簫笛之音聲
清淨好歌聲　聽之而不著　無數種人聲　聞悉能解了。

「聽之而不著」，聽了就過去，聲音過去了就沒有了，不執著、不分別、不貪戀，沒有希求沒有貪戀，這是讀《法華經》的力量。「無數種人聲，聞悉能解了」，人有無量無量種，這人聲不一樣，「悉能得了知」。

又聞諸天聲　微妙之歌音　及聞男女聲　童子童女聲
山川險谷中　迦陵頻伽聲　命命等諸鳥　悉聞其音聲
地獄眾苦痛　種種楚毒聲　餓鬼飢渴逼　求索飲食聲
諸阿修羅等　居在大海邊　自共言語時　出於大音聲。
如是說法者　安住於此間　遙聞是眾聲　而不壞耳根。

十方世界中　禽獸鳴相呼　其說法之人　於此悉聞之。

我今天看到這段經文，這個聲音不要聽到，聽到好煩惱！牠吃不到東西叫喚，你聽到了不是很煩？想給牠也給不到，牠也接不到。這是微妙的，不要把它當成事實，這是讀《法華經》的法力，中間沒有分別的，以《法華經》法力的力故。

「諸阿修羅等，居在大海邊，自共言語時，出於大音聲。如是說法者，安住於此間。」說法的人就在他坐的地點，什麼聲音都具足，都聽見了。十方世界所有飛禽走獸一切鳥，互相呼叫聲。「其說法之人，於此悉聞之」，作勝義解。

其諸梵天上　光音及徧淨　乃至有頂天　言語之音聲
法師住於此　悉皆得聞之。
若讀誦經典　若爲他人說　一切比丘眾　及諸比丘尼
法師住於此　悉皆得聞之。
復有諸菩薩　讀誦於經法　若爲他人說　撰集解其義

如是諸音聲　悉皆得聞之　諸佛大聖尊　教化眾生者
於諸大會中　演說微妙法　持此法華者　悉皆得聞之

不論在哪個世界，這位讀誦《法華經》的法師，能夠聽到佛的音聲。

三千大千界　內外諸音聲　下至阿鼻獄　上至有頂天
皆聞其音聲　而不壞耳根　其耳聰利故　悉能分別知
持是法華者　雖未得天耳　但用所生耳　功德已如是。

不論多大的音聲，耳根震不壞，這是功德力。不然雷聲雨聲大聲音，你的耳根就震壞了、震破了，這是不壞耳根的。

復次。常精進若善男子善女人受持是經若讀若誦若解說若書寫。成就八百鼻功德以是清淨鼻根聞於三千大千世界上下內外種

種諸香須曼那華香闍提華香末利華香薝蔔華香波羅羅華香赤蓮華香青蓮華香白蓮華香。

前面說耳,現在說鼻子,鼻子聞香也如是。「以是清淨鼻根,聞於三千大千世界,上下內外種種諸香。」鼻子聞香的,讀誦經的功德,一切味全變成香的。

「聞於三千大千世界,上下內外種種諸香,須曼那華香、闍提華香、末利華香、薝蔔華香、波羅羅華香、赤蓮華香、青蓮華香、白蓮華香。」蓮華,雖然是一種,但是各各顏色的華,各各的香味不同。

華樹香果樹香栴檀香沉水香多摩羅跋香多伽羅香及千萬種和香若末若丸若塗香持是經者於此間住悉能分別。又復別知眾生之香象香馬香牛羊等香男香女香童子香童女香及草木叢林香。若近若遠所有諸香悉皆得聞分別不錯。持是經者雖住於此亦聞

天上諸天之香。波利質多羅拘鞞陀羅樹香及曼陀羅華香摩訶曼陀羅華香曼殊沙華香摩訶曼殊沙華香栴檀沉水種種末香諸雜華香如是等天香和合所出之香無不聞知又聞諸天身香釋提桓因在勝殿上五欲娛樂嬉戲時香若在妙法堂上為忉利諸天說法時香若於諸園遊戲時香及餘天等男女身香皆悉遙聞如是展轉乃至梵世上至有頂諸天身香亦皆聞之并聞諸天所燒之香及聲聞香辟支佛香菩薩香諸佛身香亦皆遙聞知其所在。

聞了香，就「知其所在」。假使我們持《法華經》，你可以聞到文殊師利菩薩身上香，現在文殊師利菩薩在哪裡，你就知道了。現在經還沒念靈的，還沒念通的，聞不到香。等念到了，你就聞到了。

雖聞此香。然於鼻根不壞不錯。若欲分別為他人說。憶念不謬。爾時

世尊欲重宣此義而說偈言。

是人鼻清淨　於此世界中　若香若臭物　種種悉聞知。
須曼那闍提　多摩羅栴檀　沉水及桂香　種種華果香
及諸眾生香　男子女人香　說法者遠住　聞香知所在。

說《法華經》的，他聞著這個香，知道這個香是從什麼地方來的。

大勢轉輪王　小轉輪及子　群臣諸宮人　聞香知所在。
身所著珍寶　及地中寶藏　轉輪王寶女　聞香知所在。
諸人嚴身具　衣服及瓔珞　種種所塗香　聞香知其身。
諸天若行坐　游戲及神變　持是法華者　聞香悉能知。
諸樹華果實　及酥油香氣　持經者住此　悉知其所在。

專指持《法華經》的,聞香就知道了。

諸山深險處　栴檀樹華敷　眾生在中者　聞香悉能知。
鐵圍山大海　地中諸眾生　持經者聞香　悉知其所在。
阿修羅男女　及其諸眷屬　鬥爭遊戲時　聞香皆能知。
曠野險隘處　師子象虎狼　野牛水牛等　聞香知所在。
若有懷妊者　未辨其男女　無根及非人　聞香悉能知。
以聞香力故　知其初懷妊　成就不成就　安樂產福子。
以聞香力故　知男女所念　染欲癡恚心　亦知修善者。
地中眾伏藏　金銀諸珍寶　銅器之所盛　聞香悉能知。
種種諸瓔珞　無能識其價　聞香知貴賤　出處及所在。
天上諸華等　曼陀曼殊沙　波利質多樹　聞香悉能知。

入禪定、出禪定,誦《法華經》的都能知道。聞那個出禪的氣味,跟入禪的氣味不一樣的。

天上諸宮殿　上中下差別　眾寶華莊嚴　聞香悉能知
天園林勝殿　諸觀妙法堂　在中而娛樂　聞香悉能知
諸天若聽法　或受五欲時　來往行坐臥　聞香悉能知
天女所著衣　好華香莊嚴　周旋游戲時　聞香悉能知
如是展轉上　乃至於梵世　入禪出禪者　聞香悉能知
光音徧淨天　乃至於有頂　初生及退沒　聞香悉能知
諸比丘眾等　於法常精進　若坐若經行　及讀誦經典
或在林樹下　專精而坐禪　持經者聞香　悉知其所在
菩薩志堅固　坐禪若讀誦　或為人說法　聞香悉能知

在在方世尊　一切所恭敬　愍眾而說法　聞香悉能知。

十方無量諸佛說法，不管在東西南北上下，隨所在方，一切誦《法華經》都能夠聞到，聞到都能夠往去而能聽法。

眾生在佛前　聞經皆歡喜　如法而修行　聞香悉能知。
雖未得菩薩　無漏法生鼻　而是持經者　先得此鼻相。

這是說鼻根的。「而是持經者，先得此鼻相」，這是耳、鼻。

復次常精進若善男子善女人受持是經若讀若誦若解說若書寫。得千二百舌功德若好若醜若美不美及諸苦澀物在其舌根皆變成上味如天甘露無不美者若以舌根於大眾中有所演說。

演說得靠舌頭，舌頭不說，就發不出聲音，都靠舌根給大眾演說法。

出深妙聲能入其心皆令歡喜快樂。又諸天子天女釋梵諸天聞是深妙音聲有所演說言論次第皆悉來聽。及諸龍龍女夜叉夜叉女。乾闥婆乾闥婆女阿修羅阿修羅女迦樓羅迦樓羅女緊那羅緊那羅女摩睺羅伽摩睺羅伽女為聽法故皆來親近恭敬供養。及比丘比丘尼優婆塞優婆夷國王王子羣臣眷屬小轉輪王大轉輪王七寶千子內外眷屬乘其宮殿俱來聽法。以是菩薩善說法故婆羅門居士國內人民盡其形壽隨侍供養。又諸聲聞辟支佛菩薩諸佛常樂見之。

「常樂見之」，是說《法華經》的人。

伍、悟佛知見分 法師功德品第十九

307

是人所在方面。諸佛皆向其處說法悉能受持一切佛法。又能出於深妙法音。

諸佛向他說法都能領受,「又能出於深妙法音」,這是舌的功德。

爾時世尊欲重宣此義而說偈言。

是人舌根淨　終不受惡味　其有所食噉　悉皆成甘露
以深淨妙聲　於大眾說法　以諸因緣喻　引導眾生心
聞者皆歡喜　設諸上供養

「爾時世尊欲重宣此義」,佛都說兩遍的,一個長行,一個重頌,偈頌的。「是人舌根淨,終不受惡味」,惡味也變成上味,毒藥變成善藥,毒不死菩薩的。「其有所食噉,悉皆成甘露。以深淨妙聲,於大眾說法,以諸因緣喻,引

「導眾生心」，說法要假因緣譬喻，「引導眾生心，聞者皆歡喜」。

「受持是經」，受持《法華經》，或者若讀或者若誦，或者給人家講解，

諸天龍夜叉 及阿修羅等 皆以恭敬心 而共來聽法。
是說法之人 若欲以妙音 徧滿三千界 隨意即能至。
大小轉輪王 及千子眷屬 合掌恭敬心 常來聽受法。
諸天龍夜叉 羅剎毘舍闍 亦以歡喜心 常樂來供養。
梵天王魔王 自在大自在 如是諸天眾 常來至其所。
諸佛及弟子 聞其說法音 常念而守護 或時為現身。

復次常精進若善男子善女人受持是經若讀若誦若解說若書寫。得八百身功德得清淨身如淨琉璃眾生喜見其身淨故三千大千世界眾生生時死時上下好醜生善處惡處悉於中現。

伍、悟佛知見分　法師功德品第十九

或者書寫,「得八百身功德」,舌說完了,說身體。「得清淨身,如淨琉璃,眾生喜見,其身淨故,三千大千世界眾生」,生的時候、死的時候,「上下,好醜」,生善處或者生惡處,「悉於中現」,於這說法者身中顯現。

爾時世尊欲重宣此義而說偈言。

佛菩薩諸佛說法皆於身中現其色像。

及鐵圍山大鐵圍山彌樓山摩訶彌樓山等諸山。中現。下至阿鼻地獄上至有頂所有及眾生悉於中現若聲聞辟支

若持法華者　其身甚清淨　如彼淨琉璃　眾生皆喜見
又如淨明鏡　悉見諸色像　菩薩於淨身　皆見世所有
唯獨自明了　餘人所不見。

「菩薩於淨身,皆見世所有」,菩薩不用照鏡子,看身上就好了。一看,

想看那兒,那兒都有。上至有頂天,下至阿鼻獄。這個中間諸佛菩薩,六道眾生都於中顯現,像明鏡一樣的見到色相。「菩薩於淨身,皆見世所有,唯獨自明了,餘人所不見。」讀誦法華者,他自己知道。別人在身上什麼也看不見,沒有,所以獨自明了。

三千世界中　一切諸羣萌　天人阿修羅　地獄鬼畜生
如是諸色像　皆於身中現　諸天等宮殿　乃至於有頂
鐵圍及彌樓　摩訶彌樓山　諸大海水等　皆於身中現
諸佛及聲聞　佛子菩薩等　若獨若在眾　說法悉皆現
雖未得無漏　法性之妙身　以清淨常體　一切於中現

「雖未得無漏,法性之妙身」,但是他這個身是法性妙身。

復次常精進若善男子善女人。如來滅後受持是經若讀若誦若解

說。若書寫得千二百意功德。以是清淨意根。乃至聞一偈一句通達無量無邊之義。解是義已能演說一句一偈至於一月四月乃至一歲。諸所說法隨其義趣皆與實相不相違背若說俗間經書治世語言資生業等皆順正法。

「得千二百意功德」，身口意，說到意的功德。這個「意」就是我們的妄想。對我們來說是妄想，意根就是我們的識心。你誦《法華經》，在沒有成就的時候，還是意根，還是意念。乃至於聞到一句偈頌，「通達無量無邊之義」，一個偈子就能解釋，一部《法華經》都能通達，還能夠明了它的道理，「能演說一句一偈」，這一句一偈演說一個月，演說四個月，乃至演說一年。

「諸所說法，隨其義趣」，無窮無盡。為什麼？義無盡故。眾生願力也無盡，趣向無盡。說義理的顯示、它所趣向都不同的；但是有一個總的緣因，跟實相不相違背。實相是什麼呢？《法華經》的真實義，不相違背的。解說一切

法，不與實相相違背，說眞實的，這是順正法故。

三千大千世界六趣眾生心之所行心所動作心所戲論皆悉知之。雖未得無漏智慧而其意根清淨如此是人有所思惟籌量言說皆是佛法無不眞實亦是先佛經中所說。

「三千大千世界，六趣眾生，心之所行」，心裡的動作，說你身上所作的，心裡所想的，乃至心裡的戲論，「皆悉知之」。一切眾生的念，誦《法華經》者「皆悉知之」。這是體上知。但是你能夠了解緣起就能知道性空，知道性空了，就能知道緣起，是這種悉知。

「雖未得無漏智慧」，沒成到佛的智慧，沒得到大菩薩，但是他的意根卻能清淨於正聞，這是誦持《法華經》的力量，法力加持。這個人心裡所想的、所計劃籌量的、所有言說的都是佛法，「皆是佛法」，沒有不眞實的，「無不

伍、悟佛知見分 法師功德品第十九

313

真實,亦是先佛,經中所說」,過去諸佛都如是說。

爾時世尊欲重宣此義而說偈言。

是人意清淨　明利無濁穢　以此妙意根　知上中下法
乃至聞一偈　通達無量義　次第如法說　月四月至歲

「明利無濁穢」,「明利」就是智慧,智慧無不照,都是清淨的,沒有垢染。「以此妙意根」,這個「意」不同,是妙意根,加一個「妙」。「知上中下法」,從眾生到諸佛,上中下,一切法都知道。「乃至聞一偈,通達無量義」,一即一切,一法裡頭涵著無量義。「次第如法說,月四月至歲」,或者說一個月,或者說四個月,或者說一年,隨意自在。

是世界內外　一切諸眾生　若天龍及人　夜叉鬼神等

其在六趣中　所念若干種　持法華之報　一時皆悉知。

「持法華之報」，這就是報答。持誦《法華經》是因，感的果，一時皆悉知，這是《法華經》的力量。

悉知諸法相　隨義識次第
思惟無量義　說法亦無量　終始不忘錯　以持法華故
十方無數佛　百福莊嚴相　爲眾生說法　悉聞能受持
　　　　　　　　　　　　　達名字語言　如所知演說。

「終始不忘錯」，從最後乃至於回到開始，沒有錯亂，沒有說錯，也不妄失也不錯亂。「隨義識次第」，說法得有次第，隨著眾生解說次第，因爲通達語言相，通達名字相，如所知而演說。

此人有所說　皆是先佛法　以演此法故　於眾無所畏。

持法華經者　意根淨若斯　雖未得無漏　先有如是相。

是人持此經　安住希有地　為一切眾生　歡喜而愛敬。
能以千萬種　善巧之語言　分別而說法　持法華經故。

「此人有所說，皆是先佛法」，說的不是他的，他所說的都是過去諸佛的法。「皆是先佛法」，過去佛所說的法，他傳承下來。「以演此法故，於眾無所畏」，而講《法華經》的處眾無畏。「持法華經者，意根淨若斯」，持《法華經》者，意根清淨達到這樣程度，「若斯」，就是這樣的程度。

讀誦《法華經》，你能達到希有的地位。「為一切眾生，歡喜而愛敬」，因此一切眾生對他產生無量的歡喜，無量的愛敬。「能以千萬種，善巧之語言」，這已經達到四無礙辯；言語無礙，沒有障礙，辭無礙，義理無礙，樂說

常不輕菩薩品第二十

以下是〈常不輕菩薩品〉第二十。佛告訴大勢至菩薩,常不輕菩薩往昔所有修行、所有受持《法華經》的故事。「常不輕」的意思是常被人家輕慢,他被人家輕慢的時候,他能忍受,這是修忍辱波羅蜜修成功的特別代表。在過去威音王如來的時候,古時像法當中,有一位菩薩比丘就叫常不輕。任何人輕慢他,一切眾生侮辱他,他都以一種尊敬心接受人家的輕慢,這就是他的菩薩行。

他尊重別人,不輕慢別人,口裡頭不說輕慢別人的話,身體不做輕慢別人

無礙,一切無障礙。為什麼有這種力量?持《法華經》故,所以他分別能演說一切法,就因為持誦《法華經》的緣故,這是《法華經》的加持力。

這一品經文,我們很容易懂,但是沒證到。語言都能懂,誰看誰都能懂,認得字就能懂,但是沒證得,還不能享受。

的事,意裡頭從沒有這個想念,因此叫常不輕菩薩。這是佛對大勢至菩薩說的故事。大勢至是有大勢力的,勢力之強之猛,他叫大勢力。他有那麼大勢力,誰敢輕慢他?常不輕菩薩不如是的。大家要這樣觀想,這是《法華經》的大不思議。

爾時佛告得大勢菩薩摩訶薩汝今當知若比丘比丘尼優婆塞優婆夷持法華經者若有惡口罵詈誹謗獲大罪報如前所說其所得功德如向所說眼耳鼻舌身意清淨。

「爾時佛告得大勢菩薩摩訶薩,汝今當知」,說現在你應當知道一件事,沒有說什麼事。「汝今當知」,知道什麼呢?「若比丘、比丘尼、優婆塞、優婆夷」,四眾弟子,如果受持此《法華經》者,「若有惡口、罵詈誹謗,獲大罪報」。前面眼、耳、鼻、舌、身、意,那些清淨功德,翻過來了,翻過來就

什麼?那不是功德,而是罪業。

受持《法華經》的人,不能有惡口罵詈誹謗,若是再有惡口罵詈誹謗,罪加無量;罪加無量不是一等,而是獲大罪報。「如前所說」,前面都說過了。有那麼多罪過,翻過來就變成那麼多的福報,變成功德。功德跟罪過是相等的、相對的。功德,反過來就是罪惡;罪惡,反過來就是功德。

得大勢乃往古昔過無量無邊不可思議阿僧祇劫有佛名威音王如來應供正徧知明行足善逝世間解無上士調御丈夫天人師佛世尊劫名離衰國名大成其威音王佛於彼世中為天人阿修羅說法為求聲聞者說應四諦法度生老病死究竟涅槃為求辟支佛者說應十二因緣法為諸菩薩因阿耨多羅三藐三菩提說應六波羅蜜法究竟佛慧得大勢是威音王佛壽四十萬億那由它恆河沙劫。

正法住世劫數。如一閻浮提微塵。像法住世劫數如四天下微塵其佛饒益眾生已然後滅度。

佛向大勢至菩薩說往昔劫的故事，這個往昔的時間可就長了。無量無邊劫、不可思議的時間，這是釋迦牟尼佛講故事。那故事就遠了，長遠劫，要注重事實。古昔來有位威音王佛出現世間，說法利眾生。這是講佛的因地。釋迦牟尼佛行菩薩道時，劫號離衰，離衰是劫的名字。那個時候，國的名字叫大成。威音王佛在那個時間，給天人阿修羅演法的時候，有的是聲聞法，講四諦。講四諦法就是人間的生老病死，乃至到究竟成佛，這是給二乘人說的。給辟支佛說的是十二因緣法；給菩薩說的是菩提法，六波羅蜜法。佛說在威音王佛出世間，說的是三乘教義。

威音王佛壽命有好長時間呢？四十萬億那由他恆河沙劫。把四十萬億那麼多的恆河沙，一沙作一劫。法住世的時候，如閻浮提微塵，把整個閻浮提世界

正法像法滅盡之後。於此國土復有佛出亦號威音王如來應供。正徧知明行足善逝世間解無上士調御丈夫天人師佛世尊如是次第有二萬億佛皆同一號。

抹為微塵,一微塵是一劫,住世這麼長的時間,這是佛在世正法的時候,佛入滅了,像法的時候,「如四天下微塵」,就我們這個四天下,把它抹為微塵,以此說法利益眾生,然後佛滅度了。

威音王佛的正法、像法滅盡之後,在這個國土上又有佛出世。德號還叫威音王如來,也具足十號;同時有二萬億佛,一尊一尊出世了入滅了,入滅了,相續的佛又出世了,同是一號,有二萬億佛。

最初威音王如來既已滅度正法滅後。於像法中增上慢比丘有大勢

爾時有一菩薩比丘名常不輕得大勢。以何因緣名常不輕是比丘凡有所見若比丘比丘尼優婆塞優婆夷皆悉禮拜讚歎而作是言我深敬汝等不敢輕慢。

最初，威音王佛既已滅度，這是回顧很遠很遠的事。正法滅盡，像法也快沒有了，那時候增上慢比丘有大勢力，增上慢比丘就不是如法修行的比丘，不是清淨比丘。在這個時間出現一位出家的比丘菩薩，叫常不輕。在這個時間，增上慢比丘貢高我慢，自以為了不起。同時有一個比丘叫常不輕，這是好的。

這是說法華果，不是法華因。為何說這些法華果呢？他說一切的比丘，他不輕慢，汝等都是佛。常不輕比丘看一切增上慢的比丘，把他們都當為是佛，因此他叫常不輕，不輕慢任何人。

佛跟大勢至菩薩說，常不輕比丘是什麼因緣？他出現那個世界的時候，常不輕比丘他所看到的那些比丘、比丘尼、優婆塞、優婆夷。常不輕看見這四眾弟子，他怎麼對待的呢？他給他們禮拜，讚歎他們說，你們都是佛，常不輕給他們授記了，這是說法華的果。不是說的因，而是說的果。說將來你們都能成佛，我不敢輕慢你們，把他們都當成佛。

所以者何。汝等皆行菩薩道當得作佛。而是比丘不專讀誦經典但行禮拜。乃至遠見四眾亦復故往禮拜讚歎而作是言我不敢輕於汝等。汝等皆當作佛。

這是常不輕的看法，他的觀想。為什麼把你們都當成佛？常不輕菩薩什麼事都沒做，也沒有讀誦經典，他見著人了就磕頭，見了人就禮拜，見誰都尊敬，乃至於離很遠看見比丘、比丘尼、優婆塞、優婆夷，反正是佛弟子，他都

給他們禮拜讚歎，說「我不敢輕於汝等，汝等皆當作佛」。

四眾之中有生瞋恚心不淨者惡口罵言是無智比丘從何所來。自言我不輕汝而予我等授記當得作佛我等不用如是虛妄授記。

自言我不輕汝而予我等授記當得作佛。常不輕菩薩信仰《法華經》，《法華經》給一切人都授記了，這就是他深敬的意思。不輕慢就是深信，說你們都能成佛，能坐如來座。

他這樣對待人家，人家反過來怎麼對待他呢？那些增上慢比丘，怎麼來對待常不輕菩薩呢？不但不接受他的恭敬，也不接受他的授記，當來成佛。那些增上慢比丘反倒起瞋恨心，煩惱生瞋恨，我們那些四眾弟子心不清淨，不但瞋恨他，還要出惡言罵他。

「是無智比丘，從何所來？」哪來的出家人，輕慢他的語氣！「自言我不

輕汝，而予我等授記。」他說，他不輕慢我們，還要給我們授記成佛，「當得作佛」。這些比丘對常不輕比丘說：「當得作佛，我等不用如是虛妄授記」，意思是說你有什麼資格給我們授記，你這是假的、虛妄的授記。

假使，有一個比丘跟我們說，我們將來都得成佛，你會罵人家嗎？我們現在學《法華經》，知道了。《法華經》就是這樣說的。在威音王佛的時代，這些比丘沒有聞過《法華經》，他們也不相信他的話。意思就是說，你有什麼資格給我們授記？說我們當得諸佛。你這個授記是虛妄的，不是真實的。他們對常不輕，非常不滿意。

如此經歷多年常被罵詈不生瞋恚常作是言汝當作佛。

常不輕菩薩他還是照樣的恭敬，見著人家就給人家磕頭，說人家是未來諸佛，人家就罵他。但是，人家罵他的時候，他不煩惱，不生瞋恨心，還是照樣說：「汝等皆當作佛」。

說是語時。眾人或以杖木瓦石而打擲之避走遠住猶高聲唱言我不敢輕於汝等。汝等皆當作佛。以其常作是語故增上慢比丘比丘尼。優婆塞優婆夷號之為常不輕是比丘臨欲終時於虛空中具聞威音王佛先所說法華經二十千萬億偈悉能受持即得如上眼根清淨耳鼻舌身意根清淨得是六根清淨已更增壽命二百萬億那由它歲廣為人說是法華經。

「說是語時」,眾人不但說他,或以手杖、木棍、瓦石打他。那怎麼辦呢?躲遠一點,就在離人很遠的地方,讓人打不到,但是他還是高聲唱言,「我不敢輕於汝等,汝等皆當作佛。」人家這樣打他罵他,還是這樣稱讚別人,說「汝等皆當作佛」。這是他的口頭語,常時如是說。

這些增上慢的比丘、比丘尼、優婆塞、優婆夷,因此給他取個外號,叫「常不輕」,永遠不輕慢任何四眾弟子。那些惡比丘,就是那個增上慢比丘,

他們認為常不輕比丘沒有智慧，為什麼見我們，都說常不輕沒有智慧，不受他的授記，哪來這麼個比丘，大家不知道他的來處，說他的授記是虛妄的。但是常不輕比丘，還是常時這樣說。

《法華經》是開權顯實。常不輕比丘是從理上認識到一切眾生都能成佛，何況出家、信佛的四眾弟子呢？他讚歎四眾弟子，是善意、真誠的。這些四眾弟子認為常不輕比丘在挖苦他們。四眾弟子認為他給我們授記成佛，第一個認為常不輕比丘沒有那個資格，第二個認為常不輕比丘是瘋狂的，就打他，打他跑得遠一點，他還是這樣說：「汝等皆當作佛，我不敢輕於汝等」。

常不輕比丘，他在命終的時候，神識在虛空中聽見，「具聞威音王佛，先所說法華經二十千萬億偈」，聽了就完全能受持，二十千萬億偈，聽了就能記得，就能背誦，就能受持，因此他得到六根清淨。

六根清淨位，我們前面講過了，眼根清淨，耳鼻舌身意，連意根都清淨了，六根清淨。他的壽命就增到二百萬億那由他歲。常不輕比丘活得很長歲

數,壽命活得好長?二百萬億那由他歲,廣給人說《法華經》。

於時增上慢四眾比丘比丘尼優婆塞優婆夷輕賤是人為作不輕名者。見其得大神通力樂說辯力大善寂力聞其所說皆信伏隨從。

是菩薩復化千萬億眾令住阿耨多羅三藐三菩提。

經過這麼長的時間,那時候輕慢他的四眾弟子,受了感動,常時如是的,所以才給他說一個「常不輕」的名字,贈送他一個外號。其實這個時候,常不輕比丘得大神通力,又得到威音王佛的加持,常給人家說《法華經》。先前毀謗侮辱他的比丘、比丘尼、優婆塞、優婆夷,就相信常不輕菩薩。常不輕菩薩遊化千萬億眾,受他教化的很多,能夠令這些人住在阿耨多羅三藐三菩提。

命終之後得值二千億佛皆號日月燈明。於其法中說是法華經以

是因緣。

這是指常不輕菩薩，他命終之後又遇到二千億佛。這二千億佛同名同號，都叫日月燈明。在日月燈明的法中，常不輕菩薩還是常說《法華經》。

復值二千億佛同號雲自在燈王。於此諸佛法中受持讀誦為諸四眾說此經典故得是常眼清淨耳鼻舌身意諸根清淨於四眾中說法心無所畏得大勢是常不輕菩薩摩訶薩供養如是若干諸佛恭敬尊重讚歎種諸善根於後復值千萬億佛亦於諸佛法中說是經典功德成就當得作佛。

以這個說經的因緣，「復值二千億佛，同號雲自在燈王，於此諸佛法中，受持讀誦，為諸四眾說此經典故。」那就是專弘一門，專說《法華經》。所以

他的眼根清淨、耳根清淨、鼻根清淨、舌根清淨、身、意諸根都得了清淨，說法「心無所畏」。「得大勢！」佛又跟得大勢菩薩說：「你知道常不輕菩薩摩訶薩是誰嗎？就是我的前生！」釋迦牟尼佛的前生。

「供養如是若干諸佛，恭敬、尊重、讚歎，種諸善根。」為什麼常不輕見到四眾弟子，都能把他們當成佛看待？他深信《法華經》，這是佛所教授的法，對此法深信不疑，所以他又能遇見千萬億佛，承事諸佛，也在諸佛當中說是經典，還是說《法華經》。

「功德成就，當得作佛」，常不輕菩薩就是釋迦牟尼佛，常不輕菩薩以這麼一個法門，不輕慢任何人，認識到一切人都是佛。

得大勢於意云何。爾時常不輕菩薩豈異人乎則我身是若我於宿世不受持讀誦此經爲他人說者不能疾得阿耨多羅三藐三菩提。我於先佛所受持讀誦此經爲人說故疾得阿耨多羅三藐三菩提。

到這個時候，釋迦牟尼佛跟得大勢菩薩說，你是怎麼思惟？「於意云何」，那個時候的常不輕菩薩不是別人，「則我身是」，就是我身。

釋迦牟尼佛在法華會上說，說他的過去，他就是以《法華經》成佛的。假使說，我在過去世不是受持《法華經》，我沒有受過《法華經》，怎能給別人說呢？因為我受持《法華經》才為他人說，因為我說這部經，很快成就了阿耨多羅三藐三菩提，成就佛果。

從威音王佛開始起，就讀誦此經，還為人說《法華經》，所以很快的成就阿耨多羅三藐三菩提。諸佛沒有時間的限制，萬劫一念！不然，常不輕菩薩經過那麼多億萬年，經過那麼多億佛，以佛的神力看是短暫時間。

這時候，佛跟得大勢菩薩說，常不輕菩薩不是外人，就是我的前生。在行菩薩道的時候，假使我於宿世不受持讀誦此經，為人他說，不疾得阿耨多羅三藐三菩提，不是很快的就成佛。「我於先佛所，受持讀誦此經」，為人說故，「疾得阿耨多羅三藐三菩提」。

佛現在向得大勢菩薩說，我就因為說此《法華經》深信不疑，而且看到一切的四眾弟子，比丘比丘尼，他們將來一定能成佛，所以尊敬他們。感這些增上慢比丘比丘尼，當成了挖苦他們，認為別人給他們授記，是輕視他們，看不起他們，拿他們開玩笑，因此才生起反對的。常不輕菩薩是真心實意的，不是開玩笑的，也不是挖苦別人的。經過億萬年見到誰都這樣子，「汝是未來諸佛，我不敢輕視汝等」，這是《法華經》真正的涵義。

以這部經典所說的，現在大家學習《法華經》，你要信仰自己一定能成佛。什麼時間成？到哪個世界成？那你得慢慢學吧！學明白了，六根清淨，你就知道了。佛同時又跟得大勢菩薩說，現在今天地下湧出的這些菩薩，從哪裡來的？就是這麼來的。這是說過去的因緣，過去的因緣正是現實的環境。

得大勢。彼時四眾比丘比丘尼優婆塞優婆夷以瞋恚意輕賤我故。二百億劫常不值佛。不聞法不見僧千劫於阿鼻地獄受大苦惱畢

是罪已復遇常不輕菩薩教化阿耨多羅三藐三菩提。

「得大勢，彼時四眾」，那個時候的比丘比丘尼、優婆塞優婆夷，他們是瞋恨心來輕賤我；我讚稱他們說，他們卻以瞋恨心來對待我。經過二百億劫，他們受的苦難很多，因為他們毀謗我，不接受，經過二百億劫，亦不見佛，等於謗《法華經》，知道這個涵義嗎？

「不聞法，不見僧」，但是時間很長，二百億劫。同時墮到阿鼻地獄受大苦惱，住了一千劫，並不是二百億劫都住在地獄，中間有一千劫，於阿鼻地獄受大苦惱。這個罪受完了，又遇見常不輕菩薩，他又教化他們，現在他們都能夠成佛。一反一覆，一謗一信；先謗，受過很多災難，後來又信，還是常不輕菩薩教化他們。

得大勢於汝意云何爾時四眾常輕是菩薩者豈異人乎今此會中。

伍、悟佛知見分　常不輕菩薩品第二十

333

跋陀婆羅等五百菩薩師子月等五百比丘尼思佛等五百優婆塞。皆於阿耨多羅三藐三菩提不退轉者是。

你怎麼想？「爾時四眾常輕是菩薩者」，那時候的四眾對常不輕菩薩是輕視的，是污蔑的。現在他們知道又得度了，「豈異人乎」，不是外人。「今此會中，跋陀婆羅等五百菩薩」，「跋陀婆羅」是梵文名字，就是善守菩薩（〈法華大成〉，「跋陀婆羅」，此云善守，或云賢首。），「等五百菩薩」都是應了佛教化他們，還是都成了大菩薩。

「師子月等五百比丘，尼思佛等，五百優婆塞」，男眾的，「皆於阿耨多羅三藐三菩提不退轉者是」，現在他們都直至成佛，入了不退轉地的菩薩。這段故事是什麼意思？

得大勢。當知是法華經。大饒益諸菩薩摩訶薩。能令至於阿耨多羅

三藐三菩提。是故諸菩薩摩訶薩於如來滅後常應受持讀誦解說書寫是經。

佛就向得大勢菩薩說，《法華經》的力量非常之大，饒益一切眾生都能究竟成佛，證明《法華經》的功德。

佛說這一段因緣的意思，就是聽過《法華經》，不管你是毀謗、或是不信，將來一定能得到他的利益，能夠達到無上正等正覺。「是故諸菩薩摩訶薩，於如來滅後」，我現在入涅槃之後，這些菩薩常能受持，不但受持還給人解說，還能書寫。

這一段經文的涵義，佛說這麼個故事是讓我們信，建立後世聞到《法華經》的，相信自己一定能成佛。這是《法華經》的力量，法的力量。講了這段故事，佛的目的是讓我們現在的一切眾生，釋迦牟尼佛的末法一切眾生，若有能遇見《法華經》的，你就慶賀自己一定能成佛。

爾時世尊欲重宣此義而說偈言。

過去有佛　號威音王　神智無量　將導一切
天人龍神　所共供養　是佛滅後　法欲盡時
有一菩薩　名常不輕　時諸四眾　計著於法
不輕菩薩　往到其所　而語之言　我不輕汝
汝等行道　皆當作佛　諸人聞已　輕毀罵詈
不輕菩薩　能忍受之

「時諸四眾，計著於法」，那時候，那些增上慢比丘比丘尼、優婆塞優婆夷，他們對於法上有執著，常不輕給他們講什麼，他們都不信。著法者，就是對於法上起執著，或者謂法一定有，或者謂法一定無，就是執著於法。在這個時間，威音王佛滅後，那時候有一位菩薩叫常不輕。

336

他見到四眾執著於法，才給他們說，「汝等皆是未來諸佛」，含意是讓他們不要執著。說你們是未來諸佛，這是化度他們，讓他們不要起執著。所以「不輕菩薩，往到其所，而語之言，我不輕汝！」我不敢輕慢你們，你們所行的道，所有修行的，「皆當作佛」，都能成佛。眾人不但不接受，反過來輕毀、罵詈；但是人家輕毀罵詈他，他還不煩惱，都能忍受，還照樣說。

其罪畢已　臨命終時　得聞此經　六根清淨
神通力故　增益壽命　復為諸人　廣說是經。

這是指那些對常不輕菩薩高慢的比丘。他盡給他們說《法華經》，等他們的罪消失了，還能得到六根清淨。罪過完了，命終之後，還能得到六根清淨。「神通力故，增益壽命，復為諸人，廣說是經」，常不輕菩薩一直給他們演說《法華經》。

諸著法眾　皆蒙菩薩　教化成就　令住佛道。
不輕命終　值無數佛　說是經故　得無量福
漸具功德　疾成佛道。

那些對法執著的人，能聞到《法華經》、得到《法華經》的利益，皆靠常不輕菩薩給他們講的。這個執著在什麼地方呢？他認為常不輕給他們授記是胡說八道的，他們的法不如是說。這是他們對法上執著，不知道《法華經》的深義。

人人都有佛性，人人都能成佛，這是不錯的，這是肯定，這就是他們執著處，他們認為常不輕說的話不對。常不輕給他們講《法華經》，他們認為不對才不接受，才輕毀常不輕菩薩。但是久了，等他們罪業消失了，常不輕給他們說《法華經》的力量還是發顯，還是在的。那些執法眾，蒙菩薩的教誨成就了，「令住佛道」。常不輕菩薩命終之後，他的利益就大了，知道值遇無量諸佛，常說是《法華經》。「說是經故，得無量福」，乃至於成佛。「漸具功

德，疾成佛道」，成了釋迦牟尼佛。這是釋迦牟尼佛講他成佛的過程。

彼時不輕　則我身是。
聞不輕言　汝當作佛　以是因緣　值無數佛。
此會菩薩　五百之眾　并及四部　清信士女
今於我前　聽法者是。

那個時候，常不輕菩薩就是我釋迦牟尼。「時四部眾」，執著法的，「聞不輕言」，聞了常不輕菩薩的話，「汝當作佛」，這話授記授得很準確。就以常不輕稱讚他們是佛的這個因緣，他們以後的罪業消失了，遇到無數的佛。這些人是哪些人呢？就是現在會中的四部（眾）弟子，「五百之眾，并及四部」，清淨信心的士女。「今於我前，聽法者是」，在我說《法華經》的聽法者，就是那時候的四眾弟子。

伍、悟佛知見分　常不輕菩薩品第二十

339

我於前世　勸是諸人　聽受斯經　第一之法。
開示教人　令住涅槃　世世受持　如是經典。

億億萬劫　至不可議　時乃得聞　是法華經。

在威音王佛的時候,「勸是諸人」,我勸他們,要聽受此《法華經》,說《法華經》是一切法中之第一,是「第一之法。開示教人」。釋迦牟尼佛說,我過去就是以這個法開示眾生,示給眾生的知見。這是四種佛知見當中的開示知見,令他們成就「令住涅槃,世世受持,如是經典」,發願生生世世,永遠受持《法華經》,「如是經典」,就是《法華經》。

這個時間很長,「時乃得聞,是法華經」,不是隨時能聽到的。你要經過億億萬劫,乃至於不可思議的時間,才能聞到《法華經》,那得有很大的善因緣。

億億萬劫　至不可議　諸佛世尊　時說是經

是故行者　於佛滅後　聞如是經　勿生疑惑

應當一心　廣說此經　世世值佛　疾成佛道。

前面都是億億萬劫，時間很長的，不是常說的。有時候演說《法華經》，你遇到了。釋迦牟尼佛成佛四十餘年，才開演《法華經》。從佛住世的時候，有很多人還沒有聽到《法華經》。我們現在感覺聽聽《法華經》，學學《法華經》很容易，其實不是那麼容易的。佛就說，你若聽到了這部經，遇到了聞了這部經，你可不要輕輕易易的對待。

就拿我們現在這個社會來說，六十多億人口能夠聞到《法華經》的，能有好多呢？聞到了信不信呢？信了而後能不能行呢？問題就在這裡。所以說，一切諸佛說是《法華經》的時候，你在佛滅後，很難得遇到的。

若聞到這部經，千萬莫要懷疑，不要不信。同時你感到現在假使有人說，

伍、悟佛知見分　常不輕菩薩品第二十

341

我們都是佛，我們罵他不罵他？假使現在有人見到我們，說你是未來諸佛，我不敢輕慢你。我們作何感想？如何把他當成常不輕菩薩對待？說你胡說八道，我是業障很重，你看我一天煩煩惱惱的，我能夠成佛？

這不是說過去，而是現在。假使來了一位師父，或者一位在家居士說：「你們都是佛，我不敢輕慢你們。」給你磕頭，你也認為他胡說八道，你相信嗎？相信自己是佛嗎？這段故事是教育我們的。為什麼？你不敢承當。你認為佛得修多少無量時劫，這是說理性佛，你理性本具的，性空即是佛，這就是我們講的「性空緣起」。懂得這個道理就知道，我們必定成佛。

第一我知有佛性，人人都有佛性，遇到《法華經》啓發我們自性，把我們自己的佛性啓發出來了，本具的理，外加我們誦持《法華經》，一天持誦禮拜。現在我們在幹什麼？每天都在成佛。你心裡想的，身上一天所作的就是往成佛道上走！聞是經的時候不要懷疑，「應當一心，廣說此經」。勸我們應當信受法華、廣演法華，這就是「妙」，凡夫就能成佛，「世世值佛，疾成佛道」。

如來神力品第二十一

這就是如來的神力,如來神力不思議,能夠加被我們,人人都能成佛。人人本來也是佛,我們講《華嚴經》也是這樣講。「性空緣起」,現在我們就在緣起當中,我們的性跟諸佛無二無別,緣起當中有成佛的緣起,人人都能成佛。成了佛了,力量就大了。

我們現在講第二十一品,〈如來神力品〉。這一品顯現佛的神力,佛出廣長舌相,佛的每一身都放光,每個毫毛孔都放光,這就是佛的神力。

在末法時代,你如果能一心受持《法華經》,受持就是讀誦、解說、書寫。在《法華經》所教授的如是修行,如實相信《法華經》的功德。說如來的神力,就是說《法華經》的功德,這部經所在的道場都是諸佛以法華而成道的。**轉法輪**,轉《妙法蓮華經》的法輪,這就是如來的神力。

《妙法蓮華經》整部經,就是如來的神力。勸一切眾生,特別是佛的四眾

伍、悟佛知見分 如來神力品第二十一

343

弟子，佛的四眾弟子要流通、宣揚此《法華經》。

從第二十一品〈如來神力品〉到第二十八品〈普賢菩薩勸發品〉，這八品，特別是我們念的〈觀世音菩薩普門品〉，那是《法華經》的一部份。真正行的就是《法華經》的力量，從第二十一品到第二十八品都是如來的神力。如來的神力加持我們，人人都要宣揚、弘揚《法華經》。

如來神力囑咐一切諸菩薩，勸化一切眾生都要流通。普賢行，就是普賢菩薩勸發，普賢行願護持《法華經》。等念到〈普賢菩薩勸發品〉，普賢菩薩加持一切誦持《法華經》的眾生。

我們《華嚴經》講完了，還沒講〈普賢行願品〉，接著就講《法華經》，還是普賢勸發。這個是加持力，從此以下的八品經文，勸大家去流通，勸人人都能夠受持《法華經》，《法華經》真正的要義就講完了。以下的八品，全部勸你去流通，把《法華經》向任何人講，這是如來的神力。

當你勸別人信《法華經》，不是你的力量，而是佛的神力。你要這樣想，

344

佛的神力加持你，讓你去宣揚《法華經》。你自己讀誦也好，念也好，都叫宣揚。

爾時千世界微塵等菩薩摩訶薩從地涌出者皆於佛前一心合掌。瞻仰尊顏而白佛言世尊我等於佛滅後世尊分身所在國土滅度之處當廣說此經所以者何我等亦自欲得是真淨大法受持讀誦解說書寫而供養之。

一千世界抹成微塵，一菩薩一微塵一大菩薩，這都是從地涌出的。前頭不是〈從地涌出品〉嗎？釋迦牟尼佛所教化的那些弟子，他們首先發心弘揚《法華經》。他們「皆於佛前，一心合掌，瞻仰尊顏，而白佛言：世尊，我等於佛滅後。」世尊，你若涅槃之後，乃至於世尊所有的分身，所在其他的國土

之處,都廣宣此經,廣說此《法華經》。「所以者何?」為什麼我們要這樣發心呢?「我等亦自欲得是真淨大法」,我們自己宣揚《法華經》、得到《法華經》,受持、讀誦、解說、書寫、供養。

爾時世尊於文殊師利等。無量百千萬億舊住娑婆世界菩薩摩訶薩及諸比丘比丘尼優婆塞優婆夷天龍夜叉乾闥婆阿修羅迦樓羅緊那羅摩睺羅伽人非人等一切眾前現大神力出廣長舌上至梵世。

總說,就是佛在一切法會當中顯現神力,這個法會當中有舊住的,「舊住」是常隨佛的,以文殊師利為首,百千萬億舊住娑婆世界的;還有新來的,不是娑婆世界的,而是從他方世界來的。八部鬼神眾也有,所有在法會當中參加此法華會的,佛就顯大神通,出廣長舌,「上至梵世」,到了最頂天,梵

天、大梵天是最頂天的。

一切毛孔放於無量無數色光皆悉徧照十方世界眾寶樹下師子座上諸佛。亦復如是出廣長舌放無量光釋迦牟尼佛及寶樹下諸佛現神力時滿百千歲然後還攝舌相。

佛的周身每一個毫毛孔，都放出了無量無數的色光，「色光」就是法。放光說法，光即是法，有些大菩薩一見到佛的光，一見光所現的顏色相，光不一定是黃的、紅的、白的，什麼光都有。每一種光顯一種法，這個光就是照的意思，照十方世界。照得這些寶樹下，照到師子座上諸佛，來這法會的不都是聞法的，還有證明多寶佛塔在十方無量諸佛，諸佛都出廣長舌也放無量光。

釋迦牟尼佛及寶樹下的諸佛，現這個神通力，現好長的時間呢？滿百千歲，放光的時間很長，百千歲。從舌光放出的，放完了百千歲，放十萬光明，

完了又把光放回去，收回舌相。這是每個毛孔都放的光，但是收回舌相。出廣長舌是要說法的，所以要出舌而放光，一切毛孔也放光，但是收回舌相，「還攝舌相」。

「一時謦欬俱共彈指是二音聲徧至十方諸佛世界地皆六種震動。其中眾生天龍夜叉乾闥婆阿修羅迦樓羅緊那羅摩睺羅伽人非人等以佛神力故皆見此娑婆世界無量無邊百千萬億眾寶樹下師子座上諸佛及見釋迦牟尼佛共多寶如來在寶塔中坐師子座。

「一時謦欬」，就是彈指間。咳嗽、打個噴嚏，就在彈指之間。一個彈指間，聲欬的聲音，這個聲音到了十方諸佛世界。十方諸佛世界每一個地點都有這種相，光相通暢，沒有障礙。同時發出了六種震動，每個國土都有六種震動。但是得有緣的，沒有善根、沒有緣的還是遇不到的，還是聽不見的。

在這個中間的眾生，天、龍、夜叉、乾闥婆、阿修羅、迦樓羅、緊那羅、摩睺羅伽、人非人等，所有與會的大眾，各種各類的都得到佛的神力，「以佛神力故」，看這娑婆世界完全變了。變成什麼樣子呢？有無量無邊百千萬億眾寶樹下，每個寶樹下都有師子之座，每個座上都有佛。又見到釋迦牟尼跟多寶如來，釋迦牟尼佛沒坐師子座，釋迦牟尼佛是到了多寶塔裡頭。

前文，多寶如來分半座給釋迦牟尼，多寶塔裡頭是兩尊佛。多寶如來是過去無量劫說《法華經》的佛，釋迦牟尼是現在的佛。過去的佛與現在的佛，同坐在寶塔之中。

又見無量無邊百千萬億菩薩摩訶薩及諸四眾恭敬圍繞釋迦牟尼佛。既見是已皆大歡喜得未曾有。

見到這種境相，「皆大歡喜、得未曾有」，隨佛四十餘年，那些菩薩沒見

過這種相。

即時諸天於虛空中高聲唱言。過此無量無邊百千萬億阿僧祇世界有國名娑婆。是中有佛名釋迦牟尼。今為諸菩薩摩訶薩說大乘經名妙法蓮華教菩薩法佛所護念汝等當深心隨喜亦當禮拜供養釋迦牟尼佛。

天人在虛空中高聲唱言,「過此」,從我們娑婆世界往四面八方延伸,有百千萬億阿僧祇世界,在百千萬億世界當中有個國,這個國叫什麼呢?娑婆,也就是我們現在國土。

「是中有佛,名釋迦牟尼,今為諸菩薩摩訶薩說大乘經,名妙法蓮華。」

這是專教菩薩的,一切無量諸佛所護念的,「汝等當深心隨喜」,這是向無量無邊世界說,現在娑婆世界有釋迦牟尼佛在這裡說法,說的是《妙法蓮華經》

的法，這是教菩薩成佛的法門，你們都應當禮拜供養隨喜，這種聲音向無量世界宣揚。

彼諸眾生聞虛空中聲已合掌向娑婆世界作如是言南無釋迦牟尼佛。南無釋迦牟尼佛以種種華香瓔珞幡蓋及諸嚴身之具珍寶妙物皆共遙散娑婆世界所散諸物從十方來譬如雲集變成寶帳。徧覆此間諸佛之上於時十方世界通達無礙如一佛土。

無量無邊的世界，聽到空中這種聲音，大家都向娑婆世界，「向」，不是「到」，就是聽到這種聲音，向娑婆世界作是言。「南無釋迦牟尼佛！南無釋迦牟尼佛！」恭敬供養稱揚，說《法華經》的釋迦牟尼佛。稱揚德號，供養種種的華、香、瓔珞，所有嚴身之具都供養。

還有珍珠、瑪瑙、珍寶、妙物，遙散娑婆世界，離這很遠的憶念，所散諸

物十方無量無邊,跟雲一樣的,來集聚娑婆世界;或變成寶帳的,徧覆諸佛之上。這種境界都是憶念的想像。「於時十方世界,通達無礙,如一佛土」,無量的佛國土像一個佛國土一樣的。

爾時佛告上行等菩薩大眾諸佛神力。如是無量無邊不可思議若我以是神力於無量百千萬億阿僧祇劫為囑累故說此經功德猶不能盡以要言之如來一切所有之法如來一切自在神力如來一切祕要之藏如來一切甚深之事皆於此經宣示顯說。

在這個時候,「佛告上行等菩薩大眾,諸佛神力,如是無量無邊、不可思議。」大眾,你們都看見,這是無量諸佛的神力所加持,不可思議。「若我以是神力」,釋迦牟尼佛說,若是我以這神力,「於無量無邊百千萬億阿僧祇劫」,這時間長了,無量無邊阿僧祇劫,「時無量」。

伍、悟佛知見分 如來神力品第二十一

十方諸佛的神力是「處無量」,時跟處都是無量。時跟處結合了,沒有時間,處所呢?不分。上、下、東、西、南、北、東南、西南、東北、西北,這叫十方。若經過無量無邊的千萬億劫阿僧祇劫。這些現相、這些諸佛,若說《法華經》,說不盡。

十方諸佛說《法華經》,在十方無量諸佛所中,不是釋迦牟尼佛一佛,佛佛如是。一切如來所有的法,一切如來所有的神力,一切如來秘密之藏,秘密含藏的。如果想學密宗,這就是最上密宗。這是甚深密藏,但是把它說成顯教,「皆於此經,宣示顯說」,不說就是秘密,若把它宣示出來了就不密了。

是故汝等於如來滅後應一心受持讀誦解說書寫如說修行所在國土若有受持讀誦解說書寫如說修行

釋迦牟尼佛囑託說,我不在世、涅槃的時候,大家應當一心受持、讀誦、

解說、書寫，也就是流通，這是後世輾轉的流通。不論在什麼國土、在什麼地點，不論任何人，只要受持、讀誦、解說、書寫，如是修行。

若經卷所住之處若於園中若於林中若於樹下。若於僧坊若白衣舍若在殿堂若山谷曠野是中皆應起塔供養

《法華經》所在的地點，或於園林當中，或於樹下，或於寺廟、僧房，或於在家人、白衣舍，就是在家人的房子，或於殿堂，或於深山曠野當中，凡有經所在的地方都應起塔供養《法華經》。

所以者何當知是處即是道場諸佛於此得阿耨多羅三藐三菩提。諸佛於此轉於法輪諸佛於此而般涅槃

什麼原因？為什麼要這樣供養？經所在處，《法華經》所在之處，這個處所

就是道場。一切諸佛所得的阿耨多羅三藐三菩提，一切諸佛所成就的無上正等正覺，都是此經。「諸佛於此，轉於法輪，諸佛於此，而般涅槃」，就是以《法華經》說法，以《法華經》入涅槃。因此以一切佛的神力加持宣揚《法華經》。

爾時世尊欲重宣此義而說偈言。

諸佛救世者　住於大神通　為悅眾生故　現無量神力
舌相至梵天　身放無數光　為求佛道者　現此希有事
諸佛謦欬聲　及彈指之聲　周聞十方國　地皆六種動

用偈頌體裁，再說一遍。

「諸佛救世者，住於大神通，為悅眾生故，現無量神力」，使一切眾生歡喜、欣樂，所以佛就顯現神力。「舌相至梵天，身放無數光」，佛的身相徧大千世界，乃至到佛的有頂天。同時在身上放出無量光明，舌光、身光，就放了

355

伍、悟佛知見分　如來神力品第二十一

無量身光。

若有求佛道的,一看見這種希有的事,不思議的。乃至佛的謦欬之聲,打個噴嚏,謦欬!「及彈指之聲,周聞十方國」,佛就是這麼輕微的舉動,也是徧無盡十方國土,那就是六種震動。佛的聲音很小,徧十方國土,聲音就很大了。形容佛滅度之後,《法華經》的力量,不可思議。

以佛滅度後　能持是經故　諸佛皆歡喜　現無量神力
囑累是經故　讚美受持者　於無量劫中　猶故不能盡
是人之功德　無邊無有窮　如十方虛空　不可得邊際

因此,一切諸佛都歡喜顯大的神力,無量的神力。什麼原因?讓你弘揚《法華經》。「囑累是經故,讚美受持者」,十方諸佛讚歎受持《法華經》,這種讚歎的聲音,經過無量劫也讚歎不完,「猶故不能盡。是人之功德,無邊

無有窮」。誦持《法華經》、護持《法華經》、傳揚《法華經》，使《法華經》常時流轉。「如十方虛空，不可得邊際」，若想測量空中十方邊際，測不盡的，虛空無量。

能持是經者　則為已見我　亦見多寶佛　及諸分身者
又見我今日　教化諸菩薩　能持是經者　令我及分身
滅度多寶佛　一切皆歡喜。

若有能受持此經者，若有能讀誦、念誦、解說、書寫，這就是能持《法華經》。「則為已見我」，說你已經見到我，釋迦牟尼佛這樣說，你受此經就見到佛，為什麼？經就是佛。不但見到我，亦見到多寶佛。哪裡有《法華經》，多寶佛就出現，「及諸分身者」，每一佛都千百億無量億的化身。

「又見我今日，教化諸菩薩」，見到我現在教化菩薩這種教化的神力，這

都是佛的神力加持。「能持是經者，令我及分身」，若能受持《法華經》，就是我的化身，就是我的分身。「滅度多寶佛，一切皆歡喜」，釋迦多寶如來滅度無量劫，只要一說《法華經》，他又出現，誰見了都歡喜。

十方現在佛　并過去未來　亦見亦供養　亦令得歡喜。

諸佛坐道場　所得祕要法　能持是經者　不久亦當得。

這是見經如見佛，每人都有一部《法華經》。那就是你一天跟著佛在一起，但是你也能造很多罪，要特別注意。你的《法華經》置放處，要放在最尊貴地點，不能放在足下，一定在頭頂部，一定在上方，若是不潔淨、不恭敬，就造罪了，功德無量，罪亦無邊。你若不尊敬，反過來就是罪惡。

「諸佛坐道場，所得祕要法」，大家都想知道佛的秘密，《法華經》是諸佛的秘密法。「能持是經者，不久亦當得」，能夠持《法華經》者，不久能夠

成佛,當得佛。

能持是經者　於諸法之義　名字及言辭　樂說無窮盡
如風於空中　一切無障礙　於如來滅後　知佛所說經
因緣及次第　隨義如實說　如日月光明　能除諸幽冥
斯人行世間　能滅眾生闇　教無量菩薩　畢竟住一乘。

歡喜快樂,說《法華經》沒完沒了,無窮盡的意思。「如風於空中,一切無障礙」,風在空中障礙不住。說你若是說此《法華經》,什麼災難都消了。

「於如來滅後,知佛所說經」,在佛滅度之後,你知道佛說《法華經》的因緣,它的次第,「隨義如實說」,隨著經的道理如實宣說,「如日月光明,能除諸幽冥」。斯人行世間,能滅眾生闇」。

你在世間,把一切眾生的黑暗都消滅了,全是光明的。能夠教授無量菩

薩,「畢竟住一乘」,能夠教授一切眾生,都能住在法華會上,住在《法華經》上,這是無上最圓滿的一乘法。

是故有智者　聞此功德利　於我滅度後　應受持斯經
是人於佛道　決定無有疑。

凡是受持《法華經》的,決定能成佛。

囑累品第二十二

爾時釋迦牟尼佛從法座起現大神力以右手摩無量菩薩摩訶薩頂而作是言我於無量百千萬億阿僧祇劫修習是難得阿耨多羅三藐三菩提法今以付囑汝等汝等應當一心流布此法廣令增益。

如是三摩諸菩薩摩訶薩頂。而作是言。我於無量百千萬億阿僧祇劫修習是難得阿耨多羅三藐三菩提法。今以付囑汝等。汝等當受持讀誦廣宣此法令一切眾生普得聞知。

這一段經文的涵義，就是《法華經》說完了，佛令這些大菩薩眾繼續演說，令所有與會的大菩薩眾弘揚此《法華經》。佛宣示的《法華經》是實，就跟大家講性空的道理，人人都能成佛，人人本具的緣故，這是實。但是說《法華經》的過程當中，是權。只有此經佛咐囑的時候，三摩這些大菩薩頂，不是摩一次，而是連摩三次。這不是一位兩位菩薩，而是摩無量菩薩摩訶薩頂，以手表示佛的權巧，善巧方便。

在這一個國土中，以善巧方便智，說如是的法華之法。權要達到實！《法華經》所宣的是實義，以權巧方便說，摩諸佛諸菩薩的實智之頂，以權啟發眾生的這些大菩薩頂。這就是過去所說的傳法卷（卷），那是表示形式。

有些道友讓摩摩頂,摩摩頂表示加持義。佛把智慧加持一位受摩頂的大菩薩,把道授給他們,讓他們去弘揚;大菩薩接受佛的教導,以佛的權智入菩薩的實智,菩薩再從實智實行權。

這有幾重涵義。權就是善巧方便,假種種喻譬。佛三摩其頂,同時還是表示諸佛菩薩、諸大菩薩也有身、口、意,承受佛的身、口、意。又者表對佛的殷勤,不讓他們忘了,這裡含著慎重,讓他們一定遵照佛的旨意去宣揚《法華經》。

所以者何。如來有大慈悲無諸慳吝亦無所畏懼能予眾生佛之智慧。如來智慧自然智慧。如來是一切眾生之大施主汝等亦應隨學如來之法勿生慳吝。

這個道理是什麼道理?徵啟的意思。如來具足慈悲智慧,對這種甚深法,並沒有慳吝的涵義,亦無所畏懼,供養給一切眾生。因此,如來是一切眾生大

施主，施捨什麼呢？法。法的大施主，施給眾生。那麼一切眾生接受佛的教導，學如來甚深的《法華經》；但是也不要吝惜，要傳給一切眾生，就是使一切眾生身、口、意都能得到智慧。讓一切眾生在未來無窮無盡、永遠永遠流傳《法華經》，使《法華經》宣揚不斷。

於未來世若有善男子善女人信如來智慧者當為演說此法華經。使得聞知為令其人得佛慧故。

於未來世，若有善男子、善女人，信如來的智慧，在文字上是這樣說，我們眾生當中對佛的智慧是沒有懷疑的，信佛的智慧。但是面對自己的煩惱，總感覺到佛的加持力還不夠。當煩惱的時候，你就想，有的時候思念佛，可以除我的痛苦；但是痛苦沒有消除，你就抱怨了，抱怨佛菩薩不靈了，法也不靈了。這問題是兩方面的，是你修的不夠，修的不夠就是信心不懇切，因為你的信

心不堅定，始終沒入到位。沒入到位，對治煩惱，降伏你的敵對障礙不起作用，那是你自己修的工夫不夠。

佛菩薩能夠免一切眾生痛苦，但是到你這裡，痛苦消除不了；或者是有病痛，念菩薩，好像菩薩也不靈，念了萬聲，還在痛，你就產生抱怨。因為你的心跟佛菩薩加持你的力度，兩者合不起來。合不起來的原因呢？

例如說，我們很痛苦，念佛菩薩聖號，經卷上說，告訴我們說一念菩薩，痛苦就解除了。但是這裡頭還有一層道理，什麼道理呢？當時你的心跟菩薩教導的涵義能夠合在一起，一致了，就是你的精神跟佛所教導的涵義合在一起了。

舉個例子說，當你病痛的時候，如果觀想好的，你就思惟，我有覺、有個知覺，感覺得痛苦。如果沒有這個知覺，痛苦感覺不到了，麻痺了。病人或者精神失常的人，他沒有痛苦的感覺了。那個沒痛苦的感覺是迷了，那是迷。迷得沒有痛苦感覺，但你有痛苦感覺的時候，念菩薩；菩薩告訴我們，把痛苦跟能感覺的覺分開，你們試驗一下。

我在痛苦當中，一個是能感覺痛苦的這個覺，一個是你現在身體病，這個痛苦的那個覺。這兩者，你有感覺，覺得是痛，感覺痛的這個覺，它不痛；能覺的跟你身上所受的痛苦，它們是兩個，如果你能分開的話，「有覺覺痛，無痛痛覺」。

菩薩悟道的時候，他能把痛苦轉成覺悟，那時候他那個身體跟那個痛，痛不在覺上。有感覺你覺到痛，如果沒感覺呢？沒感覺，痛沒有？但是這個是假的，身體跟覺悟是兩回事。「有覺覺痛，無痛痛覺」，這要有修禪定的工夫。一切身體是你的肉體。因為我們凡夫這個覺跟你的肉體，沒有脫離。你那個識是被肉體所限制的，如果那個識跟肉體脫離開了，生老病死，你這個識若能覺悟就成道了，這是所謂成道的意思。

佛的智慧跟眾生的智慧，有一個根本的智慧，我們就說法身。之前還沒有講《法華經》的時候，先講「性空緣起」。「性空」的智慧我們有，有是迷

了,必得假方便善巧,把我們那個根本智慧再恢復了;但是起作用的時候,都是後得智,法身同一體。「緣起」不一樣了。

所以說,佛不是給眾生智慧,佛只是告訴你一種方法,依照這種方法可以得到智慧,能給眾生的智慧。佛的智慧、如來的智慧、自然的智慧,都能布施給眾生,所以佛是大施主。施捨什麼呢?智慧。這就是《法華經》主要講的,開佛的知見、示佛的知見、悟佛的知見、入佛的知見。入佛的知見就是跟佛一樣,開示悟入佛的知見。

如來布施給眾生是佛的知見,佛就囑託這些大菩薩,說,「汝等!」你們都是隨學如來法的,如來法不能夠吝嗇,要傳給眾生,「勿生慳吝」。每位道友,不論比丘、比丘尼、優婆塞、優婆夷,都具足有慳吝。什麼意思呢?你不肯向人家說,哎!我也沒學會,還沒有懂呢!這都是慳吝的表現。

我們現在在座的,沒有一位不懂《妙法蓮華經》的,這個名字懂吧?你給別人說說,相信《妙法蓮華經》,就能解決問題。解決什麼問題?解決凡夫一

此痛苦的問題。你不是想離苦難嗎？念《妙法蓮華經》，每位眾生都具足的。

佛的智慧是一切智，一切智就是覺悟。覺悟的涵義就是讓你開佛的知見。

當你覺悟了，就是有智慧。這個智慧是什麼呢？一切觀照的都放下了，看破了。爲什麼？空故，這就是「性空」。但是你在行的當中，還是「緣起」，知道這個理上是畢竟空的，但是事相可不一樣。

如來的智慧，一切種智，任何事物都是從因到果，沒有一件事是離開因果的。這個道理就是從根本智慧產生方便善巧智慧，產生自然智慧，產生一切種智，一切眾生都具足有的。只是沒有開發出來而已，現在迷了。

「於未來世」，就是佛說《法華經》，我們都是未來世的。當時佛說《法華經》法會未來的眾生，就是未來世。「若有善男子、善女人」，「男人」、「女人」前面加一個「善」字，什麼意思？凡是信仰三寶的弟子，受持三寶、三歸的弟子，都是善男子、善女人。

這些善男子、善女人信佛之後，能夠信如來的智慧，給他們說佛的智慧，

佛的三藐三菩提,都能信。你給這些人演說《法華經》,使他們聞道。說我不會講,不會講就念《大乘妙法蓮華經》的經名,該會吧?除非是啞巴,不會說話,能說的,你就念《大乘妙法蓮華經》經名。別的不會,這個該會吧?你見到鴿子,見到一切眾生,說牠不懂得人話。那是你的認為,你可以給牠種個種子,給牠念《大乘妙法蓮華經》經名,乃至念阿彌陀佛聖號。因為我們這裡是弘揚《法華經》,不是給他念阿彌陀佛,那就給他說《法華經》,讓牠種個《大乘妙法蓮華經》的善根。信如來的智慧,得是善男善女;不是善男善女,他不相信如來智慧,所以加個「善」字。那你就應當給他演說《法華經》,這就是囑累一切眾生,都要弘揚《法華經》。

「使得聞知」,讓他們聞知是什麼目的呢?讓他們得如來的智慧。「為令其人得佛慧故」,你也不要假分別,我給他念《法華經》,他就得到佛慧了。因為你一分別,連《法華經》也不念了,認為他得不到,不要有這個念頭。

「當為演說此法華經」,使他得聞知,聞了《法華經》,他就種了佛的智慧種

368

子,這叫示、開示的示。

佛說《法華經》,《法華經》快要講完了,我們還是沒有開佛的智慧,不是一樣的嗎?但是我們是種了種子,我們相信能開佛的智慧,你也要相信一切眾生都能開佛的智慧,你給他種個種子,給他念念《法華經》。

若有眾生不信受者當於如來餘深法中示教利喜汝等若能如是則為已報諸佛之恩。

你說人家不信,他也不懂。「若有眾生不信受者」,他根本不信佛,也不信你這套;或者他信佛,但不信《法華經》,因為他不理解,那你又怎麼辦呢?佛告訴我們,「當於如來餘深法中,示教利喜。」那就不講《法華經》,講講佛的其他經論,令他歡喜。「汝等若能如是,則為已報諸佛之恩」,佛囑託這二大菩薩,大家都是常時這樣思惟,報三寶恩,報佛恩。怎樣報呢?宣揚

《法華經》，這是報佛恩最好的方法。

時諸菩薩摩訶薩聞佛作是說已皆大歡喜徧滿其身益加恭敬屈躬低頭合掌向佛俱發聲言如世尊敕當俱奉行唯然世尊願不有慮。諸菩薩摩訶薩眾如是三反俱發聲言如世尊敕當俱奉行唯然世尊願不有慮。

「時諸菩薩摩訶薩」，與會法華會上的所有大菩薩，聽到佛這樣囑託，皆大歡喜，法喜充滿。受佛的囑託，你得到佛的囑託弘揚《法華經》還不歡喜嗎？就是這個涵義。「合掌向佛，俱發聲言」，聽佛囑託之後，心裡全身都充滿歡喜。人若歡喜，身心每個毛孔都生歡喜心，這是形容詞。

「益加恭敬，屈躬、低頭，合掌向佛，俱發聲言」，與會的人沒有表達態度的，就向佛表達態度。「如世尊敕」，我們聽到佛的教導，「當俱奉行」一

定去做。「唯然！世尊，願不有慮。」說世尊哪！不要有憂慮，不要有擔心，我們這些菩薩摩訶薩眾都能承佛教敕，弘揚法華。

佛如是三敕，與會大眾如是三說，三說也是如佛教敕敕弘揚法華，如佛教敕弘揚法華，「俱發聲言，如世尊敕。」世尊，如汝所敕教給我們的，我們一定去做，「唯然！世尊，願不有慮」。

爾時釋迦牟尼佛令十方來諸分身佛各還本土而作是言諸佛各隨所安多寶佛塔還可如故。

釋迦牟尼佛令所有無量無邊世界分身的化佛，都來到法會，法會圓滿了，各各回自己的化土，在那裡化度眾生，各隨所安，各各回去本土。「多寶佛塔，還可如故」，多寶佛塔，因為佛講《法華經》的時候，多寶佛的塔現前，現在佛《法華經》說完了，多寶佛塔隱沒了。

說是語時。十方無量分身諸佛坐寶樹下師子座上者。及多寶佛。并上行等無邊阿僧祇菩薩大眾。舍利弗等聲聞四眾及一切世間天人阿修羅等聞佛所說皆大歡喜。

法華法會圓滿了。以下的幾品經文是幾位菩薩弘揚《法華經》的故事，藥王菩薩、藥上菩薩、妙音菩薩、觀自在菩薩、普賢菩薩。《法華經》到此已經說完了，這些大菩薩就受持《法華經》，宣揚《法華經》，護持《法華經》，使《法華經》常時流轉。

陸、入佛知見分

藥王菩薩本事品第二十三

先講〈藥王菩薩本事品〉。前面囑託的時候，佛對宿王華菩薩演說，藥王菩薩在世間利益眾生的事。一說到利益眾生的事，得先說他的本事。什麼是本事？就是他過去當中所修行的故事。講講幾位與《法華經》深有因緣、弘揚《法華經》的大菩薩；也講講他們以《法華經》利益眾生的故事。為什麼？期望增益與會大眾的信心，在《觀無量壽經》這樣說過。

在往昔的時候，有一位菩薩叫星光，他得到佛的智慧，在雪山上採集各種的藥來供養眾生；能治眾生的身病，還能治眾生的心病。

人的病有兩種，一個是肉體上生理的病，還有一個是心。心的毛病就多了，包括一切不能成佛的障礙。因為藥王菩薩在往昔的時候，能以種種藥草除

治眾生的身病；又能夠說種種的法，除眾生的心病，所以稱「藥王」。

「王」是自在義。對於眾生什麼病給他什麼藥，藥王菩薩化導眾生的方式，以藥治眾生病，就是佛囑累這些菩薩去弘法，舉幾個弘法的例子。藥王菩薩是第一個，弘揚《妙法蓮華經》的；妙音、觀世音也都是弘揚《法華經》。

還有專門說陀羅尼，講呪。陀羅尼是總持，凡是一個呪，就含著有無量總持的意思。凡是呪語都叫總持，都叫陀羅尼，但是不翻，不加解說，多涵義故。呪上只有幾個字，取個譯音。呪語上不要一定注重在文字上，只要那個音大體相似就行了。呪都是經過無量無量劫，經過無量的國土，各各地方的方言，各各的涵義語言，你一念就靈了，靈了就統一了。

爾時宿王華菩薩白佛言世尊藥王菩薩云何游於娑婆世界。

他如何在這個世界弘揚《法華經》的？怎麼遊於娑婆世界？《法華經》後

面說明這個問題，他藉著藥利益眾生，弘揚《法華經》的。得有人請問，佛才說。宿王華菩薩就向佛請問，藥王菩薩在娑婆世界，他是怎麼利益眾生的？就這麼一句話。

世尊是藥王菩薩有若干百千萬億那由它難行苦行善哉世尊。願少解說。

「有若干百千萬億那由它」，這個數字是很多的，言此藥王菩薩在這個世界上行的難行苦行，也就是他修行利益眾生的事跡。「善哉！世尊」，希望佛給我們解說一下，乃至於解說一點點都可以，「願少解說」。

諸天龍神夜叉乾闥婆阿修羅迦樓羅緊那羅摩睺羅伽人非人等。又他國土諸來菩薩及此聲聞眾聞皆歡喜。

「諸天、龍神、夜叉、乾闥婆、阿修羅、迦樓羅、緊那羅、摩睺羅伽、人非人等」，還有其他國土來的菩薩，還有聲聞大眾，都想聽聽藥王菩薩利生的故事。

爾時佛告宿王華菩薩乃往過去無量恆河沙劫有佛號日月淨明德如來應供正徧知明行足善逝世間解無上士調御丈夫天人師佛世尊。

佛就向宿王華菩薩講，藥王菩薩在娑婆世界利益眾生的故事。佛告宿王華菩薩說，在過去無量恆河沙劫，這個時間很長遠。那個時候，娑婆世界有佛出現於世間，佛號，「日月淨明德如來」，也具足十號，應供、正徧知、明行足、善逝、世間解、無上士、調御丈夫、天人師、佛、世尊。這尊佛有好多弟子呢？

其佛有八十億大菩薩摩訶薩七十二恆河沙大聲聞眾佛壽四萬

二千劫菩薩壽命亦等彼國無有女人地獄餓鬼畜生阿修羅等及以諸難地平如掌琉璃所成寶樹莊嚴寶帳覆上垂寶華幡寶瓶香爐周徧國界。

一共有八十億，一位一位菩薩，大菩薩有八十億。還有二乘人，「七十二恆河沙大聲聞眾」，七十二恆河，一個沙粒一個聲聞，有這麼多聲聞大眾。佛的壽命是好長呢？四萬二千劫。這不是拿年說的，而是拿劫說的。佛的壽命亦如是。與會菩薩的壽命也是這麼長，四萬二千劫。

這個國土很清淨，「無有女人」，沒有女性也沒有地獄，沒有餓鬼，沒有畜生，沒有阿修羅，沒有六道，什麼災難都沒有。大地平靜如手掌，像琉璃一樣所合成的，「寶樹莊嚴，寶帳覆上，垂寶華幡，寶瓶香爐，周徧國界」。

七寶爲臺一樹一臺其樹去臺盡一箭道。此諸寶樹皆有菩薩聲聞。

而坐其下諸寶臺上各有百億諸天作天技樂歌歎於佛以為供養。

一棵樹一個臺,可以遮陰涼又可以睡覺。「臺」就是樓臺殿閣,你可以休息了,那個樹跟那個臺,相去一箭之遙。現在我們射的一箭,大概五六十步,過去的人較有力量,可以有一百多步吧。射最遠的,古代的一百五十步,大概是這麼個距離。

每個寶樹都有菩薩。寶樹,說下面有寶座,寶座坐的都有菩薩也有聲聞。同時在寶臺上,百千億諸天,「作天技樂」,作各種音樂。這種音樂不是他們自己玩樂,而是讚歎佛的,拿這個音樂來讚歎供養佛。

爾時彼佛為一切眾生喜見菩薩及眾菩薩諸聲聞眾說法華經是一切眾生喜見菩薩樂習苦行於日月淨明德佛法中精進經行一心求佛滿萬二千歲已得現一切色身三昧得此三昧已心大歡喜。

陸、入佛知見分 藥王菩薩本事品第二十三

此處所顯示的都是《法華經》的。這是宿王華菩薩請，佛就告訴他說，古來日月淨明德如來會中的喜見菩薩。喜見菩薩他樂於修行苦行，專修苦行的菩薩。文中就說他的苦行，「精進經行」，沒有二念，「一心求佛，滿萬二千歲已」，發心行菩薩道修行，滿了一萬二千歲，「得現一切色身三昧」，三昧的名字叫色身三昧，行什麼苦行呢？燃身供佛。

我們那些燃香、燃身、燃背、燃指，都從《法華經》上來的。有的經，佛還說不許燒，行比丘戒的時候，若燒身、燒背、燒指，是犯佛的戒法。這是《法華經》獨特的，燃身背指供佛。

五臺山壽寧寺，我們看見北魏的太子燃身供佛。但是我們要懂得這些菩薩燃身供佛，是在成道之後所作的供養，不是我們把肉身一燒，痛得還叫喝的！燃身供佛還有其他方法的，或者燃指，燃身的很少。

北魏的時候有，唐朝以後燃身供佛的很少。燃指的太多了，很多是八指頭陀，虛雲老和尚是八指頭陀，滿清末年天童寺的方丈寄禪老和尚也是八指頭

陀。很多是燃兩個手指，因為這兩個是無明指，把無明指燒掉了，那就沒有無明了。是不是這麼一燒就把無明燒掉了呢？我不相信。當你道力不夠，越燒無明越大，本來無明火就不小了，燒完了脾氣更大。那就不是此經所要求的。

因為一切眾生喜見菩薩，他的修行就是行苦行的。精進修行一心求佛，滿了萬二千歲，就是一萬二千年，一年算一歲。他得了一切色身的三昧，在肉體上，色身三昧，他入了三昧。

你燒它，跟他好像沒有關係，說他這個色身，你學不得也學不到。這邊燒，那邊生了！你能做得到？人都到化身大菩薩那邊去了，這地方燒，他到那地方度眾生去了，他得了色身三昧，心裡歡喜了。

即作念言我得現一切色身三昧皆是得聞法華經力我今當供養日月淨明德佛及法華經。

他現在一切的色身三昧，皆得聞《法華經》的力。他得這個就是色身一切

自在，就是證得法身。簡單說，這個緣起滅了，證得法空了。「我今當供養日月淨明德佛，及法華經」，他得了這個三昧，要供養淨明佛，因為淨明佛說的《法華經》他得到了，得到三昧成就了。

即時入是三昧於虛空中雨曼陀羅華摩訶曼陀羅華細末堅黑栴檀滿虛空中。如雲而下又雨海此岸栴檀之香此香六銖價值娑婆世界以供養佛作是供養已從三昧起而自念言我雖以神力供養於佛。

「此香六銖」（「銖」，古代重量單位，二十四銖為一兩），這個香，「價值娑婆世界」，燃這個香來供養佛，供養日月淨明德佛，供養《法華經》。供養完了，從這個三昧起，色身三昧，還有色心三昧，「而自念言」，我現在雖然以神力供養佛了，這還不夠。

不如以身供養即服諸香梅檀薰陸兜樓婆畢力迦沉水膠香又飲蒼蔔諸華香油滿千二百歲已香油塗身於日月淨明德佛前以天寶衣而自纏身灌諸香油以神通力願而自然身光明徧照八十億恆河沙世界其中諸佛同時讚言善哉善哉。

「不如以身供養」，燒身就是這樣。要燒身了，不要吃飲食，還得吃這個香，燒氣很臭怎麼供養佛！怎麼樣才能使身上香呢？不吃人間飲食，光服香料，服梅檀香，薰陸香，兜樓婆香，畢力迦香，沉水香，膠香。那就不吃飲食，吃這些香。又飲很多香油，「蒼蔔諸華香油」，渴了，喝這香油。我備課時，看到這段經文，如果不是大菩薩，哪買得起這麼多香？去哪裡買？這些香不是人間所能得到的，多少錢也買不到。你到市場去買，說我買好多好多沉水香，你可以買到。膠香，你可以買得到。畢力迦、薰陸、兜樓婆，你能買得到嗎？那都是勝境的香。

完了飲蒼蔔諸華香油。不是一天兩天，一千二百歲就一千二百年，天天吃這些東西。服的香，完了最後拿香油把身上塗上，塗滿了香油，「於日月淨明德佛前」，拿天寶衣，天寶衣是六欲天說的。把身又裹上，完了拿這個灌香油，香油灌。這香油不是我們芝麻油，而是各種的香。那不是拿火去點，是以自己的神通願力來燃身。

「光明徧照」，這一燃！光明徧照，照得特別遠，八十億恆河沙世界。這都是勝境不可思議的。在他燃燒的過程當中，一切諸佛，十方無量諸佛讚歎說：「善哉！善哉！」你這個供養是最好的。

善男子是眞精進。是名眞法供養如來。若以華香瓔珞燒香末香塗香天繒幡蓋及海此岸栴檀之香。如是等種種諸物供養所不能及。假使國城妻子布施亦所不及。

「如是等種種諸物供養」，都沒有你這供養殊勝，以身供養。因為你一切

都放下了，國王、妻子、布施，都不如你這個供養。

善男子是名第一之施於諸施中最尊最上以法供養諸如來故。

是語已而各默然其身火然千二百歲過是已後其身乃盡。

「是名第一之施」，就是供養之中第一，「於諸施中，最尊最上，以法供養諸如來故。」怎麼理解？他是以身供養。怎麼會說是法供養？法供養是表法的，他這個供養，內為智觀，把一切的煩惱都斷除，一燒完就沒有了，空了！這是以空慧供養，所以說真法供養。

同時他在供養當中，觀他自身這個肉身就是火，觀身是火，能供的、所供的，能供養的心是性空，所供養的報身是實體，回歸實相。既然是性空實相，那有能燒所燒、能供所供？沒有能供養、所供養也沒有，能燒的、所燒的都是不可得。所以諸佛讚歎，讚歎這個真正法身供養。但是這個身上所供養的火，

燒這個身燒了好長的時間呢？千二百歲，燒了一千二百年。經過一千二百年，這個身才燃盡，供佛才供養完。

一切眾生喜見菩薩作如是法供養已命終之後復生日月淨明德佛國中於淨德王家結跏趺坐忽然化生即為其父而說偈言

大王今當知　我經行彼處　即時得一切　現諸身三昧
勤行大精進　捨所愛之身　供養於世尊　為求無上慧。

「一切眾生喜見菩薩」，作供養已，供養完了，肉體就死了。命終了，「復生日月淨明德佛國中，於淨德王家」，死了又來了，還是生到淨明德佛淨明德佛還沒有圓寂，生到淨明德的國王家裡，怎麼樣生的呢？自然化生。

「結跏趺坐，忽然化生」。沒有媽媽，化生哪有媽媽？生下來就對他父

親說:「大王今當知,我經行彼處。」你應該明白,我現在經行到你這地方來了,「即時得一切,現諸身三昧」,生到化身,就得了無窮無盡的三昧,得到第一個色身三昧,所現的是色身三昧。

「勤行大精進,捨所愛之身。」告訴他說:我對我的身體沒有愛惜,我前生就是捨身來你這裡化生的。「供養於世尊,為求無上慧」,我把我的身供養佛了,燃身供佛。為什麼?求成佛道,「求無上慧」。他一化生,生下來就給他父王說這兩個偈頌。

說是偈已而白父言日月淨明德佛今故現在我先供養佛已得解一切眾生語言陀羅尼。復聞是法華經八百千萬億那由它甄迦羅頻婆羅阿閦婆等偈大王我今當還供養此佛。

偈頌說完了,又跟他父親說:「日月淨明德佛,今故現在」,還在世間,

我應當先供養佛去！一化生，就向他父王要求，我要去供養佛。同時他在化生當中，得到了「解一切眾生語言陀羅尼」。所有一切眾生語言，不論哪一類眾生所有語言，他都得到了；就證得了，一受生就證得了。

「復聞是法華經八百千萬億那由它、甄迦羅、頻婆羅、阿閦婆等、偈」，這些都是印度的最大數目，不是人間思想的數目所能及的。說完了，跟他父親說：「大王，我今當還供養此佛。」化生之後，馬上就供養佛。

白已。即坐七寶之臺上升虛空高七多羅樹往到佛所頭面禮足合十指爪以偈讚佛。

容顏甚奇妙　光明照十方　我適曾供養　今復還親覲。

「白已」，化生就跟他父親這麼要求，要求完了坐七寶之臺。這都是化現的，七寶臺是化現的。「上升虛空，高七多羅樹」，離地面大概七多羅樹這麼

高。七多羅樹，大樹小樹？沒有標準，就說七多羅樹，大概是長成的大樹。從空中到佛的地方，到了佛的道場，「頭面禮足，合十指爪，以偈讚佛。容顏甚奇妙，光明照十方，我適曾供養，今復還親覲。」佛！您的威光德妙，相貌特別莊嚴奇妙。同時佛所放的光照過十方，我剛供養你們，現在我又來了，「今復還親覲」，又來親近佛了。

爾時日月淨明德佛告一切眾生喜見菩薩善男子我涅槃時到滅盡時至汝可安施牀座我於今夜當般涅槃。

爾時一切眾生喜見菩薩說是偈已而白佛言世尊世尊猶故在世。

爾時日月淨明德佛告一切眾生喜見菩薩。

「爾時」，就在他讚歎佛的偈頌說完之後，一切眾生喜見菩薩說了這個偈頌，「而白佛言」，又對佛說：世尊！你現在還在世間化度眾生。「爾時日月淨明德佛」，告一切眾生喜見菩薩，佛就答覆他說：善男子，你來得很好，

我涅槃的時候到了。喜見菩薩這個時候來到佛所,就接佛位,佛就咐囑他弘揚《法華經》。

釋迦牟尼佛在說這故事的時候,讓一切大眾都學喜見菩薩弘揚《妙法蓮華經》。因為日月淨明德佛跟一切眾生喜見菩薩說:善男子,我已經要離開世間,涅槃的時候到了,化度眾生緣已盡,滅盡的時候到了。

「汝可安施牀座」,說你給我做一個圓寂的座子,「我於今夜,當般涅槃」。我們不要把「涅槃」講成是死亡,不是死了,而是他化度的一段因緣完了;涅槃是不生不滅的,他在此處圓寂,又到別的有緣地方去化了。

又敕一切眾生喜見菩薩善男子。我以佛法囑累於汝及諸菩薩大弟子并阿耨多羅三藐三菩提法亦以三千大千七寶世界諸寶樹。寶臺及給侍諸天悉付於汝我滅度後所有舍利亦付囑汝當令流布。廣設供養應起若干千塔如是日月淨明德佛敕一切眾生喜見

菩薩已於夜後分入於涅槃。

佛又跟喜見菩薩說：「善男子」，我現在把佛法，「囑累於汝，及諸菩薩」。那是佛要涅槃，囑託他弘揚佛法，他就這個時候到佛前。同時還有這些菩薩的大弟子，「并阿耨多羅三藐三菩提法」，就是這《妙法蓮華經》。

「亦以三千大千七寶世界，諸寶樹，寶臺，及給侍諸天，悉付於汝」，就承佛的囑託，受佛的遺囑，在我滅後，「所有舍利」，亦付囑於汝。「當令流布，廣設供養，應起若干千塔」，并阿耨多羅三藐三菩提法，就是這《妙法蓮華經》。「敕一切眾生喜見菩薩已」，把這個交代給他，託囑給他，「於夜後分，入於涅槃」，淨明德佛就入涅槃了。

爾時一切眾生喜見菩薩見佛滅度悲感懊惱戀慕於佛即以海此岸栴檀為積供養佛身而以燒之火滅已後收取舍利作八萬四千

寶瓶以起八萬四千塔高三世界表剎莊嚴垂諸旛蓋懸眾寶鈴。

「爾時一切眾生喜見菩薩見佛滅度」，也像一切眾生似的有悲感、有懊惱。因爲戀慕於佛，用此海岸的栴檀香，把它們集聚在一起供養。把那海岸的香燒了，供養佛身，這火滅後，供養諸佛就分化佛的遺體，分化完了，就取舍利。

「作八萬四千寶瓶」，這是表法的。佛佛都說八萬四千法大數字，起了八萬四千個塔，供養寶瓶，也就是佛的舍利。

「高三世界」，這個數字我們沒法表現，一個是一世界的上空，空際；完了再從空際起，再一個世界再到空際，三次。同時也供養寶蓋，懸的寶鈴。

爾時一切眾生喜見菩薩復自念言我雖作是供養。心猶未足我今當更供養舍利。

「復自念言」,供養完了,他又作如是想,「我雖作是供養,心猶未足」,好像還沒滿足似的,「我今當更供養舍利」,還要在佛的舍利前作供養。

供養日月淨明德佛舍利

便語諸菩薩大弟子及天龍夜叉等一切大眾汝等當一心念我今供養日月淨明德佛舍利

「便語諸菩薩大弟子」,就是他的菩薩大弟子,「及天龍、夜叉等、一切大眾,汝等當一心念,我今供養日月淨明德佛舍利。」怎麼供養法呢?

作是語已即於八萬四千塔前然百福莊嚴臂七萬二千歲而以供養令無數求聲聞眾無量阿僧祇人發阿耨多羅三藐三菩提心皆使得住現一切色身三昧

「即於八萬四千塔前,然百福莊嚴臂」,供養兩個手、兩個臂膀。供養的

時間七萬二千年,「七萬二千歲,而以供養」。

供養膊臂的時候,要拿著各種的棉華香油,還跟那個燒身一樣的,先得作這些準備。同時,「令無數求聲聞眾,無量阿僧祇人,發阿耨多羅三藐三菩提心」,度二乘人,乃至於一切凡夫,都讓他們得到一切色身三昧,就是色身自在。喜見菩薩的前身,他是以身供養的。現在他要住世佛法,不能再以身供養,就用他的雙臂供養。

爾時諸菩薩天人阿修羅等見其無臂憂惱悲哀而作是言此一切眾生喜見菩薩是我等師教化我者而今燒臂身不具足。

「爾時諸菩薩、天、人、阿修羅等」,把兩臂一燒完了,沒得臂了,光禿禿,像個柱子似的,沒有兩個胳臂。這些八部鬼神跟那些弟子就悲傷了。看喜見菩薩沒有兩個膀臂,形相不具足了。說你是我們的老師,你要教化我們,現在你

的膀臂燒了，身相不具足了，這樣子怎能給我們作導師呢？向喜見菩薩表白。

於時一切眾生喜見菩薩於大眾中立此誓言我捨兩臂必當得佛金色之身若實不虛令我兩臂還復如故。

「於時一切眾生喜見菩薩，於大眾中，立此誓言。」說你們不要難過，我捨了兩臂，能換得佛的金色之身。因為以兩臂供佛，我能得到佛的金色之身，我的願望不是虛的，「令我兩臂還復如故」。

作是誓已自然還復。由斯菩薩福德智慧淳厚所致爾時三千大千世界六種震動天雨寶華一切人天得未曾有佛告宿王華菩薩於汝意云何一切眾生喜見菩薩豈異人乎今藥王菩薩是也其所捨身布施如是無量百千萬億那由它數。

這個願一發完了，兩臂還復，就像沒燒的時候一樣。「由斯菩薩福德智慧淳厚所致」，說所培養的福德智慧甚深甚廣，馬上讓他還復如故；同時三千大千世界六種震動，天人阿修羅自然的供養，「得未曾有」。

有位道友，他說要像喜見菩薩這樣供養，也願意供養。我說，你達不到，你一供養啊，你燒痛了，你就跑了。你就是燒了，恢復不了。這是勝境，不是像凡夫心所想的。

佛就告訴宿王華菩薩說，你對喜見菩薩，你怎麼樣認識？知道這個喜見菩薩是誰嗎？「今藥王菩薩是也。」〈藥王菩薩本事品〉是講藥王菩薩的故事。他過去修道的時候是喜見菩薩。

宿王華若有發心欲得阿耨多羅三藐三菩提者。能然手指乃至足一指供養佛塔。勝以國城妻子及三千大千國土山林河池諸珍寶物而供養者。

陸、入佛知見分　藥王菩薩本事品第二十三

395

同時佛對宿王華菩薩說,宿王華,「若有發心」,假使有眾生發心想得阿耨多羅三藐三菩提,想成就究竟正等正覺,「能然手指,乃至足一指」,或者燃手指,或者燃足指,燃腳指指頭,足指。

「供養佛塔」,燃指供佛。這個功德有好大呢?拿國城、妻子、三千大千國土、山林河池、諸珍寶物而供養者來比。燃指,燃手指、足指供養佛,比供養三千大千世界這些山河珍寶,比這個功德還大。為什麼?

佛講三施,三種布施。內施、外施,自己的妻子兒女財富,財寶,這是外施;自己的身體就叫內施。這一種是以身體布施的,燃指、燃臂、燃香,最小的是燃香。燃指、燃臂這很多,乃至燃一掛數珠的,臂上燃著蓮華的。僧人當中有很多是這樣供養的,這個福德很大,這叫內施,施捨身體。

若復有人以七寶滿三千大千世界供養於佛。及大菩薩辟支佛阿羅漢。是人所得功德不如受持此法華經乃至一四句偈其福最多。

「若復有人，以七寶滿三千大千世界，供養於佛」，乃至供養大菩薩、供養辟支佛、供養阿羅漢，這個人得的功德很大吧！比較功德而言，「不如受持此法華經，乃至一四句偈，其福最多」，這偈子是佛說的。你不要燒，你念《法華經》供養，比你燒的功德還大，明白了吧！

不論佛、菩薩、二乘，供養他們的功德，不如受持《法華經》。你若想供養，你坐在那裡念一部《法華經》，供養十方三世諸佛，這個功德福德最大。佛就是讚歎《法華經》，說你燃身、燃指，都不如《法華經》的力量大。

宿王華。譬如一切川流江河諸水之中海為第一。此法華經亦復如是。於諸如來所說經中最為深大又如土山黑山小鐵圍山大鐵圍山及十寶山眾山之中須彌山為第一。此法華經亦復如是於諸經中最為其上。

「宿王華,譬如一切川流江河,諸水之中,海為第一」,在水的當中,海是為第一,言即海水之大的意思。「又如土山、黑山、小鐵圍山、大鐵圍山、及十寶山,眾山之中,須彌山為第一」。佛說一個海,一個山;在諸水中海為第一,在諸山中須彌山為第一。這比喻什麼呢?「此法華經,亦復如是」,不如誦《法華經》功德大,於眾經中為上。

「又如眾星之中月天子最為第一此法華經亦復如是於千萬億種諸經法中最為照明又如日天子能除諸闇此經亦復如是能破一切不善之闇。又如諸小王中轉輪聖王最為第一此經亦復如是諸經中最為其尊。

「又如眾星之中,月天子最為第一」,星星的光都沒有月亮的光大。「此法華經亦復如是」、「於千萬億種諸經法中,最為照明」,智慧最高功德最

大。「又如天子能除諸闇」，就像太陽，太陽一出來了黑闇都沒有了。

在一切人間的王，小王，輪王，轉輪聖王爲上，最爲第一。此經，一切諸經中最爲其尊，是經中之王。

又如帝釋於三十三天中王此經亦復如是諸經中王又如大梵天王一切眾生之父此經亦復如是一切賢聖學無學及發菩薩心者之父

「又如帝釋」，三十三天的天王。這部經《法華經》是經中之王。拿這些例子，顯《法華經》殊勝。佛勸人誦《法華經》，學《法華經》的意思。

「又如大梵天王，一切眾生之父」，此經是一切經中之父。一切賢聖有學無學的人，發菩薩心之父，還是讚歎《法華經》，都出此《法華經》。

又如一切凡夫人中須陀洹。斯陀含。阿那含。阿羅漢辟支佛爲第

「此經亦復如是。一切如來所說若菩薩所說若聲聞所說諸經法中最為第一。有能受持是經典者亦復如是於一切眾生中亦為第一。一切聲聞辟支佛中菩薩為第一此經亦復如是於一切諸經法中最為第一如佛為諸法王此經亦復如是諸經中王。」

「又如一切凡夫人中」,在凡夫,「須陀洹、斯陀含、阿那含、阿羅漢、辟支佛」,在沒了生死的凡夫,二乘人最為第一。所以聲聞所說,「若菩薩所說,若聲聞所說,諸經法中,最為第一」,但是看什麼法,看你怎樣運用?發菩提心的人,跟三界之內的不能比。這是最殊勝的。一切經中的經,《法華經》是最上,功德最大的意思。

「有能受持是經典者,亦復如是,於一切眾生中,亦為第一。」若有人能誦《法華經》,在一切人乘當中為第一;乃至聲聞菩薩之中最為第一,亦復如是。在一切諸佛的經中最為第一,是諸經之上。《法華經》是諸經之王,這是

佛顯示此《法華經》。

宿王華。此經能救一切眾生者此經能令一切眾生離諸苦惱此經能大饒益一切眾生充滿其願。如清涼池能滿一切諸渴乏者如寒者得火如裸者得衣如商人得主如子得母如渡得船如病得醫如闇得燈如貧得寶如民得王如賈客得海如炬除闇此法華經亦復如是。能令眾生離一切苦一切病痛能解一切生死之縛。

「如清涼池，能滿一切諸渴乏者」，很饑渴的，飲的清涼水，把熱惱都除掉了。如寒冷的冬天得了火；沒有衣服穿得了衣服；商人得了寶；兒子能見到媽媽；要得渡的人有船；得病了有醫生。如闇，如黑闇中得燈；如貧得了寶珠；「如民得王，如賈客得海，如炬除闇」，如大光明火炬能把黑闇除去。

「此法華經亦復如是」，也能除去你的黑闇，能把一切眾生的苦，一切病痛都能給你除掉，解決生死苦難。

師迦油燈那婆摩利油燈供養所得功德亦復無量。之燈酥燈油燈諸香油燈蒼蔔油燈須曼那油燈波羅羅油燈婆利少。不得其邊。若書是經卷華香瓔珞燒香末香塗香藩蓋衣服種種若人得聞此法華經若自書若使人書所得功德以佛智慧籌量多

華、華香、燒香、末香、塗香，你用種種燈供養，「所得功德，亦復無量」。大小，其他的智慧得不到。若書寫經卷，對這供養書寫經卷的人，或者供養法抄寫，或者拿錢請人家抄寫，所有智慧得的功德，只能用佛的智慧量他功德的「若人得聞此法華經」，讚歎《法華經》。若人得到《法華經》，或自己

402

宿王華若有人聞是藥王菩薩本事品者亦得無量無邊功德若有女人聞是藥王菩薩本事品能受持者盡是女身後不復受。

若有人學〈藥王菩薩本事品〉，他所得的功德也無量。我們現在聽了，要相信你得的功德無量。這得看個人的發願。現在女眾很多，誦《法華經》的時候，妳就說，來生不要作女人了，那就滿妳的願。

若如來滅後後五百歲中若有女人。聞是經典如說修行。於此命終。即往安樂世界阿彌陀佛大菩薩眾圍繞住處生蓮華中寶座之上。不復為貪欲所惱。亦復不為瞋恚愚癡所惱。亦復不為憍慢嫉妒諸垢所惱。得菩薩神通無生法忍得是忍已眼根清淨以是清淨眼根。見七百萬二千億那由它恆河沙等諸佛如來。

「如來滅後,後五百歲中,若有女人,聞是經典,如說修行,於此命終,即往安樂世界。」男人就去不了嗎?男人更去得了,這是拿女人作例子。

「阿彌陀佛,大菩薩眾,圍繞住處,生蓮華中。」寶蓮華之上,沒有貪欲惱害,極樂世界很殊勝,「亦復不為瞋恚愚癡所惱,亦復不為憍慢嫉妒諸垢所惱,得菩薩神通無生法忍,得是忍已,眼根清淨,以是清淨眼根,見七百萬二千億那由它恆河沙等諸佛如來」。

這段經文,大家都相信,只要你生到極樂世界,每天早晨吃飯前就去到十萬億佛土,朝見諸佛去供養。這裡所說的數是七百萬二千億。

是時諸佛遙共讚言善哉善哉善男子。汝能於釋迦牟尼佛法中受持讀誦思惟是經為他人說所得福德無量無邊。火不能燒。水不能漂。汝之功德千佛共說不能令盡汝今已能破諸魔賊壞生死軍諸餘怨敵皆悉摧滅。

「是時諸佛遙共讚言」，在此會當中說〈藥王菩薩本事品〉，十方諸佛都讚歎宿王華菩薩，「善男子，汝能於釋迦牟尼佛法中，受持讀誦思惟是經，為他人說，所得福德，無量無邊。」這個福德是什麼樣子？「火不能燒，水不能漂」，功德永遠存在，那就功德大了；燒也燒不了，水也漂不走。「千佛共說，不能令盡，汝今已能破諸魔賊，壞生死軍，諸餘怨敵，皆悉摧滅」。

「善男子百千諸佛。以神通力共守護汝於一切世間天人之中無如汝者。惟除如來其諸聲聞辟支佛乃至菩薩智慧禪定無有與汝等者宿王華此菩薩成就如是功德智慧之力若有人聞是藥王菩薩本事品能隨喜讚善者是人現世口中常出青蓮華香身毛孔中常出牛頭栴檀之香所得功德如上所說。」

「善男子，百千諸佛，以神通力，共守護汝。」這是對宿王華菩薩說的。

「於一切世間,天人之中,無如汝者,惟除如來,其諸聲聞、辟支佛,乃至菩薩,智慧禪定,無有與汝等者,宿王華,此菩薩成就如是功德智慧之力」。假使有人聞是〈藥王菩薩本事品〉,隨喜讚歎,聽到這一品,你不用出什麼,出讚歎就好了。別反對,要隨喜讚歎。以這個功德,你口中常出青蓮華香,身體毛孔常出牛頭栴檀之香,所得功德如上所說。

是故宿王華。以此藥王菩薩本事品囑累於汝我滅度後後五百歲中廣宣流布於閻浮提無令斷絕惡魔魔民諸天龍夜叉鳩槃荼等得其便也宿王華汝當以神通之力守護是經所以者何此經則為閻浮提人病之良藥若人有病得聞是經病即消滅不老不死。

佛跟宿王華說,你受持這一品去宣傳,囑託給你,不令斷絕。「惡魔、魔民,諸天龍、夜叉」,他們都害不了你的。凡是受此品的眾生,一切鬼神不

能害。「宿王華，汝當以神通之力」，守護〈藥王菩薩本事品〉。這是《法華經》的一品。

此經是閻浮提人，有病了最好的藥。若有病人聞到《法華經》，「病即消滅，不老不死。」我也聽見了，雖然老了，但是還得死，有不老不死的嗎？

宿王華。汝若見有受持是經者應以青蓮華盛滿末香供散其上。已作是念言此人不久必當取草坐於道場破諸魔軍當吹法螺。擊大法鼓度脫一切眾生老病死海。

「汝若見有受持是經者，應以青蓮華，盛滿末香」，供養青蓮華，散給其上。「作是念言，此人不久，必當取草坐於道場」。這個「草」是菩提草，就是成佛了。「破諸魔軍，當吹法螺，擊大法鼓」，能夠度脫一切眾生的老病死。

妙音菩薩品第二十四

是故求佛道者見有受持是經典人應當如是生恭敬心。說是藥王菩薩本事品時八萬四千菩薩得解一切眾生語言陀羅尼多寶如來於寶塔中讚宿王華菩薩言善哉善哉宿王華汝成就不可思議功德乃能問釋迦牟尼佛如此之事利益無量一切眾生。

「是故求佛道者」，因為這個緣由，凡是想成佛的，你就要受持《法華經》。應當對於《法華經》生恭敬心，受持讀誦，成佛得快。說〈藥王菩薩本事品〉的時候，「八萬四千菩薩，得解一切眾生語言陀羅尼，多寶如來，於寶塔中」，過去無量劫的佛，讚歡宿王華菩薩說：「善哉！善哉！宿王華，汝成就不可思議功德，乃能問釋迦牟尼佛如此之事。」說他問的好，若不問釋迦牟尼佛，沒人問，沒人請，佛是不會說的，有問才說。

現在我們講的是〈妙音菩薩品〉第二十四,釋迦牟尼佛以光召來的菩薩。

爾時釋迦牟尼佛放大人相肉髻光明。及放眉間白毫相光。徧照東方百八萬億那由它恆河沙等諸佛世界過是數已有世界名淨光莊嚴其國有佛號淨華宿王智如來應供正徧知明行足善逝世間解無上士調御丈夫天人師佛世尊爲無量無邊菩薩大眾恭敬圍繞而爲說法釋迦牟尼佛白毫光明徧照其國。

「爾時釋迦牟尼佛」,放大光明,這個光明是大人相肉髻光明,「白毫功德,不及肉髻功德,故是大人相也。」同時還放眉間的白毫相光,放出這個光,向東方百八萬億那由他恆河沙等諸佛世界,「過是數已」,有世界叫淨光莊嚴。這個世界有個國土,國土當中有一位佛叫淨華宿王智如來。

陸、入佛知見分 妙音菩薩品第二十四

佛是具足十號的,「應供、正徧知、明行足、善逝、世間解、無上士、調御丈夫、天人師、佛、世尊。」淨華宿王佛在淨光莊嚴世界,給無量無邊大菩薩說法。在這個法會當中,受到釋迦牟尼佛的白毫相光,這個光召,釋迦牟尼佛要找說《法華經》的人,無量無邊的世界都有,就叫光召。

〈妙音菩薩品〉是敘述受釋迦牟尼佛的光感召而來的妙音菩薩。但是離我們這裡很遠,不是我們人的智慧力所能了解的數字。

光的涵義是什麼呢?光的涵義是佛召妙音菩薩,因為妙音菩薩一生都是說《法華經》。同時,《法華經》沒有國界、沒有世界相,這顯示宣揚《法華經》的菩薩,無量無量。這是顯示白毫相光的功德。佛的白毫相光跟肉髻光,這叫光召。從這個文字大家看看,這是讚揚詞、述說詞。這個光是專召妙音菩薩的。

爾時一切淨光莊嚴國中有一菩薩名曰妙音久已植眾德本供養親近無量百千萬億諸佛而悉成就甚深智慧

陸、入佛知見分 妙音菩薩品第二十四

在淨光莊嚴國土之中,有一位大菩薩叫妙音。「久已植眾德本」,過去的時候,他修行的時間很長,積累的功德很大。十方諸佛都知道,所以釋迦牟尼佛才放光召他。但是妙音菩薩親近過無量億諸佛,都說《法華經》、演《法華經》、學《法華經》,因此成就甚深的智慧,以智慧來莊嚴。這智慧是從什麼生起的呢?從三昧生起的,他得了很多種三昧,以下是說他成就甚深智慧的由來。

得妙幢相三昧。法華三昧。淨德三昧宿王戲三昧。無緣三昧。智印三昧。解一切眾生語言三昧。集一切功德三昧。清淨三昧。神通游戲三昧。慧炬三昧。莊嚴王三昧。淨光明三昧。淨藏三昧。不共三昧。日旋三昧。得如是等百千萬億恆河沙等諸大三昧。

這是形容妙音菩薩功德之相,成就這麼多的三昧。什麼叫三昧?三昧就是莊

嚴之體,也就是我們講的性空。說了無量的相、無量的光明、無量的三昧,性空三昧,總的說性空。這位菩薩以福德莊嚴為體;性空顯的是體,就是法身。

凡是說三昧,都叫定。因為定,要顯福,所以叫作慧;對慧就名福,三昧就是福德。十六三昧就是一個,就是法華三昧。在法華三昧之中所分齊的,這些三昧共十六個,名字雖然不同,義理是法華三昧之相。

釋迦牟尼佛光照其身即白淨華宿王智佛言世尊我當往詣娑婆世界禮拜親近供養釋迦牟尼佛及見文殊師利法王子菩薩藥王菩薩勇施菩薩宿王華菩薩上行意菩薩莊嚴王菩薩藥上菩薩爾時淨華宿王智佛告妙音菩薩汝莫輕彼國生下劣想

這是說淨光國中有一位大菩薩叫妙音。釋迦牟尼佛這個光,射到妙淨光國土中,光照其身。「釋迦牟尼佛光照其身」,就是照著妙音菩薩的身,他就

向淨華宿王智佛說:「世尊!我當往詣娑婆世界,禮拜、親近、供養釋迦牟尼佛。」我想去禮拜親近供養釋迦牟尼佛,因為釋迦牟尼佛在西方說《法華經》,為什麼說西方?因為妙音菩薩是東方,光照東方,他要從東方回到西方,到釋迦牟尼佛這裡來。

同時他想看看釋迦牟尼佛的一些大弟子,像文殊師利法王子菩薩、藥王菩薩、勇施菩薩、宿王華菩薩、上行意菩薩、莊嚴王菩薩、藥上菩薩。這些菩薩都是弘揚《法華經》的,沒有弘揚《法華經》的,就沒提了。他願見的都是跟他同道的,都是宣揚弘揚修行,依著《法華經》而修行的,他向本佛告假。在這個時候,淨華宿王智佛就對妙音菩薩說,你可以到那個國土去,但是你不要生輕慢心,不生下劣想。

善男子彼娑婆世界高下不平土石諸山穢惡充滿佛身卑小諸菩薩眾其形亦小而汝身四萬二千由旬我身六百八十萬由旬汝身

第一端正百千萬福光明殊妙。是故汝往莫輕彼國若佛菩薩及國土生下劣想。

「彼娑婆世界,高下不平」,那個國土可不像我們,為什麼淨華宿王智佛囑託妙音菩薩呢?他們的國土莊嚴是淨佛國土,我們的國土是五濁惡世。說你到那個國土可不能產生慢心,所以,「善男子,彼娑婆世界,高下不平。土石諸山,穢惡充滿」。

同時釋迦牟尼佛身很小,那些菩薩弟子身形也很小,「而汝身四萬二千由旬」,四萬二千由旬,我們算一算,一由旬在印度古來說的一由旬四十華里,等於我們國土的四十華里,一由旬,這是最少數的,中由旬六十華里,上由旬八十華里。我們以最小的來算,四十華里一由旬,四萬二千由旬有好多華里?恐怕我們坐飛機上昇二萬呎高空,也看不見妙音菩薩的臉。還得坐飛機上昇高空三萬公尺高空,也飛不到二千萬由旬。

四萬二千由旬是妙音菩薩的身量,淨華宿王智佛是六百八十萬由旬,這個是不可思議莊嚴數字,他那個國土人民的身體也當然高大。說你的身第一端正,百千萬福德所成就的,光明殊妙。「是故汝往」,說你要去的這個國土,「莫輕彼國」。不論佛、菩薩、他們的國土,不要生下劣想,不要生憍慢想。看著他們人身很微小,國土不淨,就是五濁惡世。他們人身四萬由旬,我們人身,一華里也沒有,這是無法比的。

妙音菩薩是法身大士,佛的囑託是顯示我們這世界跟他們那個世界不能相比的。除了我們娑婆世界,還有很多的世界,無量世界,高大得不得了,那是不可能比擬的。

妙音菩薩白其佛言世尊我今詣娑婆世界皆是如來之力如來神通游戲如來功德智慧莊嚴。

妙音菩薩接受佛的話,就向佛說,「白其佛言:世尊,我今詣娑婆世

界」，都是如來之力。因著淨華宿王智佛之力量，因著釋迦牟尼佛的力量，佛道同。「如來神通游戲，如來功德智慧莊嚴」，我不會生起這些分別。那就跟淨華宿王智佛說，請佛放心，我也不會有這些思想。法身無量，沒有數量，沒有大、沒有小，隨眾生的業緣。

同時我們看見，過去目犍連尊者，他聽佛的音聲，離好遠都聽著佛的音聲。他是隨著佛的音聲聽，想走到聽不見釋迦牟尼佛音聲的地方，走了很遠，無量劫無量劫無量劫的地方，都還有佛的音聲。這時他到了一個世界國土，這個國土很微妙的，城池非常漂亮。他到鄰國一個城上，圍著那個國城來跑。這個時間是人家吃飯，大菩薩受齋的時候。

菩薩受齋的時候，一個菩薩在他鉢上，看見一個小蟲子在那裡來回跑，人家就想把那小蟲子彈走。剛要彈，那佛就跟他說了，說你可不要彈，這是東方國土釋迦牟尼佛的大弟子目犍連。

我們想想，那個菩薩身量好大？在他的鉢上，目犍連尊者才是一個小蟲

子！完了，佛就跟目犍連尊者說：「你念釋迦牟尼佛，你的身量就大了。」目犍連一念釋迦牟尼佛，他的身量與那個國家的菩薩相等。那個菩薩一看見他，是東方來的；大家都想看看這個佛的世界。這是一個因緣。那些大菩薩就隨著目犍連到這個西方，跟這個意思是一樣。就像妙音菩薩他身量那麼大，這是神通。

神通力是從哪裡來的？從定力來的。凡是說神通、說三昧是定，凡是說陀羅尼就是用，三昧的作用是以陀羅尼顯現。我們看很多經都是陀羅尼，這是定的表現。

於是妙音菩薩不起於座身不動搖而入三昧。以三昧力於耆闍崛山去法座不遠化作八萬四千眾寶蓮華閻浮檀金為莖白銀為葉。金剛為鬚甄叔迦寶以為其臺。

「於是妙音菩薩不起於座」，沒有離開他的座位，身也不動搖，也沒有走

的象徵，他就入了三昧。以三昧的力量就到了西方，到我們耆闍崛山，到佛說《法華經》的住處，也就是靈鷲山。從他那國土沒起座，身也沒動就來了。怎麼來呢？三昧力。就在釋迦牟尼佛法座不遠，他化現了八萬四千眾寶蓮華。

妙音菩薩的身也是化現的，他的本身並沒有來，還在他原來的世界。身不動，是以三昧力來，在佛的法座不遠，化了八萬四千眾寶蓮華。蓮華即是寶座，這蓮華不是我們人間摘的草木蓮華。

「閻浮檀金為莖，白銀為葉，金剛為鬚，甄叔迦寶以為臺」，「甄叔迦寶」就是紅色的寶珠，比紅還深一點，是紫色的。同時像琉璃寶一樣的，寶珠作他的寶座。這樣顏色、這樣臺，是最勝的寶座。在這個法會當中，文殊菩薩是最大智慧的，文殊菩薩就向佛請求。

爾時文殊師利法王子見是蓮華而白佛言世尊是何因緣。先現此瑞。有若干千萬蓮華閻浮檀金為莖。白銀為葉金剛為鬚甄叔迦寶。

「爾時文殊師利法王子,見是蓮華,而白佛言」,這是什麼因緣?突然間出現千萬蓮華,這個蓮華不是一般的,閻浮檀金為莖,白銀為葉,金剛為鬚,甄叔迦寶以為其臺。釋迦牟尼佛就告文殊師利菩薩說,這是妙音菩薩摩訶薩。妙音菩薩帶著大菩薩,他從淨華宿王智佛國帶了八萬四千菩薩眷屬,到此娑婆世界來,「供養、親近、禮拜於我」,想來聽《法華經》,「亦欲供養,聽法華經」。

文殊師利白佛言世尊。是菩薩種何善本修何功德。而能有是大神通力行何三昧願為我等說是三昧名字我等亦欲勤修行之行此

三昧。乃能見是菩薩色相大小威儀進止惟願世尊以神通力彼菩薩來令我得見。

文殊菩薩說，這位菩薩的善根深厚，他過去劫所種的善根是什麼？「善本」就是善根。他都修行哪些法？修行什麼三昧？成就如是功德，以如是大神通。他行的是什麼三昧？

佛請你說一說，他所修三昧的名字，「我等亦欲勤修行之」。他修這個三昧，我也想修，「行此三昧」。妙音菩薩還沒現身，先現個座，同時文殊師利菩薩說，我們看看這菩薩的色相大小，威儀進止。佛，以您的神通力令那個菩薩來，跟他見一見。

爾時釋迦牟尼佛告文殊師利此久滅度多寶如來當為汝等而現其相時多寶佛告彼菩薩善男子來文殊師利法王子欲見汝身。

佛就推崇多寶如來，說多寶如來會給你現的。「時多寶佛告彼菩薩，善男子，來！文殊師利法王子欲見汝身」，多寶如來就對妙音菩薩說，善男子，你快點來，文殊菩薩想要見你的身，像普通說話的樣子。

於時妙音菩薩於彼國沒與八萬四千菩薩俱共發來所經諸國六種震動皆悉雨於七寶蓮華百千天樂不鼓自鳴。

多寶如來這麼一說，妙音菩薩就從他那個國土沒，「與八萬四千菩薩，俱共發來，所經諸國，六種震動，皆悉雨於七寶蓮華」，他來的過程，經過很多的國家，那國家都是六種震動，都下蓮華。雨蓮華就是出現下很多蓮華，天音樂不鼓自鳴。

是菩薩目如廣大青蓮華葉正使和合百千萬月其面貌端正復過

於此。身眞金色無量百千功德莊嚴威德熾盛光明照曜諸相具足。如那羅延堅固之身。

妙音菩薩是什麼樣子呢？「目如廣大青蓮華葉，正使和合百千萬月」，像百千萬個月亮合到一起，「其面貌端正，復過於此，身眞金色，無量百千功德莊嚴，威德熾盛，光明照曜，諸相具足，如那羅延堅固之身」，「那羅延」翻「堅固」，「堅固」是華言，「那羅延」是梵語。

入七寶臺上升虛空去地七多羅樹諸菩薩眾恭敬圍繞。而來詣此娑婆世界耆闍崛山

「入七寶臺」，事先化現的七寶臺。「上升虛空」，連七寶臺帶妙音菩薩法體，「去地七多羅樹」，七多羅樹在空中，七多羅樹，一多羅樹，在印度大概

是幾個由旬。有這麼高的空中，等於不是住在地上，而是住在空中。同時妙音菩薩有無量的菩薩圍繞他，一起來到娑婆世界耆闍崛山，佛說《法華經》的地方。

到已下七寶臺以價直百千瓔珞持至釋迦牟尼佛所頭面禮足奉上瓔珞而白佛言。

到此了，「下七寶臺」，他不是一來就示現在七寶臺下來，「以價直百千瓔珞」，用很高貴的瓔珞供養釋迦牟尼佛。

世尊淨華宿王智佛問訊世尊少病少惱起居輕利安樂行否。四大調和否世事可忍否眾生易度否。

頭面禮佛，奉上瓔珞而向釋迦牟尼佛表白說，「世尊，淨華宿王智佛問訊

「世尊」，我的本佛，淨華宿王智佛問訊你，向你問好，祝願你「少病、少惱，起居輕利，安樂行否？」也就是你愉快不？四大調和不？也就是身體地、水、火、風四大是不是很舒適？化利於眾生的事，是不是可以忍受？此土眾生是不是容易化度？「易度否」，就是是不是很容易教化？

無多貪欲。瞋恚愚癡。嫉妒慳慢否。無不孝父母不敬沙門。邪見不善心。不攝五情否。

他們的貪、瞋、癡嚴重不？嫉妒憍慢不？就像我們說客氣話一樣的。問訊佛，有沒有不孝父母的？不敬沙門的？邪知邪見的？心不善，就是「不善心」。「不攝五情否？」五情就是五根，根是產生情的，問有沒有不攝五根？向佛客氣的問話。

世尊。眾生能降伏諸魔怨否。久滅度多寶如來在七寶塔中來聽法

424

否。又問訊多寶如來安隱少惱堪忍久住否。

此土眾生能不能降伏魔怨？聽說久滅度的多寶如來，在七寶塔中來聽《法華經》。問訊釋迦牟尼佛完了，又問訊多寶如來。「安隱、少惱，堪忍久住否？」能不能在這世界上再多住一段時間呢？這都是客氣的問訊話，但是跟我們的客氣話不同。

世尊我今欲見多寶佛身惟願世尊示我令見。

先向釋迦牟尼佛說，我想拜見拜見多寶佛。「惟願世尊示我，令見」，本來是釋迦牟尼佛跟多寶佛坐一個法座的，多寶佛沒有現，妙音菩薩就見不到。所以請釋迦牟尼佛給他介紹，完了才相見。

陸、入佛知見分 妙音菩薩品第二十四

爾時釋迦牟尼佛語多寶佛是妙音菩薩欲得相見。

這時釋迦牟尼佛就跟多寶佛說，「是妙音菩薩欲得相見」，妙音菩薩想拜見拜見，得釋迦牟尼佛介紹。

時多寶佛告妙音言善哉善哉汝能為供養釋迦牟尼佛及聽法華經并見文殊師利等故來至此。

「時多寶佛告妙音言，善哉！善哉！」很好！很好！你能夠來供養釋迦牟尼佛，來此聽《法華經》，「并見文殊師利等，故來至此」。你來的原因，我知道，是想來聽《法華經》的，再會會釋迦牟尼佛的大弟子文殊師利。

爾時華德菩薩白佛言世尊是妙音菩薩種何善根修何功德有是神力。

就在這個過程，會中有另一位華德菩薩向釋迦牟尼佛說，世尊！「是妙音

菩薩，種何善根，修何功德，有是神力」，華德菩薩向佛請問，請佛說妙音菩薩的功德，說他的修行，說他所得到的三昧，他是哪裡來的這麼大神力。

佛告華德菩薩。

技樂供養雲雷音王佛。

佛陀國名現一切世間劫名喜見妙音菩薩於萬二千歲以十萬種

佛告華德菩薩過去有佛名雲雷音王多陀阿伽度阿羅訶三藐三

華德菩薩問，佛就答覆他了。「過去有佛」，這裡沒說時間，沒有劫數。過去有佛叫雲雷音王多陀阿伽度，無上正等正覺，阿羅訶三藐三菩提。過去有佛，就是雲雷音王佛，國名叫現一切世間，時間是喜見劫。「妙音菩薩於萬二千歲」，就是一萬二千歲。用十萬種的音樂、樂器，供養雲雷音王佛。

并奉上八萬四千七寶鉢以是因緣果報今生淨華宿王智佛國有

是神力。

「鉢」是鉢多羅,吃飯的碗,供養八萬四千七寶鉢,以這個因緣果報,現在得生淨華宿王智佛國。說他過去修因的時候,現在所成的果德。

華德於汝意云何爾時雲雷音王佛所妙音菩薩。技樂供養奉上寶器者豈異人乎今此妙音菩薩摩訶薩是。

「華德,於汝意云何」,佛又重問華德菩薩說,你如何想?「爾時雲雷音王佛所,妙音菩薩」,用這個伎術樂具,供養奉上這些寶器,不是別人,就是現在妙音菩薩摩訶薩。

華德是妙音菩薩已曾供養親近無量諸佛久植德本又值恆河沙

等百千萬億那由它佛。

這僅舉一個例子，妙音菩薩供養的佛有無量。因此妙音是久植德本的，又遇恆河沙等百千萬億那由他佛，遇見很多很多的佛，「那由它」是不可知數的意思。凡是提到「那由它」就是無央數，數字無量的。

華德。汝但見妙音菩薩其身在此。而是菩薩現種種身處處為諸眾生說是經典或現梵王身或現帝釋身或現自在天身或現大自在天身。

「華德，汝但見妙音菩薩，其身在此」，現在你看到的妙音菩薩在我此娑婆世界，其實他的本身還沒來，這是化現的。「現種種身」，處處都有妙音菩薩在說《法華經》。「處處為諸眾生說是經典」，專指《法華經》說的。妙音

菩薩是專弘揚《法華經》的。那並不是光現在這個妙音的身，菩薩身；他還要現梵王身、帝釋身、自在天身、大自在天身。

或現天大將軍身或現毘沙門天王身。或現轉輪聖王身。或現諸小王身。或現長者身。或現宰官身。或現婆羅門身。或現比丘比丘尼優婆塞優婆夷身。或現長者居士婦女身。或現宰官婦女身。或現婆羅門婦女身。或現童男童女身。或現天龍夜叉乾闥婆阿修羅迦樓羅緊那羅摩睺羅伽人非人等身而說是經。諸有地獄餓鬼畜生及眾難處皆能救濟乃至於王後宮變爲女身而說是經。華德是妙音菩薩能救護娑婆世界諸眾生者是妙音菩薩如是種種變化現身在此娑婆國土爲諸眾生說是經典。於神通變化智慧無所損減。

無身不現，無類不現。現哪一類身給哪一類人說《法華經》。為什麼釋迦牟尼佛放光召妙音菩薩？因為他宣揚弘揚說《法華經》。他現三十二類身，無類不現，現這個身做什麼呢？到那一類眾生當中演說《法華經》。或者是王後宮，或者現女身，也是為了說是經。

因此，佛召妙音菩薩是顯示給這些大菩薩作例子，讓那些大菩薩像妙音菩薩一樣，演說《法華經》。《法華經》講完了，就囑累這些菩薩去宣揚。一世一世宣揚，不只此世界而是無量世界，任何世界都有菩薩在宣揚。專提妙音菩薩的例子，其實他方世界無量妙音都在說《法華經》。

又有一種因緣，妙音菩薩跟此娑婆世界有緣，無緣不會來的。他能救護娑婆世界一切眾生，所以說妙音菩薩如是種種，全是變化現身。變化現身呢？都是化身菩薩。因為在娑婆世界各眾生跟他有緣，則化現為此娑婆眾生說是經典，就是說《法華經》。

「於神通、變化、智慧，無所損減。」他從東方到娑婆世界來弘揚《法華

經》的時候,對他的身體沒有什麼損減。

是菩薩以若干智慧明照娑婆世界。令一切眾生各得所知。於十方恆河沙世界中亦復如是。

他以很多智慧光明來照耀此娑婆世界,令此娑婆世界眾生各得所知,信受、讀誦、禮拜《法華經》。在娑婆世界如是,其他所有的恆河沙世界也是這樣。

若應以聲聞形得度者現聲聞形而為說法。應以辟支佛形得度者現辟支佛形而為說法。應以菩薩形得度者現菩薩形而為說法。應以佛形得度者即現佛形而為說法。如是種種隨所應度而為現形。乃至應以滅度而得度者示現滅度華德。妙音菩薩摩訶薩成就大神通智慧之力其事如是。

「若應以聲聞形得度者」，這是現的菩薩身。有些人若現二乘身，妙音菩薩就現聲聞形而為說法；或者應以辟支佛身得度者（緣覺菩薩）就給他現緣覺菩薩形；應以菩薩形得度者，妙音菩薩就現菩薩形而說法，因為他的本體就是菩薩。

「如是種種，隨所應度而為現形」，應以何身而得度，菩薩就以何身就給他說法。《法華經》到這裡，妙音菩薩現身的功德說完了。佛又對華德菩薩說，「華德，妙音菩薩摩訶薩，成就大神通智慧之力，其事如是」，關於妙音菩薩利益眾生的事情，大概就說這些。

爾時華德菩薩白佛言世尊是妙音菩薩深種善根世尊是菩薩住何三昧而能如是在所變現度脫眾生佛告華德菩薩善男子其三昧名現一切色身妙音菩薩住是三昧中能如是饒益無量眾生。

佛跟妙音菩薩說一些功德，華德菩薩又向佛表白，世尊！妙音菩薩有這麼深的善根，有這麼深的因緣，他修什麼三昧？「世尊，是菩薩，住何三昧，而能如是在所變現，度脫眾生？」他能夠這樣利益眾生，說法無礙、利益眾生無礙、教化眾生無礙，他必須有個修行的本行，所有的過程是什麼三昧？這是三昧總的名詞。

「佛告華德菩薩：善男子！」他修的三昧，叫現一切色身。現一切色相，住在什麼三昧中呢？就住在一切三昧中，色身三昧。現一切色身，住在三昧當中，以這色身三昧饒益一切眾生。

說是妙音菩薩品時，與妙音菩薩俱來者八萬四千人皆得現一切色身三昧此娑婆世界無量菩薩亦得是三昧及陀羅尼。

「與妙音菩薩俱來者」，跟妙音菩薩同來的大眾，有八萬四千人，都具足

色身三昧,「皆得現一切色身三昧」。由妙音菩薩現這個三昧,跟他所來的大眾現色身的三昧,我們此娑婆世界所有與會者,都得到色身三昧陀羅尼。色身三昧是體,陀羅尼是妙用,妙用就是用此來演說《法華經》。

爾時妙音菩薩摩訶薩供養釋迦牟尼佛及多寶佛塔已還歸本土。所經諸國六種震動雨寶蓮華作百千萬億種種伎樂。

「爾時妙音菩薩摩訶薩供養釋迦牟尼佛,及多寶佛塔已。」說這一個過程,「還歸本土」,說完了,令大眾見一見又回去了。「還歸本土」,回歸原來的佛土。來也好,去也好,所經過的國土都六種震動,同時有百千萬億種種伎樂。

既到本國與八萬四千菩薩圍繞至淨華宿王智佛所白佛言世尊。

陸、入佛知見分 妙音菩薩品第二十四

435

我到娑婆世界饒益眾生見釋迦牟尼佛及見多寶佛塔禮拜供養。又見文殊師利法王子菩薩及見藥王菩薩得勤精進力菩薩勇施菩薩等亦令是八萬四千菩薩得現一切色身三昧。

「至淨華宿王智佛所」，向淨華宿王智佛言，世尊！我已經到了娑婆世界。應饒益的眾生我都饒益了，我也見到釋迦牟尼佛，也見到多寶佛塔了，同時還見到八萬四千菩薩，令他們都得到現一切色身三昧。妙音菩薩所宣揚的法門、所證得的法門，叫現一切色身三昧。

說是妙音菩薩來往品時。四萬二千天子得無生法忍華德菩薩得法華三昧。

觀世音菩薩普門品第二十五

〈觀世音菩薩普門品〉這品經文,大家都很熟悉,經常念誦也經常講解。

〈觀世音菩薩普門品〉在《妙法蓮華經》的第二十五品,「普門」就是宣揚《法華經》的涵義。

首先,「觀世音」是形容這位菩薩在人道當中,「普門」則表明這法是普門的。人有多種,法有多種,此處論普門法,表人法合題,所以名為「觀世音普門品」。其次是講慈悲,我們經常講大悲觀世音菩薩,「觀世音」是大悲拔

苦,「普門」是大慈與樂,給一切眾生幸福,度一切眾生。

若是講莊嚴,「觀世音」是指智慧莊嚴,「普門」是指福德莊嚴。如果修無量壽法、修「白度母」,「白度母」就是觀世音菩薩的化身,那也是「普門」的涵義。這有不可思議的福德,把不可思議的福德轉成智慧也能得到無量壽,這是「普門」的涵義。

「觀世音」不是報身,而是法身,能夠普遍一切世間的音聲。「普門」是應身,這是另一種解釋。「普門」是指哪一類眾生,觀世音菩薩都能應身。〈普門品〉是所有眾生隨類得應,因為觀世音菩薩有十二大願。「觀世音」又不同了。說世間的眾生所有的悲哀、痛苦、一切的聲音,特別是生病,要祈求觀世音。你一求「觀世音」,觀世音菩薩就應了?

有關「觀世音」、「普門」的解釋太多了,菩薩對世界一切眾生所有求他的,都能應。這個不是聽,而是觀。「觀世音」或者「觀自在」,別把這個名詞只當成菩薩的名詞,他是顯法的。

「觀」是觀照，觀照一切的世間相，沒有一樣是真實的，都是幻化的、假的。假的，你不要貪戀，讓你這樣觀，一切事物都是假的，沒有真實的，你貪戀什麼？假的就是空的，空的是沒有障礙的。因此把自己的煩惱放下，業障就消失了，那就無罣無礙。

「觀世音」又叫「觀自在」，因為他總是這樣修，無罣無礙。為什麼？照見五蘊皆空，任何事情不執著，看任何事情，假的、虛的、不實在的、如幻的、如夢的，這樣觀、這樣認識不就自在了？所以叫「觀自在」。

反過來說，一切眾生都不認識，聽到一切眾生都在喊：「苦！苦！」觀自在菩薩看見世間都在喊苦，就救他們，這就是「觀世音」。「普門」是大慈與樂，應以得度而為說法，給一切眾生做有利益的事，這也是「觀世音」。

又者，「觀世音」是隨自義，「普門」是隨他義，隨一切眾生，眾生有無量的種類，那得要行方便善巧。「觀世音」是照實智，「普門」是照權智。

又者，「觀世音」是不動本際之體，「普門」是跡任方圓之用；觀的時候

是圓的，行的時候是方的。為什麼？行的時候，哪一類眾生應以何法得度，就以何法度他，這是如幻隨緣義。

所以「觀」有多種，特別是講四教、講法華的，有「析空觀」、有「體空觀」、有「次第觀」，有「圓滿觀」。

「析空觀」呢？析色入空，分析一切色相是假的，到最後沒有了，因為分析而入空；說觀一切色，因為這些色相你去分析，沒有一個實在的東西，最後是空的。「體空觀」呢？即色是空，當體即空，為什麼？色相沒有，是假的、是空的，這是體空。從「析空觀」到「圓滿觀」，就叫「次第觀」。「圓滿觀」就是觀實相體，析空觀即實相，次第觀即實相，一心三觀即觀實相體。

又者，「觀世音」，世間的音聲是菩薩的行。世間是菩薩修行的處所；音是眾生所有反應出來的痛苦悲哀、求救的聲音。這位菩薩就專觀世間一切眾生的痛苦，生起大悲心，普度一切眾生。

又者，「普門」形容修行的時候，是普徧的，不論哪一門，門門都修，門

門都與理合。因為眾生有種種類類、種種行業、種種語言，在菩薩他是普徧深入的。眾生是有感的求；菩薩是沒有分別的應，普門徧應叫〈普門品〉。

有關〈普門品〉的解釋很多，這裡頭有行善巧方便，在娑婆世界，觀世音菩薩的緣最勝，一切眾生都求觀世音。我們之所以知道念誦《地藏經》，也是觀世音菩薩弘揚的。《地藏經》第十二品，釋迦牟尼佛囑託觀世音菩薩弘揚地藏法門；弘揚《地藏三經》的，一個是觀世音菩薩、一個是虛空藏菩薩。特別是在娑婆世界當中，觀世音菩薩是不可思議的。

「門」是通達義，都能夠進入，怎麼進入？從假入空，一切都是假的，假的就是沒有真實的，沒有真實就是空的，從假觀入空觀，而後才能進入中道觀，空、假、中三觀。你就證得法報化三身，產生不可思議的用。

爾時無盡意菩薩。即從座起偏袒右肩合掌向佛。而作是言世尊觀

世音菩薩以何因緣名觀世音。

我們讀〈觀世音菩薩普門品〉，好像這品經文跟《法華經》沒有什麼連繫。整部經文至此處，突然間，無盡意菩薩向佛請求，觀世音菩薩為什麼叫「觀世音」？這裡的涵義就深了。

不像人間的名字，觀世音菩薩的名字是以德而來的。觀世音菩薩來娑婆世界、來這個世間度眾生，他是從西方世界來的，是阿彌陀佛的上首弟子。但是從歷史上說，他是過去的正法明如來，久已成佛。

為什麼無盡意菩薩要請法？無盡意的涵義，在大集明八十無盡門（〈法華經文句輔正記〉卷十），是指「大品明空則無盡」，無盡意菩薩的名字是空，空是無盡、沒有形相，無盡意菩薩請佛說，觀世音是什麼原因叫觀世音？

「無盡意」也是這樣，空無盡。在《大般若經》上，無盡意菩薩一切法空無盡；《維摩詰經》也講無盡，非盡非無盡，故名無盡。究竟一切事物有盡哪？

沒盡？任何事物有盡沒盡？我們說一個人這一生完了，好像有盡。完了，從生到死，不就盡了嗎？這是短暫的現相。無盡，他又生了，生了又死了，死了又生了，生生死死；生無盡，死無盡，為什麼呢？空的。空沒有個盡，也沒有不盡。什麼叫無盡意菩薩呢？空的，這就叫「無盡意」。如果意念當中是空的、假的，這就是「無盡」。這樣，以無盡意來問觀世音，兩者都是無盡的。

佛告無盡意菩薩善男子若有無量百千萬億眾生受諸苦惱聞是觀世音菩薩一心稱名觀世音菩薩即時觀其音聲皆得解脫。

佛告無盡意菩薩說：「若有無量百千萬億眾生，受諸苦惱」，這個數字太大了。整個娑婆世界都在受苦，無盡無量百千萬億眾生受苦。「聞是觀世音菩薩」名字，你一心念「南無觀世音菩薩」，在苦難當中你想到了，念觀世音菩薩的名字，但是可要一心。念名字都能念，但看你念得是不是一心？

凡是受苦都是惡業，受苦還有善的嗎？無論你受什麼苦，生、老、病、死苦，什麼災難都是苦的，是惡的。但是我們一稱念觀世音菩薩就是善，這是觀世音菩薩隨順眾生的機感。觀世音菩薩隨順眾生的機感，觀世音菩薩沒苦也沒樂，隨你眾生的苦，菩薩來利益你、教化你、度脫你。你一念觀世音菩薩，在你念的時候，觀世音菩薩就來救脫你了，一念觀世音菩薩就得解脫。但是你要一心。

大家對這一品的經文很熟悉，為什麼呢？我們經常念觀世音，至於是不是念得相應？那就不知道了。什麼叫相應呢？一念就離苦得樂，這叫相應。當你一念「南無觀自在菩薩」，或者念「南無觀世音菩薩」，一念觀世音菩薩，你能念的時候，菩薩就應了。口業應，口念觀世音菩薩。但是念觀世音菩薩的時候，心裡要觀想，不只是口念；心裡想觀世音菩薩，觀世音菩薩就應了。心裡想，觀世音菩薩，觀世音菩薩，觀世音菩薩，你的心裡想觀世音菩薩，觀世音菩薩的意業就應你。

有的時候，一念觀世音菩薩，觀世音菩薩就現身了。要是沒現身，這是

身沒有應。當你睡覺的時候，夢見觀世音菩薩來了，但不是化現很明顯的菩薩身；或者現一位老太太，或者現一位女人，或者現一位男人，反正是來救你出離苦難的，那就是菩薩現身。身、口、意三業俱時相應。

假使一聽到觀世音菩薩，心裡也跟著念，一念，苦難消失了，一念，心裡生歡喜心。當你念的時候，觀世音菩薩就隨著你念的聲音，你一作意，觀世音菩薩就知道了。因為觀世音菩薩不用耳根聽，觀世音是用心，你這一作意，觀世音菩薩就知道了，就得到解脫。當你正念的時候，已經得到解脫，那就叫菩薩應了。

無盡意菩薩向佛請問，觀世音菩薩以什麼因緣名為「觀世音」？請問的人是無盡意菩薩，他也是得大解脫的、有所成就的，這是代眾生而請問。什麼是「無盡意」呢？空是無盡意。在《大方等大集經》中說八十無盡門，無盡意是大無盡者，具足空智慧，因為空才無盡，其他的都有盡。是這樣來形容「無盡意」。

又者，「無盡意」表智慧無盡，「盡」者是指智慧說的。為什麼？因為境

界無有盡,智是對境說的,所以智慧也就無盡。像我們生活當中對著很多的境界相,以什麼來對待?以空來對待。請問者是要有這樣智慧來問的。因為智對境說,境無盡,智也無礙。智慧跟境契合,智就是性空,境就是緣起。性空隨一切法之緣,性空是無盡的,空無盡的,境亦無盡,這就是空的涵義。

無盡意菩薩來問佛,觀世音菩薩為什麼叫「觀世音」?觀世音菩薩智慧無盡,所以觀一切眾生的境界也無盡。特別是在娑婆世界,「家家觀世音」,家家都信仰觀世音菩薩。這是形容觀世音菩薩的慈悲無量,當機者是無盡意菩薩。無論是約智慧、約境界都是無量的,因為有智慧的人,隨眾生的緣而生起大慈大悲。

佛告無盡意菩薩,「善男子,若有無量百千萬億眾生,受諸苦惱」,佛就給無盡意菩薩解釋,同時有百千萬億眾生受苦。有一個苦無量人受,有無量苦在一人身上受,無量眾生同受一苦;生老病死,一人有病,不見得人人都有病,但是一人受苦都是無量義。

苦的無量義，有兩種解釋。當你受苦的時候，不論任何境界，在你最困難的時候，假使你能夠憶念觀世音菩薩，念觀世音菩薩聖號，你的苦就能解除。苦是惡報，受苦都是惡報；念觀世音菩薩是善，你常念觀世音菩薩，以善來止惡。善強則惡弱，善強就是你稱觀世音菩薩聖號，一心不亂的稱念。當你被苦所逼迫，你就念的誠懇，念的懇切就得解脫。

你求觀世音菩薩，觀世音菩薩應了，應了就是解脫。求是因，菩薩的應是應你的苦難，這苦難就沒有了。哪地方有苦難，觀世音菩薩就應了，但是得稱觀世音菩薩名號。有苦難而沒稱觀世音菩薩名號，他就應不了，因緣不契合，為什麼呢？觀世音菩薩是大智大慧、大慈大悲，有智慧能斷你的迷惑，苦難都是惑業，以智慧消除你的黑暗，救拔你的困苦。

若有持是觀世音菩薩名者設入大火火不能燒由是菩薩威神力

故若為大水所漂稱其名號即得淺處。

因此佛對無盡意菩薩說：「若有持是觀世音菩薩名者」，若是有持觀世音菩薩名號，「設入大火，火不能燒，由是菩薩威神力故」。你受火災之難，能夠憶念持誦觀世音菩薩，火難就能解除。為什麼？火難是你的果報，因所感的，特別是下地獄，地獄的火難很多。在苦難當中，你能夠憶念觀世音菩薩，苦難就解除了。

諸位道友想一想，當在苦難當中，我們能不能念觀世音菩薩？還有沒有這個善根？有很多人在受苦的時候，就把菩薩名號忘了。當你睡覺作夢的時候，或者鬼魘你了，或者發生什麼危難，若一念觀世音菩薩聖號馬上就醒了，但是就是不能念，為什麼？業障來了，使你沒有這個覺悟，光想那個苦，他把觀世音菩薩給忘了。念呢？念就是善根，有些人遇見困難的時候，他不相信觀世音菩薩，相信就靈，不相信就不靈。

火難，有的時候是果報成熟的，有的時候是惡業所感的。還有一個是煩惱，當你煩惱感覺得火，這是煩惱火，煩惱熾盛。若你能念觀世音菩薩，那個煩惱就漸漸消失了。但是正當煩惱的時候，他不念了，被煩惱業障住了，不能念觀世音菩薩。

在《仁王護國般若波羅蜜多經》上講有七種火，都不一樣。「鬼火、龍火」，像打雷，突然間一個霹靂雷所冒的火，被火燒著了。還有「山神火」、「人火」，人間的火，你看那個演幻術的，口裡能冒火。「樹發火」，山林發火災的時候，樹所發的火。「鬼火」跟「賊火」不一樣，有的是賊所放的火，這七種火都不同。

現在講「煩惱火」，自己的煩惱發火，這不是指害病。害病是發高燒，那也是火，那個火不同。同是一個名詞都叫火，但是火的意義含著很多，有淺有深，特別是自己的無明火。每個人發脾氣、煩惱的時候，火來了。古來經上說，「一念瞋心起，百萬障門開」。一念起瞋恨心，這個火就大了，把善業都

燒盡了,百萬障門開,一切障都來了。

假使有眾生遇上火了,念觀世音菩薩,火就消了。若遇見水了,念觀世音菩薩就得救了。若為大水所漂,稱觀世音菩薩名號,就得淺處;若為大火所燒,念觀世音菩薩名號,火就滅了。這些都是建立在你的信心上,相信不相信?你不相信,消不了的。菩薩的大慈大悲是建立在你的信心上,你有沒有這個信心?三寶弟子沒問題,有這個信心。如果不是受三皈的弟子,因為他念的心不至誠,效果就沒有了。心要至誠懇切求觀世音菩薩給你滅火,或者減少水災,你沒有感,菩薩怎麼應呢?感應、感應,就是這個涵義。有的人說不靈,為什麼不靈?沒有誠心,不感所以就不靈。

若有百千萬億眾生為求金銀、琉璃、硨磲、瑪瑙、珊瑚、琥珀、真珠等寶,入於大海,假使黑風吹其船舫,飄墮羅刹鬼國,其中若有乃至一人,稱觀世音菩薩名者,是諸人等皆得解脫羅刹之難,以是因緣名觀

「若有百千萬億眾生，為求金銀琉璃，硨磲瑪瑙，珊瑚琥珀，真珠等寶，入於大海」，現在沒有這種說法了，現在改用開礦的方式。在古來的時候，駕船到海裡取寶，因為海裡有山，要到山上去取。

我在印度看海島上的山。他們怎麼樣採寶呢？山上自然生出的礦物，裡頭含著寶石或者珠子，他們或者潛入海裡取珊瑚樹，大家都知道珊瑚樹很多的，要到海裡去取，但是水很深的。有些孤島則是沒有人煙的，自然長出來的。印度的孤島上，有些人去採寶，先養些魚鷹，丟完了，再把魚鷹放出去，等魚鷹把肉叼回來，那些寶珠就沾在肉上。這種採礦方法是古來的作法，現在到礦山開挖就有，也能夠登到島上去採了。

取金銀珠寶的時候，有災難了，海裡經常生起海風。假使海風大的時候，

451

你的船就給吹著飄落,船桅桿就折了,非常危險。「飄墮羅剎鬼國」(「飄」字或有版本作「漂」字),這是佛經說的,攝伏人的現相還沒有,我們沒看見羅剎鬼國羅剎鬼國,在印度有這種談論的,我是聽說的。聽說船在海裡採寶的時候,天突然黑暗了,什麼也看不見,船就停下來了,不敢再開了,這就是羅剎鬼難來了。羅剎的力量很大,能把陽光遮住。在有災難的時候,這船上採寶的人,假使有一個人能夠念觀世音菩薩聖號,大家就都得救了。

同時,一念觀世音菩薩,羅剎或者夜叉,以他的神通力,把陽光遮到,變成黑暗的,一念觀世音菩薩,光明復現了。還有刮大風下暴雨,雷電都停歇了。只要一念觀世音菩薩,效果就有這麼大。因為這個因緣,所以叫「觀世音」。

「觀」,菩薩用眼根觀,不是耳根。觀是見,眼見,這是一種觀。觀音菩薩耳根圓通,聞到眾生求救的聲音,世間求救觀世音菩薩的聲音,菩薩觀想一切眾生,那是用心去觀。以這種觀力,佛就示現神通力,把羅剎的災難解除了,這是一種災害。

眾生有這種災害，為火燒的時候，一念觀世音菩薩，火就止息了。被大水漂流的時候，水災，一念觀世音菩薩，從深處就到淺處；或者漂流到岸上，也是解除了。過去有些採寶的商人，為了採取七寶到了海裡，迷失了方向，被羅刹鬼迷住了，一念觀世音菩薩，這些災難就消失了。

若復有人臨當被害稱觀世音菩薩名者彼所執刀杖尋段段壞而得解脫。

「若復有人臨當被害」，被人家殺害，或者遭遇搶劫種種災難；這個時候你能夠念觀世音菩薩，傷害你的仇人，他所執的刀杖都壞了，傷害不到你而得到解脫。解脫就是脫離災難的意思，並不是成道。如果修行人的煩惱很重，或者在打坐，或者在誦經，突然間感覺有障礙，因為這裡還有一種災難，什麼災難呢？鬼神迷。

例如說，你念念經，突然間昏迷，知覺好像停歇了，念經的時候，突然間眼睛發霧，經文都看不見了，這個時候你能念觀世音菩薩聖號，又恢復明了了。或者經文，你突然間全看不見，一念觀世音菩薩聖號就顯現了。凡是遇到這種災難的，無論水火災害，往往把觀世音菩薩名號忘了。既然是叫業障，障你修道的聖念，被那個業障給障住了，不現了。

有的道友跟我這樣講，當他危難的時候，想念觀世音菩薩，可是舌根不靈、念不出來了，人都傻昏了，只能用意念觀想，這叫障。你自己的業，因緣的障礙，想念念不成。如果你每天念一千聲觀世音菩薩，災難不會來也就沒有了。平常時果不太大。如果你平常不準備好，平常不念，到了臨時的時候，效不修，災難來了想念，舌根也不靈，神識也昏昧，念不成了。念不成，就感應不到。「若復有人臨當被害，稱觀世音菩薩名者」，主要的是能夠念，能夠稱名，「彼所執刀杖，尋段段壞」，傷害不到你。

曾經有這麼一件事，別人連打他七槍，他聽見了也看見人家拿槍打他，他

的神識昏昧了，但是也沒有打到他。我問他：「你是念觀世音菩薩嗎？」「念不出來了！」他嚇得念不出來了，我說：「那怎麼辦呢？」他說：「我就觀想，觀世音菩薩來了！」念不出來，想觀世音菩薩、觀世音菩薩。心裡想的，雖然沒有死，沒有被打到，也嚇得半死。這是說明觀世音菩薩的威神力量，經上是這樣說。如果你平日沒有用功，到時候用不上了，不靈了。

《法華經》在此處不是指你平日的受持，而是臨時遇害的時候，還能夠念觀世音菩薩，觀世音菩薩能夠感應也能免除災難。所謂解脫的不是說你得道，而是能免除這個災難。

這是讚歎觀世音菩薩慈悲的力量，觀世音菩薩有這個神力，所以叫「觀世音」。另一種，此菩薩平常就觀想一切眾生的苦難，普度一切眾生，「普門」都是通達義。菩薩的大悲心跟眾生是通的，只要眾生一求，菩薩就應了。

若三千大千國土滿中夜叉羅剎欲來惱人聞其稱觀世音菩薩名

者是諸惡鬼尚不能以惡眼視之況復加害。

「若三千大千國土」,整個釋迦牟尼佛的佛國土,這裡頭,「滿中夜叉羅剎欲來惱人」,羅剎夜叉要傷害人的時候,聽到念觀世音菩薩名號,那些惡鬼、惡神連看都看不見。惡眼視之,看不見了,看不見那個將要受害的眾生,那就加害不成了。一稱觀世音菩薩,以觀世音菩薩的力量,加害者鬼神的那個神力失掉了,看不見受害者,所以加害不成。

設復有人若有罪若無罪杻械枷鎖檢繫其身稱觀世音菩薩名者。皆悉斷壞即得解脫。

「設復有人,若有罪若無罪」,受官府拘役的時候,不管你有罪沒罪;有罪也好,沒罪也好,反正報應來了,業障現前。我就把你銬起來,帶手銬腳

鐐，繫縛你的身，「稱觀世音菩薩名者，皆悉斷壞」，若一稱觀世音名號，那手銬腳鐐就斷壞了，不能再繫縛你了，「即得解脫」。

這一種情況，還得有一點功力。什麼叫功力呢？如果平日沒有念觀世音菩薩，也沒受持觀世音菩薩，或者是你也不信三寶，或者是有罪或者犯法，或者臨時把你誤抓了，給你帶走了，有時候不見得靈。經上所說的這些境界，還要加上你平日的善根。我就遇見很多帶手銬腳鐐的，我給他念，不靈。我自己帶手銬腳鐐，念也不靈，手銬也沒壞，還是銬著。因此心裡有這個問號，佛經上說的靈不靈呀？我用它怎麼不靈？這裡頭的因緣就多了。但是你繼續求，一時不靈，多念就靈了，或者永遠解脫，就靈了。

這裡頭有個問題，什麼問題呢？一個是感的力量，佛經上告訴我們一心，能夠一心當然都靈了，就是達不到一心。在災害來的時候，你就恐怖了，而且煩惱很重。那時候念是不太靈。有的人靈，有的人不靈。為什麼？那就是感的不同，另外是過去宿業的善根力。至於這個報，報的時候，得看具體的事情，

但是你不要報怨，繼續求感，或者就應了。

若三千大千國土滿中怨賊有一商主將諸商人齎持重寶經過險路其中一人作是唱言諸善男子勿得恐怖汝等應當一心稱觀世音菩薩名號是菩薩能以無畏施於眾生汝等若稱名者於此怨賊當得解脫眾商人聞俱發聲言南無觀世音菩薩稱其名故即得解脫。

「若三千大千國土，滿中怨賊」，整個國土全是賊，全是冤家，形容這個世界很亂、不太平。盡是你的冤家，或在這個世界做生意的人，「將諸商人，齎持重寶」，經過很多的險路，那就懷著恐怖感。你經過危險的路，心裡有恐怖。又怕失掉金銀財寶，怕把老命喪掉了，其中有一個人出來唱言，跟大家說，不要恐怖，「諸善男子，勿得恐怖，汝等應當一心稱觀世

音菩薩名號」。最難的是一心，如果能夠達到一心稱念觀世音菩薩，觀世音菩薩就來了。布施給你，沒有恐怖感，那就心安了，那是觀世音菩薩把無怖畏施給眾生。這時候大家都念觀世音菩薩聖號，你怨賊的災難就解脫，所以「眾商人聞，俱發聲言」，大家一起念，力量更大了。「南無觀世音菩薩」，一稱名號就解脫了，災難消失了。

無盡意觀世音菩薩摩訶薩威神之力。巍巍如是。若有眾生多於淫欲。常念恭敬觀世音菩薩便得離欲。若多瞋恚常念恭敬觀世音菩薩便得離瞋。若多愚癡常念恭敬觀世音菩薩便得離癡。

佛就跟無盡意菩薩說：「你問我，觀世音菩薩的威神力量如何？」就是這樣子。眾生有災難，一稱觀世音，災難皆消失，什麼災難都沒有了。

「若有眾生多於淫欲，常念恭敬觀世音菩薩，便得離欲。若多瞋恚，常念

恭敬觀世音菩薩,便得離瞋。若多愚癡,常念恭敬觀世音菩薩,便得離癡。」

眾生若求解脫的,很難離開三毒。貪、瞋、癡,貪是指淫欲說的。貪還有時間性,瞋可就沒有了。遇到什麼事就發火,發火就是發脾氣。如何能斷除?

「一念瞋心起,百萬障門開」。三毒哪個重?瞋恨心最重。遇緣就發,隨時都發。不論淫心也好、瞋恨心也好、愚癡心也好,都如是。愚癡就是糊塗,迷迷糊糊的,一念觀世音菩薩,三毒就減輕了,不是一下子能斷得了的。但是這個不是說你一次念、兩次念,要常時的念,你的修行功夫就是念觀世音菩薩聖號。

當你念聖號的時候,集中觀想菩薩的慈悲,當你念菩薩,心裡想觀世音菩薩,那個貪、瞋、癡的心就沒有了。能念的本身就是智慧,沒有智慧你不會念的,那把愚癡就消失了。當念觀世音菩薩的時候,你不會發火也發不起來;念觀世音菩薩的時候,欲念生不起來也不會想的。若想斷淫、怒、癡,就念觀世音。

〈普門品〉教我們修行的方法就是稱聖號,念觀世音菩薩就解決問題,能了生死,最後生到極樂世界,一切都了了,直至成佛。

無盡意。觀世音菩薩有如是等大威神力。多所饒益是故眾生常應心念。

最後，佛跟無盡意菩薩說，觀世音菩薩有如是的大威神力，饒益眾生，「是故眾生，常應心念」。這句話就是告訴我們，不是你遇到災難的時候才念，平常時間都應當如是念，遇到菩薩的加持利益你，消災乃至於成道。不是一點點的小感應，遇到災害就得脫離了，念念觀世音菩薩脫離了，這是一時的。你若想斷煩惱，斷貪、瞋、癡，你得常時修觀音法門。在《法華經》，要修觀音法門，念聖號就行了。其他的，像你念〈大悲呪〉、修耳根圓通，方便門有多種，《法華經》說，你平時念念觀世音菩薩就可以了。

若有女人設欲求男禮拜供養觀世音菩薩便生福德智慧之男設欲求女便生端正有相之女宿植德本眾人愛敬。

有的父母沒有兒子，想求個兒子，那就求觀世音菩薩。大家看送子觀音的像，觀世音菩薩專門滿眾生的願，求男得男，求女得女。「設欲求女，便生端正有相之女」，這個女孩的道德很高，受到一切眾生的愛敬，求男得男，求女得女。這是求子嗣的。

無盡意觀世音菩薩有如是力。若有眾生恭敬禮拜觀世音菩薩福不唐捐是故眾生皆應受持觀世音菩薩名號。

「觀世音菩薩有如是力」，都是什麼力量呢？求男得男，求女得女。若在危難之中，一念觀世音菩薩就消失了，水火災難都能免除。

「恭敬禮拜觀世音菩薩，福不唐捐」，說你在修觀音法門的當中，只是一念念觀世音菩薩聖號，功德不會白白浪費，「不唐捐」就是都能成就。因此眾生都應當受持觀世音的名號，並沒有說修行其他的法門，只是念觀世音菩薩的

名號，就能夠成道。因為觀世音菩薩的德，進入你的心，你的心能夠跟觀世音菩薩的德合在一起。

無盡意。若有人受持六十二億恆河沙菩薩名字復盡形供養飲食衣服臥具醫藥於汝意云何是善男子善女人功德多不。

假使有這樣的一個眾生，只受持菩薩的名號，受持多少個菩薩名號呢？六十二億恆河沙。恆河的沙，一粒作為一菩薩，一個恆河都無量了，六十二億恆河沙更是無量了。為什麼舉恆河沙？佛說法都在恆河流域裡頭；又者恆河的沙很細，形容無量數的意思。

「復盡形供養飲食衣服臥具醫藥」，「盡形」就是沒死之前，只要活一天就供養一天，供養什麼？供養菩薩衣服臥具醫藥，這叫四事供養，供養六十二億恆河沙菩薩的。「於汝意云何，是善男子善女人，功德多不？」（「不」字或有版本作

「否」字）你想一想,這個功德多不多?供養六十二億的恆河沙菩薩。

無盡言。世尊佛言若復有人受持觀世音菩薩名號乃至一時禮拜供養是二人福正等無異於百千萬億劫不可窮盡無盡意。受持觀世音菩薩名號得如是無量無邊福德之利。

無盡意菩薩答覆佛說:很多!這一個人供養六十二億恆河沙菩薩,若有另一個人只受持觀世音菩薩名號,以受持觀世音菩薩一人和供養六十二億恆河沙那麼多菩薩相比,那一個人只稱觀世音菩薩名號,另一個人稱六十二億恆河沙菩薩名號,也作四事供養,校量這兩個人的福德,誰大誰小?

佛跟無盡意菩薩說,平等!平等!六十二億恆河沙菩薩供養一生,跟另一個人供養觀世音菩薩一時,他們兩人所得到的果德,所得到的報酬,平等平等,也就是說「正等無異」。供養觀世音菩薩,跟供養六十二億恆河沙菩薩是

一樣的。「於百千萬億劫，不可窮盡」，你一時供養觀世音菩薩的福德，經過百千萬億劫還不能盡，你去享受這個福德。

「無盡意，受持觀世音菩薩名號，得如是無量無邊福德之利」，這是形容，你若供養觀世音菩薩，福德可大了，顯示供養觀世音菩薩的福德很大。

無盡意菩薩白佛言世尊觀世音菩薩云何遊此娑婆世界云何而為眾生說法方便之力其事云何。

無盡意菩薩又向佛說：「世尊，觀世音菩薩云何遊此娑婆世界？」（「遊」字或有版本作「游」字）說他來到娑婆世界都做些什麼事呢？我們再說明白一點，觀世音菩薩來到這個娑婆世界，他是如何利益眾生？他不是大慈大悲利益眾生嗎？怎麼樣對眾生說法？怎麼樣使眾生得利益？他的方便善巧力量都做些什麼？所以無盡意向佛請求，讓佛說一說，觀世音菩薩在娑婆世界都做些什麼？

佛告無盡意菩薩善男子若有國土眾生應以佛身得度者觀世音菩薩即現佛身而為說法。

佛就向無盡意菩薩說，你聽吧！觀音菩薩都做些什麼事呢？「若有國土眾生，應以佛身得度者，觀世音菩薩即現佛身而為說法」，因為這個眾生他的心念中，一心求佛，不求其他，唯有佛才能得度。在這個時候，觀世音菩薩就現佛身，求佛就現佛身，給他示現佛身來度他，以佛身來給他說法。

應以辟支佛身得度者即現辟支佛身而為說法應以聲聞身得度者即現聲聞身而為說法應以梵王身得度者即現梵王身而為說法應以帝釋身得度者即現帝釋身而為說法。

「應以辟支佛身得度者，即現辟支佛身而為說法」，這是緣覺身。觀世音

菩薩本身就是菩薩，如果求菩薩法，觀世音菩薩就給他說了。有求辟支佛就是求緣覺身的人，觀世音菩薩就給他說辟支佛法，也就是十二因緣法。

「應以聲聞身得度者，即現聲聞身而爲說法」，這是四果阿羅漢。總而言之，想求什麼法，觀世音菩薩就現什麼身給他說法。他想當梵王，觀世音菩薩就示現梵王身給他說法，想作帝釋天王，觀世音菩薩就現帝釋天王給他說法。

應以自在天身得度者。即現自在天身而爲說法。應以大自在天身得度者即現大自在天身而爲說法。應以天大將軍身得度者即現天大將軍身而爲說法應以毘沙門身得度者即現毘沙門身而爲說法應以小王身得度者即現小王身而爲說法。

「應以天大將軍身得度者，即現天大將軍身而爲說法，應以毘沙門身得度者，即現毘沙門身而爲說法。」這是代表四天王的，毘沙門是北天王。應以小王得度者，即現小王身而爲說法。

王身得度者,觀世音菩薩現小王身而爲說法。這是觀世音菩薩的三十二應。

法。應以婆羅門身得度者即現婆羅門身而爲說法。應以比丘、比丘尼、優婆塞優婆夷身得度者即現比丘比丘尼優婆塞優婆夷身而爲說法。應以宰官身得度者即現宰官身而爲說法應以婆羅門身而爲說法應以比丘比丘尼優婆塞優婆夷身而爲說法。應以長者身得度者即現長者身而爲說法應以居士身而爲說法應以宰官身而爲說法。

應以何身得度者,觀世音菩薩就現什麼身給他說法。現身就是化現,應身應現,應眾生的機給他說法。乃至於「應以比丘、比丘尼、優婆塞、優婆夷身得度者」,觀世音菩薩就現比丘、比丘尼、優婆塞、優婆夷身而爲說法。

應以長者居士宰官婆羅門婦女身得度者即現婦女身而爲說法。

應以童男童女身得度者即現童男童女身而為說法應以天龍夜叉乾闥婆阿修羅迦樓羅緊那羅摩睺羅伽人非人等身得度者即皆現之而為說法應以執金剛神得度者即現執金剛神而為說法。

「應以長者居士宰官婆羅門婦女身得度者」，觀世音菩薩就以婦女身為說法。「應以童男童女身得度者，即現童男童女身而為說法，應以天龍、夜叉、乾闥婆、阿修羅、迦樓羅、緊那羅、摩睺羅伽、人非人等身得度者，即皆現之而為說法」。

無處不應，應以何身得度就現何身。因為示現同類才容易度，這叫示現同類身。「應以執金剛神得度者，即現執金剛神而為說法」，這就是觀世音菩薩的方便善巧力。

無盡意是觀世音菩薩成就如是功德。以種種形遊諸國土度脫眾

生是故汝等應當一心供養觀世音菩薩。

應以什麼身得度，觀世音菩薩就現種種形，沒有一定的。「遊諸國土，度脫眾生」（「遊」字或有版本作「游」字），要看是什麼機，觀世音菩薩就現什麼相。觀世音菩薩成就這些功德力量，以種種形遊諸國土。你問觀世音菩薩怎麼在娑婆世界度眾生、怎麼遊於娑婆世界？就是這麼樣遊的。

佛法的方便善巧，為什麼能如是示現？空故。空是隨緣而建立一切諸法，因為觀世音菩薩本身不定，隨緣而定，菩薩本身是空，性空，三十二應是緣起。緣起是眾生有什麼根機，應以何身得度，觀世音菩薩就現什麼身而度，所以他自在。在《心經》上叫觀自在，《法華經》叫觀世音，觀世間的音聲來度。

在密宗裡頭，「白度母」、「綠度母」，所有修觀音法門的，隨類都示現。因為法身隨緣，示現一切化身，「是故汝等，應當一心供養觀世音菩薩」，讚歎觀世音菩薩，對無盡意菩薩說，你若想求福，要想成道，就如是供

養觀世音菩薩。但是要一心，要至誠懇切。

是觀世音菩薩摩訶薩於怖畏急難之中能施無畏。是故此娑婆世界皆號之為施無畏者。

「摩訶薩」就翻為「大」，菩薩之中的大菩薩。觀世音菩薩在危難怖畏中，眾生在恐怖的時候，觀世音菩薩就施給無畏，叫他不恐怖，無所畏懼。因此娑婆世界給他起個德號，叫「施無畏者」。這個布施不是錢財，布施你沒有恐怖，遇上任何災難，一念觀世音菩薩就解決了，沒有恐怖。

無盡意菩薩白佛言世尊我今當供養觀世音菩薩即解頸眾寶珠瓔珞價值百千兩金而以與之。

說到這裡，無盡意菩薩又向佛言，「世尊，我今當供養觀世音菩薩」，我

想供養觀世音菩薩。菩薩都掛有瓔珞寶珠,比丘比丘尼不行,菩薩是在家的,所以就把身上配備的一切瓔珞、珠寶來供養觀世音菩薩,「價值百千兩金,而以與之」(「與」字或有版本作「予」字),就供養觀世音菩薩。

復白觀世音菩薩言仁者愍我等故受此瓔珞。

作是言。仁者受此法施珍寶瓔珞。時觀世音菩薩不肯受之。無盡意

供養時,得表白說一說,「仁者受此法施珍寶瓔珞」,我以此供養菩薩的法,這是財物供養,把它轉成法物,希望菩薩普徧利益眾生說法。「時觀世音菩薩不肯受之」,觀世音菩薩不接受他的供養。「無盡意復白觀世音菩薩言」,人家不接受,他就再請。「仁者愍我等故」,這不是我個人的供養,「我等」是指所有法會的大眾,無盡意代表大眾,請他受此瓔珞。

爾時佛告觀世音菩薩當愍此無盡意菩薩及四眾天龍夜叉乾闥

婆阿修羅迦樓羅緊那羅摩睺羅伽人非人等故受是瓔珞。

在這個時候，佛就告訴觀世音菩薩說：「當愍此無盡意菩薩，及四眾」，說你應當接受他們的供品，給他們消災，這是哀愍的涵義。因為與會的這些天龍八部，為使他們消災免難，應該接受無盡意菩薩的供養，無盡意菩薩是代表大家供養。

即時觀世音菩薩愍諸四眾及於天龍人非人等受其瓔珞分作二分一分奉釋迦牟尼佛一分奉多寶佛塔

經過佛的囑託，「即時觀世音菩薩愍諸四眾」，「愍」就是憐愍，接受四眾的供養，施給眾生的慈悲無畏。「及於天龍，人非人等，受其瓔珞」，觀世音菩薩接受無盡意的供養之後，他又轉供養，把瓔珞分作兩份。為什麼？因為

還有多寶如來。觀世音菩薩一分奉給釋迦如來，一分供養多寶如來。

無盡意。觀世音菩薩有如是自在神力遊於娑婆世界。

「無盡意，觀世音菩薩有如是自在神力，遊於娑婆世界」（「遊」字或有版本作「游」字），這就圓滿了。佛就跟無盡意菩薩說，觀世音菩薩自在的神力，這些示現的各各相都是他的神力，他是這樣來化度娑婆世界的。無盡意菩薩恐怕大眾記不住，用偈頌體裁再誦一遍。（依《法華纂要》引述《續高僧傳》所言，以下重頌為隋天竺三藏法師闍那崛多所譯，姚秦本缺。另，闍那「崛」多的「崛」字或有版本作「掘」字。）

爾時無盡意菩薩以偈問曰。

世尊妙相具　我今重問彼　佛子何因緣　名爲觀世音。

具足妙相尊　偈答無盡意。

世尊，請你允許我，觀世音菩薩是什麼因緣叫觀世音呢？「具足妙相尊，偈答無盡意」，佛也用偈頌體裁來答覆無盡意菩薩。

汝聽觀音行　善應諸方所
弘誓深如海　歷劫不思議
我為汝略說　聞名及見身
侍多千億佛　發大清淨願
心念不空過　能滅諸有苦

「汝聽觀音行」，說你要仔細聽，聽聽看看觀世音菩薩的所作所為。他利益眾生是誰有求，他就應，有感就應，善應！不是隨隨便便的應。讓人家能夠得到解脫，得到幸福。不管誰求，他都能夠善應。由於他過去的大誓願，弘誓廣大，甚深如海。「弘誓深如海」，說他的誓願像海那麼深，無論經過多長的時間，都是如是利益。不是你能想得到，不是大家能議論得到的。自從他發心以來供養諸佛，他侍奉了千億佛，這是大數，不止千億。「發大清淨願」，

陸、入佛知見分　觀世音菩薩普門品第二十五

475

「我爲汝略說」，現在我跟你說的是簡略的，不是詳細的。

聽到觀世音菩薩的名字，「聞名及見身」，這個身包括身相，現在我們都可以見到觀世音像，特別是在此土，觀音像特別多，見到的都是女性的慈悲相。「心念不空過」，你見聞了不要白白過去，那就浪費了。心裡要思念，這個念包括觀想，不是口頭的念念，要心念才有力量。你一念觀世音菩薩，一切苦難都消失了。「能滅諸有苦」，三界二十五有，人間的、天上的一切苦，一切的生滅苦都滅除掉。

假使興害意　推落大火坑　念彼觀音力　火坑變成池。
或漂流巨海　龍魚諸鬼難　念彼觀音力　波浪不能沒。

假使有人要害你，或者是把你推到大火坑去，「念彼觀音力，火坑變成池」，火坑變成一個淺水、池塘。池塘水一洗就清涼，火坑就是熱惱的。或者

漂流在大海當中，遇到龍難、鬼難、魚難，一念觀音力，災難皆消失了，「波浪不能沒」，不會沉到海底。

或在須彌峯　為人所推墮　念彼觀音力　如日虛空住。

或被惡人逐　墮落金剛山　念彼觀音力　不能損一毛。

或在須彌山上，或者在高山頂上，被人家害了，把你推到山下去；你一念觀音力，就像太陽在虛空中住，一點危害都沒有，自自在在的，在空中住。太陽住虛空，月亮太陽都在虛空中住。他把你推到山下的時候，你在虛空中住，不會墮下去，不會摔壞的。

「或被惡人逐，墮落金剛山」，金剛山是須彌山外圍的一座山，你失足落到金剛山，「念彼觀音力，不能損一毛」，一根汗毛都不會受損害的，這是念觀音的力量。

或值怨賊繞　各執刀加害　念彼觀音力　咸即起慈心。
或遭王難苦　臨刑欲壽終　念彼觀音力　刀尋段段壞。

本來要執刀殺害的，因為你念觀音力，不殺你了，他也生起大悲心。「或遭王難苦，臨刑欲壽終」，或者受到國家的法律制裁，若是判了死刑，將要執刑，一念觀音力，「刀尋段段壞」。「刀尋段段壞」，槍斃能一槍打死嗎？不拿刀，拿槍打你，槍也打不響。這類事情很多。

或囚禁枷鎖　手足被杻械　念彼觀音力　釋然得解脫。
呪詛諸毒藥　所欲害身者　念彼觀音力　還著於本人。
或遇惡羅剎　毒龍諸鬼等　念彼觀音力　時悉不敢害。
若惡獸圍繞　利牙爪可怖　念彼觀音力　疾走無邊方。

這些都不用解釋，文字本身就說的很清楚。

蚖蛇及蝮蠍　氣毒煙火然　念彼觀音力　尋聲自回去。
雲雷鼓掣電　降雹澍大雨　念彼觀音力　應時得消散。
眾生被困厄　無量苦逼身　觀音妙智力　能救世間苦。
具足神通力　廣修智方便　十方諸國土　無剎不現身。
種種諸惡趣　地獄鬼畜生　生老病死苦　以漸悉令滅。

生老病死，沒有誰來害你，誰也躲不脫。「悉令滅」，就是成道了，再不受生死老病，你證了二乘果位，不受生老病死苦。

真觀清淨觀　廣大智慧觀　悲觀及慈觀　常願常瞻仰。
無垢清淨光　慧日破諸闇　能伏災風火　普明照世間。
悲體戒雷震　慈意妙大雲　澍甘露法雨　滅除煩惱燄。

諍訟經官處　怖畏軍陣中　念彼觀音力　眾怨悉退散。

妙音觀世音　梵音海潮音　勝彼世間音　是故須常念。

念念勿生疑　觀世音淨聖　於苦惱死厄　能爲作依怙。

具一切功德　慈眼視眾生　福聚海無量　是故應頂禮。

爾時持地菩薩即從座起前白佛言世尊若有眾生聞是觀世音菩薩品自在之業普門示現神通力者當知是人功德不少。

「自在之業」，於七難三毒二求中，皆得大自在。若能聞到普門現示神通力，就算是聽一聽，功德也不少。能聞到觀世音菩薩利益眾生的事業，聽到觀世音菩薩顯現神通力，你已經得到很大的功德。無盡意菩薩向佛這樣表白，持地菩薩同時起來證明觀世音菩薩的功德力量。至此，〈普門品〉圓滿了。

佛説是普門品時眾中八萬四千眾生皆發無等等阿耨多羅三藐

三菩提心。

佛在說《法華經》〈普門品〉的時候，會中有八萬四千眾生，都發了無上正等正覺菩提心，要成佛。發心有三種，一是觀行發心，二是相似發心，三是分證發心；這裡的發菩提心等於什麼位置呢？分證發心，等於《華嚴經》的初發心住菩薩，他們發了菩提心、住在菩提心上。

陀羅尼品第二十六

〈陀羅尼品〉第二十六，這一品是專講咒陀羅尼。陀羅尼有四種（《大乘義章》卷十一），一般是指法陀羅尼、義理陀羅尼、咒陀羅尼、忍陀羅尼。這一品在〈囑累品〉以後，是流通分。一般的經有大菩薩護持，使這部經永遠流通。而這部《法華經》則有很多鬼神來護持，特別是羅剎。羅剎雖是吃人的，這些羅

剎也護持《法華經》，他們都是菩薩的化身，以呪秘密力來擁護此經。

擁護此經，就同時護持說經者、讀誦者、受持者，依著《法華經》修行的人，都得到這些鬼神菩薩共同的護持。什麼叫陀羅尼呢？「陀羅尼」是印度話，翻華言就是「總持」，總持什麼？持惡不起，惡念不生起；持善不滅，使善業永遠不要失掉。陀羅尼的力量能止你一切罪惡，能持一切善法，持善念頭有這種功力。

什麼叫法陀羅尼？聞著持法而不忘失，持此法而不忘失。陀羅尼是總持，就是大用，這個用是持續善法而能不失掉；乃至聞見《法華經》，你讀了《法華經》之後，文字裡包含有義理，不要忘失這種義理。

還有呪陀羅尼，呪是秘密的、不翻的。若翻起來，一句呪語翻成了一部經。翻譯的涵義是很廣的，所以不翻，這是呪陀羅尼。

忍陀羅尼，就是忍辱的忍，把忍辱變成不是忍辱的忍，忍是安住於法忍，安住於法，忍就是安住的意思。那就含有禪定的味道。

482

呪語是從禪定生的，定能生慧，呪就是慧的意思。你持呪的時候，有不可思議、特別的效能。一般的說陀羅尼就含四種妙用，一個法、一個義理、一個持呪、一個忍，安住於陀羅尼。

陀羅尼是因什麼而起的？三昧。我們經常說三昧，當你的三昧功力到達一定的時候，就產生了陀羅尼，陀羅尼就是妙用方便。

這一品是專門指著弘揚受持《法華經》的，你如果專念《法華經》也是弘揚，宣講也是弘揚，受持就是含著宣揚的意思。你念《法華經》的時候，不見得有人聽到，但是你不知道很多鬼神在聽。所以此品，〈陀羅尼品〉就是鬼神護法。

在末法的時候，在五濁惡世的時候弘揚經，非常困難，惱害非常之多，所以要秘密護持，假呪語護持能使這部經永遠不斷流通。藥王菩薩先說經呪，其次是勇施菩薩，以後是鬼神說經呪。

爾時藥王菩薩即從座起。偏袒右肩合掌向佛。而白佛言世尊若善男

子善女人有能受持法華經者若讀誦通利若書寫經卷得幾所福。

「有能受持法華經者，若讀誦通利」，不是結結巴巴，障障礙礙的，或是字不認識，或是念不清楚，這不算。通利的能念誦，還有書寫的，能夠抄一部《法華經》，他們能得到好大的福德呢？藥王菩薩向佛請求，請佛說。

佛告藥王若有善男子善女人。供養八百萬億那由它恆河沙等諸佛於汝意云何其所得福甯為多否。

佛就對藥王菩薩說，假使有善男子、善女人，能讀《法華經》的都不是一般的男女，所以加個「善」字。「供養八百萬億那由它恆河沙」，八百萬億那由他的恆河，每一恆河之中所有沙子，每一粒沙一尊佛，這諸佛簡直不可知數了。「於汝意云何」，跟藥王菩薩說，你作如何

想？這個人的功德該大了吧！供養八百萬億那由他諸佛，供養衣食住，四事供養的，福德該多吧！

甚多世尊佛言若善男子善女人能於是經乃至受持一四句偈讀誦解義如說修行功德甚多。

藥王菩薩說，「甚多，世尊」，這是不可說知數的，福德非常之大。「佛言，若善男子、善女人，能於是經，乃至受持一四句偈」，來讀誦全文，再講解它的道理，照著經上所說的去做，「如說修行，功德甚多」。「甚多」的意思，是形容比供養八百萬億那由他恆河沙諸佛那個功德，還多得多。

爾時藥王菩薩白佛言世尊我今當與說法者陀羅尼呪以守護之。

「爾時藥王菩薩白佛言：世尊，我今當與說法者陀羅尼呪，以守護之。」

妙法蓮華經講述（下冊）【真實篇】

藥王菩薩就對佛說，供養弘法者、供養誦持《法華經》者，功德有這麼大，那我要保護他，我要護持他。以什麼護持他呢？說陀羅尼呪護持他。藥王菩薩以他所得的三昧，產生的妙用就叫陀羅尼，陀羅尼是由三昧生起的。以陀羅尼偈這個呪來守護，一般呪語是不翻的，密！若說出來就不密了。念他那個音，那麼就說呪，用呪力來護持讀誦解說《法華經》者。

即說呪曰。

安爾。曼爾。摩禰。摩摩禰。旨隸。遮黎第。睒咩。睒履多瑋。羶帝。目帝。目多履。娑履。阿瑋娑履。桑履。娑履。叉裔。阿叉裔。阿耆膩。羶帝。賒履。陀羅尼。阿盧伽婆娑簸蔗毘叉膩。禰毘剔。阿便哆邏禰履剃。阿亶哆波隸輸地。歐究隸。牟究隸。阿羅隸。波羅隸。首迦差。阿三磨三履。佛陀毘吉利袠帝。達磨波利差帝。僧伽涅

486

瞿沙禰。婆舍婆舍輸地。曼哆邏。曼哆邏叉夜多。郵樓哆。郵樓哆憍舍畧。惡叉邏。惡叉冶多冶。阿婆盧。阿摩若那多夜。

世尊是陀羅尼神呪六十二億恆河沙等諸佛所說。

「世尊，是陀羅尼神呪」，我說這個呪語，一共四十三句，這個呪語是六十二億恆河沙諸佛所說的，這個呪的神力不可思議，這是形容呪的不可思議力。

若有侵毀此法師者則為侵毀是諸佛已。時釋迦牟尼佛讚藥王菩薩言善哉善哉藥王汝愍念擁護此法師故說是陀羅尼於諸眾生多所饒益。

若有侵犯此《法華經》者，「則為侵毀是諸佛已」，那不是侵害此法師，而是侵害六十二億恆河沙等諸佛，以這個呪力加持說法者。說法者法師包

括讀誦,演說是一種,讀誦通利的、受持的、書寫的也都在內。

藥王菩薩說這個呪來護持此《法華經》,釋迦牟尼佛就讚歎他。「善哉!善哉!藥王」,說藥王菩薩,你愍念擁護法師故,怕未來演說《法華經》的法師受到傷害,愍念這位法師,用此呪來保護他而說這個陀羅尼。這對未來諸佛眾生的饒益非常大,這是藥王菩薩說呪護持誦經的、讀經的人。其次是勇施菩薩。

爾時勇施菩薩白佛言世尊。我亦為擁護讀誦受持法華經者說陀羅尼。若此法師得是陀羅尼。

我也給他們說個陀羅尼,若此法師得了這個陀羅尼,所有八部餓鬼神都不能傷害。

若夜叉。若羅剎。若富單那。若吉蔗。若鳩槃茶。若餓鬼等。伺求其短無

能得便。即於佛前而說呪曰。

這些惡鬼神也就是八部鬼神，第一個是夜叉，又翻「捷疾鬼」，第二個是羅剎，又翻「食人鬼」，為北方多聞天王所領。第三個是富單那，翻「熱病鬼」，第四個是吉蔗，翻「起屍鬼」，依據陀羅尼經載，富單那的外形像豬一樣的，又像不會說話的小孩子，在睡夢中驚怖啼哭，都是這種鬼傷害小孩子，小孩子哭了。吉蔗（《法華經科註》卷八）也是鬼的一類，鬼的名字翻為「作、照、事」；造業，作業，事業，餓鬼的名，一般叫「起屍鬼」，就是我們說詐屍，死了又活的這種鬼。

南方增長天王所統率的有兩種，一種鳩槃荼，二者薜荔多（《仁王般若經疏》卷一）。第五個是鳩槃荼鬼，啖人精氣的，食人精氣；在人睡眠當中，他從鼻孔或從身體吸收你的精氣。長得像甕似的，叫甕形鬼；像冬瓜似的，又叫冬瓜鬼。這是說他的像形，鬼的形子。

第六個是餓鬼,也就是薛荔多,此餓鬼是臭餓鬼,這種鬼一來,整個屋子、院子都臭了,味道就變了。他們於佛前而說呪曰,念呪就是保護,這一品就念陀羅尼,陀羅尼的涵義是用在保護法師身上,不用在害人身上。避免這些鬼的災害,這個呪很少,只有十三句。

痤隸。摩訶痤隸。郁枳。目枳。阿隸。阿羅婆第。涅隸第。涅隸多婆第。伊緻柅。韋緻柅。旨緻柅。涅隸墀柅。涅犁墀婆底。

世尊是陀羅尼神呪恆河沙等諸佛所說亦皆隨喜若有侵毀此法師者則為侵毀是諸佛已。

就這麼十三句。同時向佛表達,世尊!這個陀羅尼神呪,為恆河沙諸佛所說。凡是聞見這個呪,隨喜功德不可思議。現在我聽到藥王菩薩他們這些菩薩,他們所說的呪來護法師,我隨喜也說個呪。若有毀犯此法師者,就是誦持

《法華經》的人,「則為侵毀是諸佛」。

爾時毘沙門天王護世者白佛言。世尊我亦為愍念眾生擁護此法師故說是陀羅尼即說呪曰。

以下是毘沙門天王,又叫多聞天王,四天王中的護法神。我們經常稱四大天王都是護法神,因為他們都掌了鬼神,一個人掌兩部鬼神。毘沙門天王也說呪來護法,護持讀誦解說《法華經》者,他這個呪只有六句,很簡單。

阿梨 那梨 㝹那梨 阿那盧 那履 拘那履。

世尊以是神呪擁護法師我亦自當擁護持是經者令百由旬內無諸衰患。

「世尊,以是神呪,擁護法師」,同時我亦當護持是經者,我也護持受

持此《法華經》的人，還要護持此《法華經》。「令百由旬內，無諸衰患」，一百由旬里之內，任何事物乃至宗教古廟都能生長得很好的，何況是人，百由旬以內，什麼衰惱的事物都沒有。

爾時持國天王。在此會中與千萬億那由它乾闥婆眾恭敬圍繞前詣佛所合掌白佛言世尊我亦以陀羅尼神咒。擁護持法華經者即說咒曰

阿伽禰。伽禰。瞿利。乾陀利。旃陀利。摩蹬耆。常求利。浮樓莎柅。頞底。

「爾時持國天王，在此會中，與千萬億那由它乾闥婆眾」，持國天王與所統率的乾闥婆眾，恭敬圍繞也到佛前，「合掌白佛言：世尊，我亦以陀羅尼神咒，擁護持法華經者。」即說咒曰：「阿伽禰。伽禰。瞿利。乾陀利。旃陀利。

摩蹬耆。常求利。浮樓莎柅。頞底。」一共九句，同時說這個陀羅尼的力量。

世尊是陀羅尼神呪四十二億諸佛所說若有侵毀此法師者則為侵毀是諸佛已

誰要傷害侵犯讀誦、演說《法華經》的法師，就是侵犯四十二億諸佛。

爾時有羅剎女等。一名藍婆二名毘藍婆三名曲齒四名華齒五名黑齒六名多髮七名無厭足八名持瓔珞九名皋帝十名奪一切眾生精氣是十羅剎女與鬼子母并其子及眷屬俱詣佛所同聲白佛言世尊我等亦欲擁護讀誦受持法華經者除其衰患若有伺求法師短者令不得便

羅剎女都是吃人的，但在《法華經》上是護法，這十羅剎女是，「一名藍婆，二名毘藍婆，三名曲齒，四名華齒，五名黑齒，六名多髮，七名無厭足，八名持瓔珞，九名皐帝，十名奪一切眾生精氣」，十種羅剎女。還有鬼子母，鬼子母有五百個子女，所以稱羅剎鬼女。

她經常與她的子女害人，所以稱羅剎鬼子母。她與她的眷屬都來到佛所，「同聲白佛言」，十個羅剎女同聲白佛，向佛表白：「我等亦欲擁護讀誦受持法華經者，除其衰患。」對法師有損害的事情，我們都要保護，不要讓一切餓鬼得其便。若求法師的短處，令他們都不得到方便。

這十個羅剎鬼的名字，略爲解釋一下。在《法華經》上講，這些鬼神都是能殺害眾生的，但是這些護法神來表達他們歸依了佛之後，他們的束縛得到消失，煩惱得到減輕，因此發願護法。

第一個是藍婆，第二個是毘藍婆，第三個是曲齒，這都有解釋的。第四個是華齒，她專門在歸依佛之後，向一切受持三寶弟子供養佛，同時她的牙齒潔

白生明，牙齒特別好。這類大多數是向善的羅剎女，不是吃人的。

第五個是黑齒，在《法華經》上對於黑齒的羅剎女叫施黑（《法華經玄贊要集》卷三十五）。她的牙齒不是白色，是黑色，一嗤牙會把你嚇死了。餓鬼之相，叫黑齒。

第六個是多髮。第七個是無厭足。但是她歸依佛之後就轉變了，慈念眾生，所以她也來護說《法華經》的。第八個是持瓔珞，持著華幔的，這些持華幔來供養佛，供養受持《法華經》者，護持受《法華經》者。

第九個是皐帝，皐帝這種羅剎，她在天上人間非常自在，有大力量；歸依佛之後，在一切法當中，她不染一切法叫皐帝；但是沒有住處也沒有住所，所以「皐帝」翻「何所」，「何所」就是沒有地點。第九種的羅剎女，也來供佛，供養誦《法華經》者。

第十個是奪一切眾生精氣，這個羅剎女，在十類鬼神當中最厲害，專奪男女的精氣，人的壽命原本很長，被她奪去了不少。歸依佛之後，她幫助眾生，

消滅一切煩惱惡趣,她本身的消滅亦能幫助眾生,漸漸的就修行菩提善法。這十種羅剎女,她的神力本來是傷害眾生的,但是對於《法華經》誦者、持者、說者,她都護持,不但不傷害而且保護。

即於佛前而說呪曰。

伊提履。伊提泯。伊提履。阿提履。伊提履。泥履。泥履。泥履。泥履。泥履。樓醯。樓醯。樓醯。樓醯。樓醯。多醯。多醯。多醯。多醯。兜醯。㝹醯。

這十種羅剎女是共同的,沒有單舉。

甯上我頭上莫惱於法師。若夜叉若羅剎若餓鬼若富單那若吉蔗若毘陀羅若犍駄若烏摩勒伽若阿跋摩羅若夜叉吉蔗若人吉蔗。若熱病若一日若二日若三日若四日乃至七日若常熱病若男形

若女形若童男形若童女形乃至夢中亦復莫惱。

「甯上我頭上，莫惱於法師」，這十羅剎女同時發願，欺侮我、站在我頭上都可以，我能忍受；但不要惱於法師，就是讀誦受持《法華經》的，不要惱害。於任何讀誦、解說《妙法蓮華經》的法師，不要惱害。這些夜叉、羅剎，這些鬼神等眾，要保護法師。

即於佛前而說偈言。

若不順我呪　惱亂說法者　頭破作七分　如阿梨樹枝。
如殺父母罪　亦如壓油殃　斗秤欺誑人　調達破僧罪。
犯此法師者　當獲如是殃。

這些十羅剎女說，若是不聽我們的話、不順我們的呪意，若惱亂說法者，

我們就會使他腦殼破七分，腦殼破得像阿梨樹枝一樣的，破為七片。

「如殺父母罪，亦如壓油殃，斗秤欺誑人，調達破僧罪。犯此法師者，當獲知是殃。」「調達」是提婆達多，提婆達多破和合僧下地獄，拿他來作比喻，誰要惱害此法師的，我們也讓他受如此災害。

諸羅剎女說此偈已白佛言世尊我等亦當身自擁護受持讀誦修行是經者令得安隱離諸衰患消眾毒藥。

同時說那個呪，完了又說這個偈子。說完了向佛說，「白佛言：世尊，我等亦當身自擁護受持、讀誦、修行是經者。」不但以呪護持，我們的身體也來擁護受持讀誦修行此經者。不但呪力加持護持法師，我們這十羅剎女自身也來擁護法師；讓法師沒有衰惱，沒有憂患；所有一切的毒藥，消眾諸毒，不受藥

498

物的傷害。

佛告諸羅剎女善哉善哉汝等但能擁護受持法華名者福不可量。

佛就讚歎這十羅剎女說,很好很好。「汝等但能擁護受持法華名者」,你們只是擁護受持《法華經》經名者,這個福德已不可稱量。

何況擁護具足受持供養經卷華香瓔珞末香塗香燒香旛蓋伎樂。然種種燈酥燈油燈諸香油燈酥摩那華油燈薝蔔華油燈婆師迦華油燈優鉢羅華油燈如是等百千種供養者皐帝汝等及眷屬應當擁護如是法師說是陀羅尼品時六萬八千人得無生法忍。

佛讚歎他們說,你們做得很好!不但擁護法師,還要供養經卷,華香瓔

珞，以及一切供養具，供養各種的燈。「說是陀羅尼品時，六萬八千人，得無生法忍」，住在無生法上。〈陀羅尼品〉這一品就是說此呪，菩薩說呪，乃至於羅剎女說呪，都是護持誦持《法華經》的。

妙莊嚴王本事品第二十七

古來久遠的時候，有一位國王叫妙莊嚴王。這一品是顯藥王菩薩跟藥上菩薩他們倆個過去的因緣。藥王菩薩的因緣，他過去無量無量劫，作太子的時候，叫淨藏，藥上菩薩叫淨眼。他們兩個是古往妙莊嚴王的兩個兒子，由於他們過去對於《法華經》信仰、修行、發心，因此有這一品的因緣。有關他們倆個故事的經典，不僅出在《法華經》，其他的經裡也談得很多。

在過去久遠劫之中，在佛末法的時候，沒有說哪尊佛，久遠也沒說時間，就是很長很長的時間。那時候有四位比丘發願，發什麼願呢？就是終身受持

《法華經》,依著《法華經》修行;依著《法華經》的教授而行法。

住在山林裡頭,經過時間非常長,但是困難來了,衣食住行都短缺了,修行困難不能修了。這四位比丘當中,有一位比丘他退下來了,他跟其他三人說,我護持你們,你們三個人好好修。這裡護持就是護法,他就來供養這三個人的資生工具。修行也得吃飯也得要生活,他來供養他們生活。他護持這三個人的修行,這三人修成了,感念他,一個變成他的妻子,一個變成他的兩個兒子。

我們前面講妙音菩薩,國王的夫人就是妙音菩薩,那兩個兒子就是現在的藥王、藥上。《法華經》前面有位華德菩薩,那位國王就是華德菩薩。這個時候,佛告大眾,講藥王菩薩的故事引起妙音菩薩,講妙音菩薩引起華德菩薩,這是講他們四個人古時的過去因緣,都是受持《法華經》的。

爾時佛告諸大眾。乃往古世過無量無邊不可思議阿僧祇劫有佛。名雲雷音宿王華智多陀阿伽度阿羅訶三藐三佛陀。國名光明莊

嚴劫名喜見。

「佛告諸大眾，乃往古世」，沒有時間，很長。「過無量無邊不可思議阿僧祇劫」，時間好久呢？無量無邊不可思議的阿僧祇劫。

古來時代有尊佛出現於世，叫「雲雷音宿王華智，多陀阿伽度、阿羅訶、三藐三佛陀，國名光明莊嚴，劫名喜見。」宿王佛的佛號有十個，以「多陀阿伽度、阿羅訶、三藐三佛陀」就代表了。

「多陀阿伽度」就是如法的，如法之相。諸佛成就之道，叫「多陀阿伽度」，也就是阿耨多羅三藐三菩提，那是翻譯的不同，十號之一。「阿羅訶」就是「應供」，「三藐三佛陀」就是「正徧知等正覺」，這些都是解釋十號。

彼佛法中有王名妙莊嚴其王夫人名曰淨德有二子一名淨藏二

彼佛法之中，有位護法的國王。

名淨眼是二子有大神力福德智慧久修菩薩所行之道所謂檀波羅蜜尸羅波羅蜜羼提波羅蜜毘離耶波羅蜜禪波羅蜜般若波羅蜜方便波羅蜜慈悲喜捨乃至三十七品助道法皆悉明了通達。

「彼佛法中」，彼佛法中有位王叫妙莊嚴王，「其王夫人」，王的夫人叫淨德。「有二子，一名淨藏，二名淨眼」，在那個時候，這二子有大神力、有大福德、有大智慧，這是久修行菩薩道的人。

以下都說修行。「所謂檀波羅蜜、尸羅波羅蜜、羼提波羅蜜、毘離耶波羅蜜、禪波羅蜜、般若波羅蜜、方便波羅蜜、慈悲喜捨，乃至三十七品助道法，皆悉明了通達。」這都是修習成就的、明了通達的。

三十七道品，就是我們經常說的四念住、四正勤、四如意足、五根、五力、七覺支、八正道，合起來就是三十七道品，這是助道法。正道法呢？布施、持戒、忍辱、禪定、方便善巧，就是對於法義都能通達。

又得菩薩淨三昧日星宿三昧淨光三昧淨色三昧淨照明三昧長莊嚴三昧大威德藏三昧於此三昧亦悉通達。

證得了菩薩的淨三昧,三昧就產生陀羅尼,產生淨用。這是說根本,沒說陀羅尼,而是說根本三昧。三昧的名字,「日星宿三昧、淨光三昧、淨色三昧、淨照明三昧、長莊嚴三昧、大威德藏三昧,於此三昧,亦悉通達」。

爾時彼佛欲引導妙莊嚴王。及愍念眾生故說是法華經時淨藏淨眼二子到其母所合十指爪掌白言願母往詣雲雷音宿王華智佛所我等亦當侍從親近供養禮拜所以者何此佛於一切天人眾中說法華經宜應聽受。

這個時間,「爾時彼佛欲引導妙莊嚴王,及愍念眾生故,說是法華經。」

說的是《法華經》,「時淨藏淨眼二子,到其母所,合十指爪掌,白言」。記住!最初是四個人;那一個人發心供養這三個人修行,這三個人都得了法華三昧,修成道了,那個是供養者,就是那國王。

這三個人都成道了,「淨藏淨眼二子,到其母所」,「合十指爪掌」就是合掌。「願母往詣雲雷音宿王華智佛所」,請他媽媽跟他們一同到華智如來,聞法供佛。同時,他倆表示我們倆侍服妳一同去,親近供養禮拜。為什麼?宿王華智如來。在人天眾中說《法華經》,我們應當去聽、去受持。

母告子言汝父信受外道深著婆羅門法。汝等應往白父。與共俱去。

淨藏淨眼合十指爪掌白母我等是法王子而生此邪見家。

他的母親就對著兒子淨藏、淨眼說,「汝父信受外道」,你的父王信外道法,「深著婆羅門法」就是信婆羅門法。

「婆羅門」翻「淨裔」（《法華經指掌疏》卷一），就是梵天之法，印度婆羅門教就是淨裔，就是婆羅門法。淨藏、淨眼他們倆弟兄跟他媽媽說，請他媽媽跟他們一同去親近佛聽《法華經》。他媽媽就跟他倆人說，不止我們去，應當勸勸你父親去，不要再信外道法，我們應當共同去。淨藏、淨眼就向他媽媽合掌說，「我等是法王子」，媽媽跟我倆就是「我等」的意思，都是佛弟子，佛的最好弟子、信佛的人，為什麼生到邪見家裡頭？生到他父王不信且邪見的家庭裡。

母告子言。汝等當憂念汝父。為現神變若得見者心必清淨或聽我等往至佛所。

他的母親就對淨藏、淨眼說，他是你們的父親，你們倆應當度他，給他現神變、感化他；讓他見到你們的神變，心裡就清淨了，跟我們一同去。同時的因緣，過去他們三母子就是這個國王發心供養他們的，他捨去不修，他們三個

人才能成道，這四個人有共同深厚的因緣。

於是二子念其父故涌在虛空高七多羅樹現種種神變於虛空中。行住坐臥身上出水身下出火。身上出火身下出水。或現大身滿虛空中而復現小。小復現大於空中滅忽然在地入地如水履水如地。現如是等種種神變令其父王心淨信解。

「於是二子念其父故」，想到過去的因緣，「涌在虛空，高七多羅樹，現種種神變」，在空中，有時候坐，有時候行，有時候臥，身上出火，身下出火，身下出水，現十八變。或者現一個身滿虛空；或復現小，小裡現大身，大身現小身，在空中現種種變化。一會在地上，一會在天上；一會把大地變成水，一會把水又變成大地。總而言之，現種種神變，目的是讓他的父親生起信。

時父見子神力如是。心大歡喜得未曾有合掌向子言汝等師爲是誰誰之弟子。

「時父見子神力如是」，國王見到兩個兒子現這麼大神力，心裡頭感化了。「得未曾有」，過去沒看見過的，「合掌向子言，汝等，師爲是誰？誰之弟子？」這國王就對著他兩個兒子說：「師爲是誰？」你們倆有這麼大的本事，你們的老師是誰？

二子白言。大王彼雲雷音宿王華智佛。今在七寶菩提樹下法座上坐。於一切世間天人眾中廣說法華經是我等師我是弟子。

「二子白言」，兩個兒子對父親的問號就答覆：「彼雲雷音宿王華智佛」，你問我們老師是誰？我們的老師就是雲雷音宿王華智如來。現在，「在

七寶菩提樹下,法座上坐」,坐法臺、演說法,演說什麼法?當然是《妙法蓮華經》,給一切世間天人眾,「廣說法華經」,這是我們的老師,我們是他的弟子。

父語子言我今亦欲見汝等師。可共俱往。於是二子從空中下到其母所合掌白母父王今已信解堪任發阿耨多羅三藐三菩提心我等為父已作佛事願母見聽於彼佛所出家修道。

他父王一聽,「我今亦欲見汝等師」,我也想拜拜你們的老師,「可共俱往」,這一家子的人一同去了。「於是二子從空中下」,本來到空中去給他爸爸表演,度他去了。

他爸爸一高興,轉變邪見,他們倆就下來到他媽媽所,「合掌白母,父王今已信解。」父王現在也信佛,可以發無上正等正覺的菩提心。「我等為父,

已作佛事,願母見聽,於彼佛所,出家修道。」兩個兒子就向他媽媽請求說,媽媽,現在妳可以答應我們倆人,我們倆人想出家,跟佛修道。

爾時二子欲重宣其意以偈白母。

願母放我等　出家作沙門　諸佛甚難值　我等隨佛學
如優曇鉢華　值佛復難是　脫諸難亦難　願聽我出家。

「爾時二子欲重宣其意,以偈白母」,以偈頌體裁向他媽媽表白:「願母放我等,出家作沙門。」求請出家,要求父母聽許。

我們佛門的規訂,父母不同意是不許出家的。你要出家,特別是媽媽,求媽媽放你。若不放呢?佛是不收的。所以他才向他的媽媽請求,你答應讓我們去出家吧!

我們想出家作沙門。「諸佛甚難值」,難得遇佛出世,我們要想隨侍佛

510

學。佛出世，像優曇鉢羅華似的，優曇鉢羅華時難一現，遇見佛很難得的，若想把一切苦難脫離也很難，出家修道才能脫離苦難，「願聽我出家」，請求他媽媽答應他們出家。

母即告言聽汝出家所以者何佛難值故於是二子白父母言善哉父母願時往詣雲雷音宿王華智佛所親近供養所以者何佛難得值如優曇鉢羅華又如一眼之龜值浮木孔。

「母即告言」，他媽媽就許可了，「聽汝出家，所以者何」，為什麼？「佛難值故」。遇佛出家不是容易的事情，很難得值遇。「於是二子白父母言：善哉！父母，願時往詣雲雷音宿王華智佛所。」大家共同親近佛。「親近供養，所以者何？佛難得值，如優曇鉢羅華」，時難一現。「又如一眼之龜，值浮木孔」，大海的烏龜在海上漂流，遇到一個浮木，木頭上有一個孔，從那

孔鑽出去,遇佛就像這麼難。

而我等宿福深厚生值佛法。是故父母當聽我等令得出家所以者何諸佛難值時亦難遇彼時妙莊嚴王後宮八萬四千人皆悉堪任受持是法華經。

「而我等宿福深厚」,過去聚集善根才能生值佛法,遇見佛出世。「是故父母當聽我等,令得出家。所以者何?諸佛難值,時亦難遇」,很不容易。「彼時妙莊嚴王後宮八萬四千人」,不是一個兩個,後宮有這麼多的宮女,「皆悉堪任受持是法華經」,人人都發願,都能領受是《法華經》。

淨眼菩薩。於法華三昧久已通達。淨藏菩薩已於無量百千萬億劫。通達離諸惡趣三昧欲令一切眾生離諸惡趣故。

「淨眼菩薩，於法華三昧，久已通達」，而產生妙用，他對於《法華經》早已通利，不但聞而且懂得義理。「淨藏菩薩，已於無量百千萬億劫，通達離諸惡趣三昧」，離諸惡趣，斷了三惡道，已經證得了。

他們倆弟兄都證得法華三昧，為了令一切眾生離諸惡趣，使一切眾生都能得到解脫，不再墮三惡道。他倆在無量百千萬億劫通達了，遠離三惡道的法，因此想令一切眾生都離開惡趣，不墮地獄、餓鬼、畜生三惡道。

其王夫人得諸佛集三昧。能知諸佛祕密之藏二子如是以方便力善化其父令心信解好樂佛法。

國王的夫人得諸佛集三昧，「能知諸佛祕密之藏」。我們說佛集三昧就指著法華三昧說的，能夠攝一切法歸於實相，這叫佛集三昧。法華三昧也如是，把一切法歸於實相，實相是什麼樣子？無相，性空的意思。演說的都是緣起，

這是佛集三昧。秘密之藏就是佛的行處。「二子如是以方便力，善化其父」，淨眼、淨藏這兩位就是藥王、藥上菩薩，令他父王心生信解，對於法華，「好樂佛法」，轉邪見入佛門。

於是妙莊嚴王與羣臣眷屬俱淨德夫人與後宮采女眷屬俱其王二子與四萬二千人俱一時共詣佛所到已頭面禮足繞佛三匝卻住一面。

「其王二子」，淨眼與淨藏，「與四萬二千人俱，一時共詣佛所」，先是讚歎的功德，現在大家一齊來，連他們眷屬也來了。「頭面禮足，繞佛三匝，卻住一面」，這是見佛的儀式。

爾時彼佛為王說法示教利喜王大歡悅爾時妙莊嚴王及其夫人。

有大寶牀敷百千萬天衣其上有佛結跏趺坐放大光明。

「爾時彼佛為王說法」，當時見了雲雷音王，雲雷音王就為國王說法；跟他眷屬說法，教導他們，使他們歡喜「示教利喜」，「王大歡悅」，國王得了法喜充滿。「爾時妙莊嚴王，及其夫人，解頸真珠瓔珞，價值百千，以散佛上」，聞法就要供養了，把他們帶的隨身寶物供養給佛。

「臺中有大寶牀，敷百千萬天衣，其上有佛，結跏趺坐」，供養無量的天衣；佛在天衣上為座，同時在這座上，天衣上頭有寶臺，寶臺有大寶牀。「敷百千萬天衣，其上有佛，結跏趺坐」，放大光明。

爾時妙莊嚴王作是念。佛身希有端嚴殊特成就第一微妙之色時雲雷音宿王華智佛告四眾言汝等見是妙莊嚴王於我前合掌立

否。

「爾時妙莊嚴王作是念，佛身希有，端嚴殊特」，是第一個微妙之色，

「時雲雷音宿王華智佛告四眾言：汝等見是妙莊嚴王，於我前合掌立否？」你們看見沒看見，妙莊嚴王歸依我？

此王於我法中作比丘精勤修習助佛道法當得作佛號娑羅樹王國名大光劫名大高王

佛就給妙莊嚴王授記，佛號娑羅樹王，國名大光，劫名大高王。

其娑羅樹王佛有無量菩薩眾及無量聲聞其國平正功德如是。其王即時以國付弟與夫人二子并諸眷屬於佛法中出家修道王出家已。於八萬四千歲常勤精進修行妙法華經過是已後得一切淨

功德莊嚴三昧。

國王成佛的德號，叫娑羅樹王佛。「有無量菩薩眾，及無量聲聞，其國平正，功德如是。」他一見佛，佛就給他授記了。前面的歷史說得很清楚，四個人學《法華經》，他發心供養那三個人，那時候的因，感得一見佛就出家，佛也給他授記。

「王出家已，於八萬四千歲，常勤精進，修行妙法華經」，沒有修別的法，專修《妙法蓮華經》。八萬四千歲，就是八萬四千年，所修的就是《妙法蓮華經》。經過這以後修《法華經》所得的功德，「一切淨功德莊嚴三昧」。

即升虛空高七多羅樹而白佛言世尊此我二子已作佛事以神通變化轉我邪心令得安住於佛法中得見世尊此二子者是我善知識爲欲發起宿世善根饒益我故來生我家。

「此我二子,已作佛事」,怎麼能得到成佛的?因為我的兩個兒子他們給我作佛事,示現神通變化,把我那個邪知邪見邪心轉化了,才令我安住於佛法中,才能得見世尊。「此二子者,是我善知識,為欲發起宿世善根,饒益我故,來生我家。」這兩個兒子是我的善知識,這是宿世善根,過去無量無量生的善根,他來饒益我,所以生到我家,生到我家是為了度我。

爾時雲雷音宿王華智佛告妙莊嚴王言如是。如是。如汝所言。若善男子善女人種善根故世世得善知識其善知識能作佛事示教利喜。令入阿耨多羅三藐三菩提大王當知善知識者是大因緣所以化導令得見佛發阿耨多羅三藐三菩提心。

「爾時雲雷音宿王華智佛告妙莊嚴王言」,告訴妙莊嚴王說,「如是!如是!」你說的不錯,就是這個因緣。「如汝所言,若善男子、善女人,種善根

故」，這是根本。這個善根是什麼呢？專指《法華經》說的。不論男女，善男子、善女人，種得善根，這個善根是什麼呢？專指《法華經》說的。同時，一輩一輩的，世世都遇到善知識，能作佛事，而善知識告訴你，還是《法華經》，這都是以《法華經》為主的。

「示教利喜」，以《法華經》教授使你歡喜，「令入阿耨多羅三藐三菩提」，使你得無上正等正覺。「大王，當知善知識者，是大因緣」，這位善知識，善知諸法實無量義，就是善知法華，實法華義，得歸納於法華。所以才能化導你，令你得見佛，成就阿耨多羅三藐三菩提心。

大王汝見此二子否此二子已曾供養六十五百千萬億那由它恆河沙諸佛親近恭敬於諸佛所受持法華經愍念邪見眾生令住正見。

「大王，汝見此二子否？」你再看看你這兩個兒子，你知道他們倆人的功

德嗎？「此二子，已曾供養六十五百千萬億那由它恆河沙諸佛，親近恭敬，於諸佛所，受持法華經」。

藥王、藥上菩薩，他們兩個供養六十五百千萬億那由它恆沙諸佛，這個數字非常之多。因為親近六十五百、六十五百個千萬億那由他恆沙諸佛，把這千萬億乘到供養，供養這些佛，在佛所作什麼呢？受持《法華經》。「愍念邪見眾生，令住正見」，都住在《法華經》的正知正見上。

妙莊嚴王即從虛空中下而白佛言世尊。如來甚希有。以功德智慧故。頂上肉髻光明顯照。其眼長廣而紺青色眉間毫相白如珂月齒白齊密常有光明脣色赤好如頻婆果。

這個時候，妙莊嚴王生到虛空當中，聽到佛這麼指示，依教導從空中下來，白佛言：「世尊，如來甚希有」，非常的希奇，非常不可思議，以功德的

相，肉髻放光，肉髻的光明照曜。

爾時妙莊嚴王讚歎佛如是等無量百千萬億功德已於如來前一心合掌復白佛言世尊未曾有也如來之法具足成就不可思議微妙功德教戒所行安隱快善我從今日不復自隨心行不生邪見憍慢瞋恚諸惡之心。

「爾時妙莊嚴王，讚歎佛如是等無量百千萬億功德已」，有這樣的讚歎讚歎百千萬億次。「於如來前，一心合掌」，讚歎完了又說。「復白佛言：世尊，未曾有也」，過去還沒聽說過，未曾有。

「如來之法，具足成就不可思議微妙功德」，佛法的微妙，依著佛法《法華經》的「教戒所行，安隱快善，我從今日，不復自隨心行。」隨一些妄想，

隨心行是妄想。我不再隨心行，不是胡思亂想，不生邪見也沒有憍慢、瞋恚諸惡之心；那是隨心行的，現在不了。

及諸眷屬故於彼中生。

說是語已禮佛而出佛告大眾。於意云何妙莊嚴王豈異人乎今華德菩薩是。其淨德夫人今佛前光照莊嚴相菩薩是哀愍妙莊嚴王及諸眷屬故於彼中生。

讚歎、恭敬、供養、禮佛，退下。「佛告大眾，於意云何？」你是怎麼看的？怎麼想的？妙莊嚴王是誰？「豈異人乎？」不是外人，「今華德菩薩是」，就是過去的妙莊嚴王，現在是成就的華德菩薩。

淨德夫人是誰？現在在佛前的「光照莊嚴相菩薩是」，淨德夫人就是光照莊嚴相菩薩。（〈法華文句篡要〉，「在淨華宿王智佛所名曰妙音，在釋尊會中，名光照莊嚴相。蓋由得現一切色身三昧，隨緣暎現，假名不同，不可泥迹也。」）他們生的二子呢？

其二子者今藥王菩薩藥上菩薩是，是藥王藥上菩薩成就如此諸大功德已於無量百千萬億諸佛所植眾德本成就不可思議諸善功德。若有人識是二菩薩名字者一切世間諸天人民亦應禮拜。

「其二子者，今藥王菩薩，藥上菩薩是，是藥王藥上菩薩，成就如此諸大功德，已於無量百千萬億諸佛所，植眾德本，成就不可思議諸善功德。若有人，識是二菩薩名字者。」若有人知道了，認識了，了解藥王、藥上菩薩名字，一切世間天人都應當禮拜。這都悟道了，都入了法華三昧。

佛說是妙莊嚴王本事品時八萬四千人遠塵離垢於諸法中得法眼淨。

當時在座的八萬四千人，遠離塵垢，「於諸法中，得法眼淨」，什麼叫法眼淨。

普賢菩薩勸發品第二十八

〈普賢菩薩勸發品〉第二十八，普賢菩薩向佛請問，如來滅度後還能得到此《法華經》嗎？佛就跟普賢菩薩說，在佛滅度之後，能得到《法華經》，但是要有四法才可以得到《法華經》。

哪四法呢？第一是得到諸佛護念，第二是植眾德本，第三是入正定聚，第四是發救護眾生之心。若有這四法，在佛滅度之後還能得到《法華經》。

普賢菩薩知道，佛說《法華經》已經圓滿了，在佛說《法華經》圓滿的時候，普賢菩薩從東方到娑婆世界，來護持《法華經》。因為這一品的大意就是普賢菩薩收尾；《法華經》也如是，由文殊菩薩開始，最後是普賢菩薩勸發。

我們明天講〈普賢菩薩勸發品〉。這跟《華嚴經》一樣，由文殊菩薩開始，

眼淨？見到真諦，法眼清淨，證得空義。

普賢菩薩來了，為了護持《法華經》。

普賢菩薩的「普賢」是德號，「普」是徧一切處，無處不是普賢，「賢」是集善妙義，能夠把集善妙義徧佈於一切的世界，所以普賢菩薩是從東方來的。

爾時普賢菩薩以自在神通力威德名聞。與大菩薩無量無邊不可稱數。從東方來所經諸國普皆震動雨寶蓮華作無量百千萬億種種伎樂。

「普賢菩薩，以自在神通力，威德名聞，與大菩薩無量無邊」，有好多？不可稱數。普賢菩薩的眷屬無量無邊，沒有數字的。從東方來，所經的一切國土，「普皆震動，雨寶蓮華」，不是下雨，而下的是寶蓮華。同時在普賢菩薩來的時候，沿路上無量百千萬億種種伎樂。

普賢菩薩的自在神力，「自在」就是空，真空。我們講真空妙有，這個

是單說真空的，因為以自在真空之理，顯他的神通妙用；成就威德自在神通之力，這是指普賢菩薩說的。

又與無數諸天龍。夜叉乾闥婆阿修羅迦樓羅緊那羅摩睺羅伽。人非人等大眾圍繞各現威德神通之力。

同時，普賢菩薩來的時候，他的眷屬八部鬼神無量無邊無數。八部鬼神就是「天、龍、夜叉、乾闥婆、阿修羅、迦樓羅、緊那羅、摩睺羅伽、人非人等，大眾圍繞」，能隨著普賢菩薩來的神眾都是大菩薩化現的，別當八部鬼神來對待。

到娑婆世界者閻崛山中頭面禮釋迦牟尼佛右繞七匝白佛言世尊我於寶威德上王佛國遙聞此娑婆世界說法華經與無量無邊百千萬億諸菩薩眾共來聽受惟願世尊當爲說之。

來到娑婆世界耆闍崛山中,「耆闍崛山」就是靈鷲山。先禮佛,禮完佛隨著佛繞七匝。普賢菩薩向著釋迦牟尼佛說:「世尊,我於寶威德上王佛國」,東方的寶威德上王佛國,那國土離這個國土很遙遠,遙聞聽見娑婆世界說《法華經》已經圓滿了,因此我與無量無邊的百千萬億菩薩來共同聽受,來護持《法華經》。「惟願世尊當為說之」,這是普賢菩薩請求的。說什麼呢?

若善男子善女人成就四法於如來滅後當得是法華經。

若善男子善女人於如來滅後云何能得是法華經佛告普賢菩薩。

「若善男子、善女人,於如來滅後,云何能得是法華經」,現在佛把《法華經》講完了,在佛您滅度之後,這個世界所有發菩提心的善男子、善女人,他們還怎能受持《法華經》呢?還能得到《法華經》嗎?怎麼能得到《法華經》?這是普賢菩薩的來意。

普賢菩薩從東方寶威德上王佛國來到娑婆世界，以普賢菩薩的神力來護持《法華經》。但是他先請佛，如果佛涅槃之後，這個國土還有沒有《法華經》？佛就對普賢菩薩說，假使有發心的人，善男子、善女人，若想得到《法華經》，得成就四法。如來滅後了，以此四法當能得是《法華經》。哪四法呢？

一者為諸佛護念二者植眾德本三者入正定聚四者發救一切眾生之心善男子善女人如是成就四法於如來滅後必得是經。

「一者、為諸佛護念」，此經的涵義就是開佛知見，諸佛護念此世界眾生，讓人人都具足佛之知見，要開佛的知見，能得到《法華經》。

「二者、植眾德本」，這是示佛知見。開佛知見、示佛知見，這是《法華經》原義，《法華經》的宗旨，《法華經》的目的。

「三者、入正定聚」，悟佛知見。「四者、發救一切眾生之心」，這叫入

佛知見。開示悟入佛之知見，能得到《法華經》。

一者護持諸佛，為諸佛所護念。護念什麼呢？《法華經》。你修一切善法，培養道德，就是示佛的知見。入正定聚，入正定聚就是開悟了，修禪定，入正定聚而得到三昧。發一切救護眾生之心，入佛知見。若以此四法，能夠得到《法華經》。這四法，隨便得一法，都是入如來的正定聚。入如來的示，開佛的知見。

佛又同時跟普賢菩薩說，未來的諸眾生，一切善男子、善女人發菩提心，能夠成就四法，就是上來所說的四法。在如來滅後，一定能得到《法華經》。我們雖然沒開示悟入佛的知見，但是以普賢行願力，普賢菩薩來到這世界，從東方來就是為了弘揚《法華經》。

爾時普賢菩薩白佛言。世尊於後五百歲濁惡世中其有受持是經典者我當守護除其衰患令得安隱使無伺求得其便者。

他向佛表示說,「爾時普賢菩薩白佛言,世尊,於後五百歲,就是佛滅度五百世以後,因為前文這五百歲還是佛的正法。五百歲之後,五濁惡世,濁惡的四眾,假設有人來受持《法華經》,「我當守護」。

現在普賢菩薩向佛表示,到這個世界的目的就是護持誦《法華經》,消除他們所有的衰惱憂患,「令得安隱」。一切鬼神、一切傷害都令他們不入受持《法華經》的人,讓他們免除一切災患,免去衰惱,令他們得到安樂。凡是受持《法華經》的人,不讓鬼神得到其便,不讓他們入到受持《法華經》的人。

若魔若魔子若魔民若魔女。若魔所著者若夜叉若羅剎若鳩槃茶。若毘舍闍若吉蔗若富單那若韋陀羅等諸惱人者皆不得便。

一切的魔害,魔子、魔民、魔女,乃至於「若夜叉、若羅剎、若鳩槃茶、若毘舍闍、若吉蔗、若富單那、若韋陀羅等,諸惱人者,皆不得便」,一切邪

惡的鬼神，想傷害受持《法華經》者，我都讓他們不受傷害。凡是有受持《法華經》的人，我當守護。普賢菩薩又向佛表白。

其所而自現身供養守護安慰其心亦為供養法華經故。

是人若行若立讀誦此經我爾時乘六牙白象王與大菩薩眾俱詣

「是人若行、若立」，就是受持《法華經》的人；或者行動當中，念《法華經》，就行者默念，或者出聲念，都叫受持。

領受受持，讀誦此經，讀誦《法華經》，乃至於無量大菩薩眾，都到受持《法華經》的人的地方，這是普賢菩薩坐騎，讀誦《法華經》的人。「我爾時乘六牙白象王」，

「詣其所」，就是受持《法華經》的人。「而自現身」，我自現身。或者現身，或者不現身，來供養守護誦持《法華經》的人，使誦經的人心得安隱，不

會動亂,不被這些魔所惱害。同時「亦為供養法華經故」,我來到這個世界就是為護持《法華經》。如果有人誦持,讀誦書寫,我都讓他們得到安隱,不為其他的諸魔所害。

是人若坐思惟此經。爾時我復乘白象王現其人前其人若於法華經有所忘失一句一偈我當教之與共讀誦還令通利。

受持經的人,或者是坐、或者是立、或者是讀誦、或者是思惟。思惟就是心裡想,思惟《法華經》的涵義。這個時候普賢菩薩乘白象王,「現其人前」,現到誦《法華經》人的面前,假使這個人忘了《法華經》上的文句,那我就教他,「與共讀誦」。

這有兩種涵義,一種是明顯的,普賢菩薩教你。一種是在你誦經忘失的時候,你在思惟,普賢菩薩會以神力加持,讓你自己護念思惟,這是普賢勸發一

切眾生；又稱普賢的行法。普賢菩薩用這樣的行法，令你歡喜。

爾時受持讀誦法華經者得見我身甚大歡喜轉復精進以見我故。即得三昧及陀羅尼名為旋陀羅尼百千萬億旋陀羅尼法音方便陀羅尼得如是等陀羅尼。

凡是受持讀誦《法華經》者，「得見我身」，能夠見到普賢菩薩，見了我身，他就生大歡喜，更加精進。由於見到我的現身，使他能得到三昧「及陀羅尼」。三昧是體而能發生妙用，陀羅尼是發生妙用。因為三昧是沒有表現的，表現於陀羅尼呢，在用上表現。這個陀羅尼的大用叫什麼呢？名叫旋陀羅尼。

「百千萬億旋陀羅尼，法音方便陀羅尼，得如是等陀羅尼」，如我們就理上講，要修空觀，空觀所起的轉成妙用。《法華經》上講的空、假、中三觀，

旋陀羅尼就是從空出假，以假入空。「旋」就是轉化的意思，名為旋陀羅尼。「旋」是旋空，從空中出假，若產生方便力，這叫方便道；又從方便道回旋入於中道，這就是「性空緣起」，緣起回歸性空，這就是三昧和陀羅尼。三昧就是體，陀羅尼就是用。三昧就是空，旋陀羅尼就是方便慧；方便慧是從空而出來的，方便慧又還歸於體，體就是空義。

世尊。若後世後五百歲。濁惡世中比丘比丘尼優婆塞優婆夷。求索者。受持者讀誦者書寫者欲修習是法華經於三七日中應一心精進。滿三七日已我當乘六牙白象與無量菩薩而自圍繞以一切眾生所喜見身現其人前而為說法示教利喜。

同時普賢菩薩又跟佛說，若在末後的後世五百歲，還有佛法的五濁惡世中，這時候四眾弟子，比丘、比丘尼、優婆塞、優婆夷想求《法華經》。「求

索」就是需求、想得到，或者受持，都指《法華經》說的，求索《法華經》。求索的目的，依經修行或者受持，或者已經有經了，在那讀誦《法華經》，或者書寫的。

若想修學《法華經》者，他應當在一個七、二個七或者三個七中，一心精進，心無二用，一心繫住在《法華經》上，一心精進。問題在於能不能一心精進？若能誦《法華經》三七日，滿三個七，這個時候普賢菩薩來了，「我當乘六牙白象，與無量菩薩而自圍繞」，那就現一切眾生最喜歡的、最想要見的身，普賢菩薩就現其人前，現其人前而給他說法、教導他，令他歡喜。

阿檀地。檀陀婆地。檀陀婆帝。檀陀鳩舍隸。檀陀修陀隸。修陀隸。

亦復予其陀羅尼呪。得是陀羅尼故。無有非人能破壞者亦不為女人之所惑亂我身亦自常護是人惟願世尊聽我說此陀羅尼呪即於佛前而說呪曰。

修陀羅婆底。佛陀波羶禰。薩婆陀羅尼阿婆多尼。薩婆婆沙阿婆多尼。修阿婆多尼。僧伽婆履叉尼。僧伽涅伽陀尼。阿僧祇。僧伽婆伽地。帝隸阿惰僧伽兜畧阿羅帝波羅帝。薩婆僧伽地三摩地伽蘭地。薩婆達磨修波利剎帝。薩婆薩埵樓馱憍舍畧阿莵伽地。辛阿毘吉利地帝。

還教他念呪，讓他得這個陀羅尼呪，任何非人神鬼都不能傷害他。「亦不為女人之所惑亂」，那修道者若是女人，亦不為男人所惑亂。

同時「我身」，普賢菩薩自稱的。「常護是人」，不是待在他身邊一會兒，而是常常護念他。請佛允許我說這個陀羅尼呪，因為陀羅尼是從空而出的，這個呪是不翻的。為什麼？呪即是真空義，這個用是妙用，用即是體；體全偏於用，這是法身的全相，所以陀羅尼不翻。如果要解釋其義就多了，一字具無量義。

世尊。若有菩薩得聞是陀羅尼者當知普賢神通之力。若法華經行閻浮提有受持者應作此念皆是普賢威神之力。

「世尊,若有菩薩得聞是陀羅尼者」,若有人聽到這個陀羅尼咒,「當知普賢神通之力」,你能聽這個咒能聞一遍,這是普賢菩薩神通力加持的,不然你聽不到這個咒。「若法華經,行閻浮提」,若《法華經》在閻浮提流通,閻浮提就是我們這世界。有受持者,受持此《法華經》或者受持這個咒,你應當這樣想,你能夠受持這個咒是普賢菩薩威神的力量,不然你得不到。

若有受持讀誦正憶念解其義趣如說修行當知是人行普賢行。於無量無邊諸佛所深種善根為諸如來手摩其頭。

「若有受持、讀誦,正憶念」,讀誦《法華經》、受持《法華經》、正憶念

《法華經》所含的道理，照著經上所說的，「如說修行」，怎麼說的就怎麼做，是耳聞，是心，我們一般的就講修行。簡單的說，修行的行為。你把你的行為修理一下，哪些行為呢？口裡的妄言、綺語、兩舌、惡口；身體所做的殺、盜、淫；心裡所想的貪、瞋、癡，總的說是十惡，你把它修理成為善。經上告訴我們怎麼修、怎麼能入到三昧？從體而起的妙用，「當知是人，行普賢行」。普賢菩薩跟佛說，這個人若能這樣去做就是行普賢行，修行普賢的行為。

普賢法門怎麼修？就是這樣修。「於無量無邊諸佛所，深種善根」，說此人能夠這樣的種善根、修善根、成就善根，都是以《法華經》。此人就是未來諸佛，此人同未來諸佛所說的法相應，能夠得到解脫。這個人所修的就跟普賢菩薩的行一樣的。

普賢的行，也就是我們講《華嚴經》的普賢行願。這個人已經在其先諸佛所，種有善根了，不是一般的。所以說「於無量無邊諸佛所，深種善根」，種

的善根不淺，培育很深的，能得到諸佛如來，「為諸如來，手摩其頭」，請諸佛灌頂。

若但書寫是人命終當生忉利天上。是時八萬四千天女作眾伎樂而來迎之其人即著七寶冠於采女中娛樂快樂何況受持讀誦正憶念解其義趣如說修行。

「若但書寫」，沒有誦持也沒有修，光是抄一抄，書寫《法華經》，這個功德感的他命終之後，「當生忉利天上」。生到天上就有八萬四千天女歡迎他，給他作伎樂，這個人就帶著七寶冠，於采女中娛樂、快樂。只是書寫就得到這個，何況受持。

「受持」就是照著《法華經》所教授的，持之不捨，受之於心。心裡領受之後，持之不捨，乃至讀誦全經。「解其義趣」，或者思念經的道理，懂得

它的道理。「義趣」，經上所說的話，教我們怎麼做，「趣」是趣向，如說修行，照著經上所說的去做，「如說修行」。

若有人受持讀誦解其義趣是人命終為千佛授手令不恐怖不墮惡趣即往兜率天上彌勒菩薩所。

這是書寫，何況能受持、讀誦、正憶念、解其義趣呢？又能夠如經上所說的修行，果報就更大了。這個人命終之後，得到千佛授手，千佛都接引他，「授」是傳授的意思，握著他的手，使他不失；令他沒有恐怖，永不墮惡趣。

「即往兜率天上，彌勒菩薩所」，兜率天是六欲天的第四天，第一天是四王天，第二天是忉利天，第三天是夜摩天，第四天是兜率天，第五天是樂變化天，第六天是他化自在天。

彌勒菩薩有三十二相大菩薩眾所共圍繞有百千萬億天女眷屬而於中生有如是等功德利益。

是故智者應當一心自書若使人書受持讀誦正憶念如說修行。

當來下生彌勒菩薩具足佛相,有三十二相大菩薩所共圍繞。「有百千萬億天女眷屬,而於中生」,說誦持《法華經》的人,他在兜率天中生,具足一切的功德利益。

普賢菩薩又重覆說,「是故智者」,「智者」就是有智慧的人;應當一心,或者自書,或者請人書;或者自己受持讀誦,或者請人受持讀誦。「正憶念,如說修行」,這地方是專門自修,正憶念修行。這個「使人書」是你請人書,別人替你念,你自己沒有時間,或者請幾位師父,請一個師父給你讀誦《法華

經》。自書教他書,自誦教他誦,都得如是功德。

世尊我今以神通力故守護是經於如來滅後閻浮提內廣令流布。使不斷絕。

「世尊,我今以神通力故」,這是普賢菩薩說的。他跟佛稟告說:我以我的神通力,守護是經,守護是《法華經》。「於如來滅後,閻浮提內,廣令流布,使不斷絕」,這是普賢菩薩到娑婆世界,來護持《法華經》。他向佛這樣表白。

爾時釋迦牟尼佛讚言善哉善哉普賢。汝能護助是經。令多所眾生安樂利益汝已成就不可思議功德深大慈悲從久遠來發阿耨多羅三藐三菩提意。而能作是神通之願守護是經。

「爾時釋迦牟尼佛讚言，善哉！善哉！」釋迦牟尼佛讚歎普賢菩薩說，護經的功德太好了！太好了。「普賢，汝能護助是經」，說你能夠來護持此《法華經》，能令很多眾生得到安樂、得到利益。你護持此《法華經》，等於施給眾生一切的安樂，這是讚歎普賢菩薩。

你能夠令一切眾生都能得到安樂、得到利益。其實，「汝已成就不可思議功德」，說你的功德是不可思議的。又發這種大慈悲心，甚深的大慈悲，這不是現在，而是久遠以來，你已經發無上正等正覺的意思。這是你的神通之願，就是普賢行願。

「守護是經」，這是專指《法華經》說的，守護《法華經》。你對《法華經》這樣守護，那我呢？

我當以神通力守護能受持普賢菩薩名者普賢。若有受持。讀誦。憶念修習書寫是法華經者當知是人則見釋迦牟尼佛。如從佛口

聞此經典。

釋迦牟尼佛說，「我當以神通力，守護能受持普賢菩薩名者」，這是釋迦牟尼佛給普賢酬答。你能護《法華經》，我能守護受持普賢菩薩名字，若有人能誦持普賢菩薩名號，我釋迦牟尼就守護他。

佛又跟普賢菩薩說，「若有受持、讀誦，正憶念，修習書寫是法華經者」，而受持《法華經》、讀誦《法華經》、憶念《法華經》、修習《法華經》、書寫《法華經》者，這個人不是想見佛嗎？

「當知是人，則見釋迦牟尼佛」，你若想見佛，誦《法華經》就是佛的全身，是佛的法身。誦持《法華經》，如從佛口，聞此經典，你誦《法華經》就親自跟佛聞到《法華經》一樣的，沒有什麼差別。

當知是人供養釋迦牟尼佛當知是人佛讚善哉。

凡是誦《法華經》的人，就是供養釋迦牟尼佛，以誦經法供養為最。〈普賢行願品〉第三願「廣修供養」，供養佛，以法供養為最。以讀誦大乘來供養，這在《金剛經》、《華嚴經》，都如是說的，當知是人是為諸佛所讚歎的，應當知道誦《法華經》的人是佛讚歎之人。「善哉」，這是最好的。

當知是人。為釋迦牟尼佛手摩其頭。當知是人。為釋迦牟尼佛衣之所覆。如是之人不復貪著世樂不好外道經書手筆

你若想讓釋迦牟尼佛摩你的頭，就坐那裡念《法華經》吧！你念《法華經》，佛就給你摩頭。「當知是人，為釋迦牟尼佛衣之所覆」，佛就親自拿衣服把你裹起來，保護你。

「如是之人，不復貪著世樂」，能夠受持《法華經》的，對於世間的快樂，他不會貪著的；不執著於世間，不貪戀於世間，也不好外道經書、手筆，

不信外道的話。

亦復不喜親近其人及諸惡者若屠兒若畜豬羊雞狗若獵師若衒賣女色是人心意質直有正憶念有福德力是人不為三毒所惱亦復不為嫉妒我慢邪慢增上慢所惱是人少欲知足能修普賢之行。

誦《法華經》的，純善！不會跟屠兒在一塊。畜養豬羊雞狗、若獵師、若衒賣女色，誦《法華經》的不會接近這些人，不會跟他們在一起。凡是菩薩，誦持《法華經》的人，不要養貓養狗，千萬不要養寵物，這非菩薩。

同時這個人「心意質直」，有正的意念，有福德力，貪、瞋、癡惱害不到這個人，「是人不為三毒所惱」，同時「亦復不為嫉妒、我慢、邪慢、增上慢所惱」，沒有慢心。誦《法華經》的人，「少欲知足」，是修普賢菩薩行的人。

普賢若如來滅後五百歲若有人見受持讀誦法華經者應作是念此人不久當詣道場破諸魔眾得阿耨多羅三藐三菩提轉法輪擊法鼓吹法螺雨法雨當坐天人大眾中師子法座上。

「普賢，若如來滅後，後五百歲，若有人，見受持讀誦法華經者」，這裡有好幾個五百歲了，快五個、六個五百歲。還有誦持《法華經》的，越往後誦持《法華經》的越不思議。

惡世，越來越惡，《法華經》會隱避了。「此人，不久當詣道場」，不久就成佛。「破諸魔眾，得阿耨多羅三藐三菩提」，得到無上正等正覺。「轉法輪，擊法鼓，吹法螺，雨法雨，當坐天人大眾中，師子法座上」，說《法華經》。

普賢若於後世受持讀誦是經典者是人不復貪著衣服臥具飲食資生之物所願不虛亦於現世得其福報若有人輕毀之言汝狂人

耳空作是行終無所獲如是罪報當世世無眼。

「是人不復貪著衣服、臥具、飲食、資生之物」,一切沒有貪戀了。他所發的願都能夠達到目的,不是假的。「所願不虛」,你想生極樂世界,你念《法華經》能生到極樂世界,凡你所願的都不虛。同時「現世得其福報」,立竿見影,馬上就得到福報。這是讚歎讀誦的好處。

反過來說,「若有人輕毀之」,罪過就大了。怎麼輕毀法呢?「汝狂人耳,空作是行」,說你是個瘋狂人,「空作是行」。為什麼修《法華經》?為什麼念《法華經》?你念吧!什麼也得不到,「終無所獲」,這是毀謗的話。「如是罪報」,這麼一毀謗,「當世世無眼」,生生世世都是瞎子,生盲,生下來就是瞎子,這是毀謗的過錯。

若有供養讚歎之者當於今世得現果報若復見受持是經者出其

過惡若實若不實，此人現世得白癩病。若有輕笑之者當世世牙齒疏缺醜脣平鼻手腳繚戾眼目角睞身體臭穢惡瘡膿血水腹短氣諸惡重病。

翻過來，若是供養讚歎，「當於今世得現果報」，今日就得到幸福就得到有財富。若見有人受持《法華經》，看人家誦《法華經》，說人家過錯，「出其過惡」，或者是真的、或者是不是真的，「若實、若不實」。這個人現世就得病，什麼病呢？白癩病。身上長癩，馬上現世現報。

若有輕笑者，對《法華經》輕慢，「當世世牙齒疏缺，醜脣、平鼻」，牙不好，嘴脣也醜，鼻子是平的，「手腳繚戾」，兩個手腳都伸不開，綣著的，「眼目角睞」，眼睛生個邪眼，看什麼都用邪眼看，種種怪相；同時「身體臭穢」，長惡瘡、膿血，「水腹」，肚子很大，氣短，還得到一切惡病。若謗《法華經》，現世現報。

是故普賢若見受持是經典者當起遠迎當如敬佛。

若看見受持《法華經》的人,「當起遠迎」,老遠就迎接他,把他當成佛一樣的敬奉。

尼三千大千世界微塵等諸菩薩具普賢道。

說是普賢勸發品時恆河沙等無量無邊菩薩得百千萬億旋陀羅尼。

普賢菩薩跟佛互相酬唱,勸一切眾生能夠信《法華經》、發心學《法華經》、修《法華經》,你所得的功德,如恆河沙無量無邊,可以得到這麼多功德。同時,你能得到恆河沙無量無邊的菩薩護持你,得到百千萬億的陀羅尼,陀羅尼就是妙行。「三千大千世界微塵等諸菩薩」,擁護你,讓你具足普賢道。

佛說是經時。普賢等諸菩薩舍利弗等諸聲聞及諸天龍人非人等一切大會皆大歡喜受持佛語作禮而去。

佛說〈普賢菩薩勸發品〉這一品的時候，勸人家受持、讀誦《法華經》。《法華經》全部經文，自〈囑累品〉以下都是流通分。《法華經》正文已經講完了，「佛說是經時」，普賢菩薩以及一切諸大菩薩，乃至於舍利弗及一切聲聞、天龍、人非人，皆大歡喜，「受持佛語，作禮而去」。

《法華經》圓滿了，大家都走了，我們也圓滿了。

妙法蓮華經講述（下冊竟）

國家圖書館出版品預行編目資料

妙法蓮華經講述/夢參老和尚主講. -- 初版.
-- 臺北市：方廣文化事業有限公司，2025.06
　　冊 ；　　公分
ISBN 978-986-99031-7-2(全套：精裝)

1.CST: 法華部
221.5
1114005660

妙法蓮華經講述（下冊）

主　　講：夢參老和尚
編輯整理：方廣文化編輯部
出　　版：方廣文化事業有限公司
設　　計：鎏坊工作室
通訊地址：台北市大安區青田郵局第120號信箱
電　　話：02-23920003
傳　　真：02-23919603
劃撥帳號：17623463　方廣文化事業有限公司
網　　址：*http://www.fangoan.com.tw*
電子信箱：*fangoan@ms37.hinet.net*
出版日期：2025年6月 初版1刷
定　　價：新台幣1,600元 (精裝上下二冊)
總 經 銷：聯合發行股份有限公司
電　　話：02-29178022
傳　　真：02-29156275
行政院新聞局出版登記證：局版臺業字第六○九○號
ISBN：978-986-99031-7-2

No.T306
Printed in Taiwan

【老和尚的叮嚀】

◎本書經夢參老和尚授權方廣文化編輯整理出版發行
本書編輯內容如有疑義歡迎不吝指正。
裝訂如有缺頁、破損、倒裝，請電：(02)2392-0003

夢參老和尚系列　書籍

方廣文化出版品目錄〈一〉

● 八十華嚴講述

HP01 大乘起信論淺述 (八十華嚴 導讀一)
H208 淺說華嚴大意 (八十華嚴 導讀二)
H209 世主妙嚴品 (第1至3冊)
H210 如來現相品・普賢三昧品 (第4冊)
H211 世界成就品・華藏世界品・毘盧遮那品 (第5冊)
H212 如來名號品・四聖諦品・光明覺品 (第6冊)
H213 菩薩問明品 (第7冊)
H214 淨行品 (第8冊)
H215 賢首品 (第9冊)
H301 升須彌山頂品・須彌頂上偈讚品・十住品 (第10冊)
H302 梵行品・初發心功德品・明法品 (第11冊)
H401 升夜摩天宮品・夜摩宮中偈讚品・十行品・十無盡藏品 (第12冊)
(H501～H903 陸續出版中......)

● 華嚴

H203 華嚴經淨行品講述
H324 華嚴經梵行品新講 (增訂版)
H205 華嚴經普賢行願品講述
H206 華嚴經疏論導讀
H255 華嚴經普賢行願品大意

● 天台

T305 妙法蓮華經導讀
T306 妙法蓮華經講述 (全套二冊)

● 楞嚴

LY01 淺說五十種禪定陰魔—《楞嚴經》五十陰魔章
L345 楞嚴經淺釋 (全套三冊)

方廣文化出版品目錄〈二〉

夢參老和尚系列 書籍

● 地藏三經

地藏經
D506　地藏菩薩本願經講述 (全套三冊)
D516A　淺說地藏經大意

占察經
D509A　占察善惡業報經講記 (附HIPS材質占察輪及修行手冊)
D512A　占察善惡業報經新講

大乘大集地藏十輪經 D507 (全套六冊)
D507-1　地藏菩薩的止觀法門 (序品 第一冊)
D507-2　地藏菩薩的觀呼吸法門 (十輪品 第二冊)
D507-3　地藏菩薩的戒律法門 (無依行品 第三冊)
D507-4　地藏菩薩的解脫法門 (有依行品 第四冊)
D507-5　地藏菩薩的懺悔法門 (懺悔品 善業道品 第五冊)
D507-6　地藏菩薩的念佛法門 (福田相品 獲益囑累品 第六冊)

● 般　若
B411　般若波羅蜜多心經講述 (合輯本)
B406　金剛經
B409　淺說金剛經大意
B412　應無所住：金剛經十四堂課

● 開　示　錄
S902　修行 (第一集)
Q905　向佛陀學習 (第二集)
Q906　禪・簡單啟示 (第三集)
Q907　正念 (第四集)
Q908　觀照 (第五集)

方廣文化出版品目錄〈三〉

地藏系列
D503　地藏三經（經文版）
　　　（地藏菩薩本願經、大乘大集地藏十輪經、占察善惡業報經）
D511　占察善惡業報經行法（占察拜懺本）(中摺本)

華嚴系列
H201　華嚴十地經論
H202　十住毘婆沙論
H207　大方廣佛華嚴經（八十華嚴）(全套八冊)

般若系列
B402　小品般若經
B403　大乘理趣六波羅蜜多經
B404　能斷金剛經了義疏（附心經頌釋）
B408　摩訶般若波羅蜜經（中品般若）(全套三冊)

天台系列
T302　摩訶止觀
T303　無量義經 (中摺本)
T304　觀普賢菩薩行法經 (中摺本)

部派論典系列
S901　阿毘達磨法蘊足論
Q704　阿毗達磨俱舍論（全套二冊）
S903　法句經（古譯本）(中摺本)

瑜伽唯識系列
U801　瑜伽師地論（全套四冊）
U802　大乘阿毗達磨集論
B803　成唯識論
B804　大乘百法明門論解疏
B805　攝大乘論暨隨錄

憨山大師系列
HA01　楞嚴經通議（全套二冊）

方廣文化出版品目錄〈四〉

密宗系列

M001　菩提道次第略論釋 (全套四冊)
M002　勝集密教王五次第論
M003　入中論釋
M004　大乘寶要義論 (諸經要集)
M006　菩提道次第略論
M007　寂天菩薩全集
M008　菩提道次第廣論
M010　菩提道次第修法筆記
M011　白度母修法 (延壽法門修法講解)
M012　中陰–死亡時刻的解脫
M018　菩提道次第廣論集註 (卷一～卷十三)
M019　佛教的本質–《佛教哲學與大手印導引》
M020　業的力量–(與死亡的恐懼共處)

能海上師系列

N601　般若波羅蜜多教授現證莊嚴論名句頌解
N602　菩提道次第論科頌講記
N606　能海上師傳
N607　現證莊嚴論清涼記
N608　菩提道次第心論

論頌系列

L101　四部論頌(釋量論頌 現證莊嚴論頌 入中論頌 俱舍論頌)
L102　中觀論頌 (中摺本)
L103　入菩薩行論頌 (中摺本)
L104　彌勒菩薩五部論頌
L105　龍樹菩薩論頌集
L106　中觀論頌釋
R001　入中論頌 (小摺本)

方廣文化出版品目錄〈五〉

南傳佛教系列

SE05 七種覺悟的因素
SE06 南傳大念處經 (中摺本)
SE07 三十七道品導引手冊 (阿羅漢的足跡增訂版)
SE08 內觀基礎 《從身體中了悟解脫的真相》
SE09 緬甸禪坐 《究竟的止觀之道》(增訂版)

其他系列

Q701 單老居士文集
Q702 肇論講義
Q703B 影 塵－倓虛老法師回憶錄
Q705 佛學小辭典 (隨身版)
ZA01 參 禪《虛雲老和尚禪七開示》
ZA02 禪淨雙修《虛雲老和尚開示錄》
Z005 《禪宗公案》－李潤生著

識佛。閱法。習僧
www.fangoan.com.tw